Dieter Emeis – Karl Heinz Schmitt

HANDBUCH DER GEMEINDEKATECHESE

DIETER EMEIS – KARL HEINZ SCHMITT

HANDBUCH
DER
GEMEINDEKATECHESE

HERDER FREIBURG · BASEL · WIEN

Alle Rechte vorbehalten − Printed in Germany
© Verlag Herder Freiburg im Breisgau 1986
Imprimatur. − Freiburg im Breisgau, den 10. März 1986
Der Generalvikar: Dr. Schlund
Satz: Franz X. Stückle Ettenheim
Druck und Einband: Freiburger Graphische Betriebe 1986
ISBN 3-451-20689-7

Vorwort

Das Doppelwort Gemeinde-Katechese ist heute vielen geläufig, obwohl seine Geschichte nur etwa fünfzehn Jahre alt ist. In der Kommission I der bundesdeutschen Synode wurde noch die Brauchbarkeit des Wortes „Katechese" heftig in Frage gestellt. Inzwischen verbinden viele mit diesem Wort nicht mehr nur Erfahrungen mit einem Frage-Antwort-Lernen ehemaligen Katechismusunterrichts, sondern kinder- und menschenfreundlichere Formen der Begegnung mit dem Glauben der Kirche. Und daß die Gemeinde ein Ort der lernenden Begegnung mit dem Evangelium – also der Katechese – sein muß, ist allgemeine Einsicht. Da aus der Bischofssynode 1977 hervorgegangene Apostolische Schreiben Papst Johannes Pauls II. „Catechesi tradendae" traf so 1979 in eine bei uns in der Praxis bereits gewachsene und durch das Arbeitspapier der Synodenkommission „Das katechetische Wirken der Kirche" geförderte Entwicklung.

Im Jahre 1977 legten wir in dem „Grundkurs Gemeindekatechese" einen ersten Versuch einer systematischen Orientierung für den katechetischen Dienst in der Gemeinde vor. Nachdem die 2. Auflage vergriffen war, konnten wir der Entwicklung der letzten fast zehn Jahre nicht mit einer nur wenig veränderten Neuauflage gerecht werden. So entschlossen wir uns zu einem neuen Buch. Obwohl der Prozeß, in dem sich die Gemeindekatechese befindet, keineswegs stillsteht, sahen wir doch ausreichend Konturen in der Praxis und Konzepte in der Theorie für ein Handbuch, das für die nächsten Jahre hilfreich sein kann.

Im 1. Teil versuchen wir vor allem, die sowohl ermutigenden als auch ernüchternden Erfahrungen der letzten und vielerorts zugleich wieder ersten Jahre einer von der Gemeinde getragenen Katechese aufzunehmen und zu bedenken. Der 2. Teil über die Didaktik ist im Vergleich zum früheren „Grundkurs" völlig neu bearbeitet und trägt z. T. zusammen, was bisher sehr zerstreut in einigen Aufsätzen der vergangenen Jahre nur für wenige zugänglich war. Der 3. Teil verbindet Hinweise aus dem „Grundkurs" mit neueren Überlegungen zur Mitarbeiterfrage. Der 4. Teil gibt eine neu konzipierte Übersicht über die Handlungsfelder der Gemeindekatechese. Dabei wird der Ansatzpunkt bei der Sakramentenkatechese einerseits gewürdigt, andererseits aber auch auf den Plural möglicher und notwendiger katechetischer Bemühungen hin geöffnet.

Es ist uns ein Anliegen, denen unsere Achtung auszudrücken, die haupt-, neben- oder ehrenamtlich in der Praxis der Gemeindekatechese tätig sind. Wir haben von ihnen gelernt und lernen von ihnen. Nur so können hoffentlich auch wir mit diesem Handbuch etwas lernen helfen.

Inhalt

B

DIDAKTIK DER GEMEINDEKATECHESE

C

MITARBEITER IN DEN KATECHETISCHEN DIENSTEN DER GEMEINDE

D

KATECHETISCHE HANDLUNGSFELDER

A

DER KATECHETISCHE AUFTRAG
DER GEMEINDE

1. KLEINE ENTWICKLUNGSGESCHICHTE
DER KATECHESE

1.1 Von der Praxis zum Programm

Es begann in einzelnen Gemeinden. Wo und wann es genau angefangen hat, weiß eigentlich niemand. Von „Gemeindekatechese" jedenfalls sprach man kaum, als vor ca. 15 Jahren einige Pfarreien die Vorbereitung auf die Sakramente der Eucharistie, Buße und Firmung nicht mehr dem Religionsunterricht der Schule oder einem außerschulischen Unterricht des Pfarrers bzw. Kaplans überließen, sondern erwachsene Christen (ohne besondere theologische bzw. pädagogische Qualifikationen) in der Gemeinde je eine Gruppe von 6 – 8 Kindern bzw. Jugendlichen übernahmen und diese auf den Empfang der Sakramente vorbereiteten[1].

Die Anlässe für diese neue Praxis waren recht verschieden. Die eigentlichen Gründe wurden erst allmählich reflektiert. Jedenfalls gehörten bald Begriffe wie „Tischmütter", „Gruppeneltern", „Laienkatecheten", „Firmhelfer", „Kommunionmütter" usw. zum pastoralen Sprachgebrauch. Sie kennzeichneten den Aufbruch einer Praxis, die nicht von einer universitären Pastoraltheologie konzipiert noch von einem Bischof oder Seelsorgeamt angestoßen worden war. Zur Bezeichnung dieser Unternehmungen in der Gemeinde wurde schließlich auch von „Gemeindekatechese" gesprochen. Es bedurfte jedoch noch mancher Erfahrung und Reflexion, um diese Anfänge einer Katechese in und durch die Gemeinde in all ihren Dimensionen gezielter anzugehen. Auch das Selbstverständnis der Gemeinde, des Priesters und jedes getauften und gefirmten Christen mußte neu bedacht werden. Dies war zwar schon auf dem II. Vatikanischen Konzil geschehen, doch wurden Konsequenzen und Auswirkungen für das konkrete Gemeindeleben erst allmählich spürbar. Diese recht zaghafte und dennoch kreative Entwicklung in einigen Gemeinden führte zu einer ersten grundsätzlichen Reflexion auf der Synode der Deutschen Bistümer und fand ihren Niederschlag in dem Text der Kommission I, der im Oktober 1973 einstimmig unter dem Titel „Das katechetische Wirken der Kirche" als Arbeitspapier verabschiedet wurde[2]. Der Präsident der Gemeinsamen Synode, Kardinal Julius Döpfner, äußerte damals in einem Briefwechsel (9. 1. 1974), er halte das Arbeitspapier „wegen seiner Thematik und wegen der entwickelten einzelnen Anliegen für äußerst wichtig", und er versprach sich „von diesem Arbeitspapier erhebliche Impulse für das katechetische Wirken in unseren Gemeinden"[3]. Das Arbeitspapier war als „Programmschrift" für die kirchliche Praxis gedacht und sollte der Koordination und Verstärkung vielfältiger katechetischer Bemühungen in den Gemeinden dienen. Gleichzeitig sollte es zur weiteren Meinungs- und Konsensbildung bei den Verantwortlichen für die kirchliche Katechese beitragen. Rückblickend läßt sich sagen, daß die hierin vor zwölf Jahren erhofften bzw. erträumten Wirkungen dieses Arbeitspapiers unerwartet schnell sichtbar wurden. Es dürfte wohl kaum übertrieben sein, wenn man heute feststellt, daß dieses Arbeitspapier eine weitaus größere Auswirkung auf die Pastoral hatte als viele andere Beschlüsse der Synode. Dies ist sicher auch darin begründet, daß die hier dargelegten Überlegungen in einen „Kairos" der pastoralen Bemühungen trafen[4]. Diese Entwicklung wurde nochmals durch das Apostolische Schreiben „Catechesi tradendae" von Papst Johannes Paul II. bestätigt, in dem er unter den verschiedenen „Orten" der Katechese (Pfarrei, Familie, Schule, Verbände) der pfarrlichen bzw. gemeindlichen Katechese den eindeutigen Vorrang einräumt[5]. Er betont, „daß die Pfarrgemeinde Motor und bevorzugter Ort der Katechese bleiben muß"[6].

1.2 Gründe für die Erneuerung der Katechese

Eine erste Unterscheidung zwischen den konkreten Anlässen katechetischer Initiativen in den Gemeinden und den eigentlichen Ursachen ist notwendig. In vielen Gemeinden war es sicher zunächst der spürbare Priestermangel, der zu neuen Formen in der Katechese geführt hat. Wo früher neben dem Pfarrer noch ein oder zwei Kapläne bzw. Vikare tätig waren, mußten in manchen Gegenden bald schon mehrere Pfarreien von einem Priester „versorgt" werden. Dabei wurden die Aufgaben nicht weniger. Im Gegenteil, die Erwartungen sind noch gestiegen. Kaum erfüllbare Ansprüche werden an Predigt, Gottesdienstgestaltung, an persönliche Kontakte, Erziehungs- und Bildungsarbeit, Organisations- und Verwaltungsarbeit gestellt. Verschärft wurde diese Situation durch eine weitere Entwicklung im schulischen Bereich. Pfarrgebiete und Schulbezirke sind nicht mehr deckungsgleich. Der Pfarrer hat kaum noch die Möglichkeit, den Religionsunterricht zu erteilen. In dieser Situation ergab sich von selbst die drängende Notwendigkeit, den ausfallenden oder mangelnden Religionsunterricht durch eine Katechese in der Gemeinde zu ersetzen. Katechese in der Gemeinde – eine Notlösung in priesterarmer Zeit bzw. Ersatz für einen kaum mehr gesicherten Religionsunterricht der Kinder? Sind dies tragfähige Gründe für die Entwicklung einer verantworteten Katechese in der Gemeinde? Jedenfalls waren es meist solche Anlässe, die den Anstoß gaben, auch nach der eigentlichen Begründung einer gemeindlichen Katechese zu fragen, um diese in einer zeitgemäßen Art und Weise wieder zu erneuern.

Ein sporadischer Blick in die Geschichte kirchlicher Katechese mag einige Aufschlüsse geben über die zeitbedingten Notwendigkeiten und besonderen Ausprägungen der katechetischen Dienste in der Gemeinde.

1.3 Katechese in der Tradition der Kirche

Zu allen Zeiten hat die Kirche denen, die in der Glaubensgemeinschaft der Christen mitleben wollten, durch die Katechese eine Einführung und Einübung in das christliche Leben angeboten. Formen und Wege der Katechese waren dabei immer abhängig auch von den gesellschaftlichen Bedingungen, unter denen das Christwerden und Christsein gelernt und gelebt werden mußte. Zur Verdeutlichung seien einige Stadien der Entwicklung grob skizziert. Dabei soll die jeweilige Ausprägung der Katechese auf dem sozialgeschichtlichen Hintergrund gesehen werden[7].

(1) Katechese in nichtchristlicher Umwelt

Gesellschaftliche Bedingungen
In den ersten Jahrhunderten mußte Christsein weitgehend in einer heidnischen Umwelt gelebt werden. Die ersten christlichen Gemeinden bilde-

ten sich vor allen Dingen in den Städten und waren somit auch auf städtische Verhältnisse und Bedürfnisse zugeschnitten. Nur wenige der einflußreichen und in ihrer Tradition noch fest verwurzelten Familien bekehrten sich zum Christentum. In den Städten war es vielmehr die breite Schicht der „freien" und oft „schutzlos" Entwurzelten, oft auch solche, die nicht mehr in einem festen Familienverband lebten, kleinbürgerliche Handwerker und Gewerbetreibende, die sich um Aufnahme in die christliche Gemeinde bewarben. Dabei suchten und fanden sie in der christlichen Gemeinde gleichzeitig sozialen Halt und Schutz. Diese intensive Bindung und relative Gleichheit der Gemeindemitglieder waren neben der Glaubensüberzeugung der tragende Grund christlichen Lebens in einer weitgehend nichtchristlichen Umwelt.

Katechese als Weg zur Bekehrung
Die Einführung in das christlich-gemeindliche Leben, d. h. die Katechese, geschah in dieser Zeit vorrangig durch den Gottesdienst. Der erwachsene Bewerber wurde durch eine zwei- bis dreijährige Teilnahme am Wortgottesdienst der Gemeinde mit dem gemeindlichen Leben vertraut gemacht. Ziel des Katechumenats war weniger ein bestimmtes Glaubenswissen als vielmehr eine Bekehrung, d. h. eine Umstellung auf eine neue Lebensweise aus dem Glauben, getragen und gestützt von der christlichen Gemeinde. Katechese war integrierter und konstitutiver Bestandteil des christlichen Gemeindelebens. Es war eine gleichzeitige Einführung in die Glaubensbotschaft, in die Glaubensfeier der Liturgie und in das Zusammenleben der Gemeinde.

Katechese war ein weitgehend existentieller und weniger ein kognitiver Vorgang. Er bezog sich ausschließlich auf Erwachsene. Das Problem der Kinderkatechese stellte sich nicht, da eine Taufe von Kindern, d. h. ihre Aufnahme in die Gemeinde, nur im Zusammenhang mit der Taufe des „ganzen Hauses", d. h. der ganzen Familie erfolgte. Dabei war es selbstverständlich, daß die neugetauften Eltern selber ihre Kinder weiter in das Leben der Gemeinde und damit in den Glauben einführten.

(2) Katechese in volkskirchlicher Situation

Gesellschaftliche Bedingungen
Durch die Ausweitung des römischen Bürgerrechts auf alle Bewohner des römischen Reiches (Constitutio Antoniniana 212 n. Chr.) sowie durch die Erhebung des christlichen Glaubens zur Staatsreligion unter Kaiser

Konstantin zu Beginn des 4. Jhdt. entwickelte sich die Gemeindekirche zur Volkskirche. Christliche Gemeinde brauchte sich nicht mehr gegenüber einer weitgehend nichtchristlichen Umwelt zu behaupten, sondern wurde mehr und mehr gesellschaftlich getragen und gestützt. Mitglied der Kirche sein und Bürger des Staates sein waren weitgehend identisch. Dadurch verloren die christlichen Gemeinden einerseits ihre sozial-integrative Funktion für den einzelnen, andererseits aber auch ihre soziale Homogenität, da sich nun Bürger aller Schichten zum Christentum bekehrten. Dies führte auch zu einem Verlust der gemeindlichen Geschlossenheit zugunsten einer sozialen Kirchlichkeit. Innerhalb der Großkirche verstärkte sich dabei jene Struktur, die zu dem die Geschichte der Kirche lange prägenden Gegenüber von Klerikern und Laien führte. Diese Unterscheidung führte mehr und mehr zu einer rechtlich, sprachlich und liturgisch institutionalisierten Trennung. Auf der einen Seite die „Redenden" (Kleriker), auf der anderen Seite die „Hörenden" (Laien). Der ursprünglich im griechischen Sprachgebrauch das ganze Volk Gottes kennzeichnende Begriff „laós" bekommt nun − ins Lateinische übersetzt: „plebs" − den Klang von „unqualifizierter Masse".

Von einer Katechese des Umgangs (sozio-kulturell) zu einer Katechese des Buches (Katechismus)
Diese Zeit war geprägt von Massenbekehrungen. Das intensive altchristliche Katechumenat drohte verlorenzugehen. Bald jedoch entwickelte es sich wieder in eine neue Richtung. Je weniger der christliche Glaube in einem überschaubaren sozialen Gebilde einer kleinen Gemeinde erfahren und gelebt werden konnte, um so größere Bedeutung kam nun dem christlichen Haus, der Familie als „kleiner Kirche", zu. Das Katechumenat als Einführung in das christliche Leben wurde in das Haus der christlichen Familie verlegt. Zumal nach der Massenbekehrung von Erwachsenen die Taufe der Kinder mehr und mehr zur Regel wurde. Hierbei übernahm nun der Hausvater die Katechese, indem er einerseits das Wort Gottes, das er im Gottesdienst gehört hatte, den Kindern weitergab, vor allem aber − mehr oder weniger bewußt − die Kinder in die christlichen Lebensvollzüge einführte. Dies geschah um so selbstverständlicher, als die Feste und Feiern der Kirche auch die der Gesellschaft waren, christliches Brauchtum zwischen Taufe und Begräbnis, zwischen „Ave"-Läuten am Morgen und Abend, zwischen Arbeit und Freizeit den gesamten Lebensrhythmus der Familie bestimmte. Einführung in den Glauben geschah durch Einleben in die christliche Familie, die Gemeinde und die

christlich geprägte Gesellschaft. Der einzelne Christ und seine Familie lebten in einer Art konzentrischer Kreise christlicher Bezugssysteme. In diese Ordnung wurde er hineingeboren und lernte sich darin bewegen. Die Katechese als Einführung in das christliche Leben geschah auch hier weniger durch Unterricht und Belehrung in den Glaubenswahrheiten als vielmehr durch Mittun und Mitleben. An religiösem Wissen verlangte die Kirche kaum mehr als die katechetischen Grundformeln: das Glaubensbekenntnis, die Zehn Gebote, das Vaterunser und das Ave-Maria. Gegenüber einer idealisierenden Darstellung dieses Hauskatechumenats wird man aber nicht übersehen dürfen, daß zu allen Zeiten in der Kirche auch immer wieder über die Unwissenheit und Unfähigkeit der Hausväter geklagt wurde, ihren Kindern das notwendige Glaubenswissen zu vermitteln. Gerade aber die tragenden Strukturen einer „christentümlichen" Gesellschaft haben trotz dieser Schwäche in der ausdrücklichen Glaubensverkündigung das Glaubensleben gestützt. Der Mangel an Glaubenswissen und Glaubensreflexion erwies sich für das christliche Leben in dem Maße als Gefahr, je mehr der einzelne und die Gemeinschaft der Christen vor sich selbst und vor anderen ihre Glaubensüberzeugung rechtfertigen mußten, d.h. je weniger selbstverständlich man als Christ in seiner Umwelt leben konnte. Von dieser Zeit an tritt das Moment des Auswendiglernens stärker in den Vordergrund.

Diese Neuorientierung der Katechese findet ihren Niederschlag bald auch im Sprachgebrauch. Bis ins 16. Jahrhundert hinein verstand man unter „Katechismus" einen lebendigen Vorgang („Ich gehe zum Katechismus ...", ein Sprachgebrauch, wie er sich übrigens heute noch z.B. in Frankreich oder auch den Missionen findet). Erst mit Beginn der Glaubensspaltung in der Reformation wird aus dem „Katechismus" ein Buch. Und dieses Buch wird zu einem der wichtigsten Instrumente in der Abgrenzung christlicher Konfessionen.

(3) Katechese der Gemeinde in einer plural geprägten Gesellschaft

Gesellschaftliche Bedingungen
Die Einheit zwischen Kirche und Staat brach zwar seit dem auslaufenden Mittelalter auseinander. Ihre weitgehende Auflösung jedoch wurde vor allen Dingen gekennzeichnet durch die Französische Revolution. In den verschiedensten Befreiungsbewegungen der Aufklärung aus politischer, wirtschaftlicher und geistiger Unmündigkeit wurde bald eine Pluralität möglicher Überzeugungen und Lebensordnungen sichtbar.

Die ethische Aufklärung in unserem Jahrhundert sowie die zunehmende soziale und geographische Mobilität der Menschen unserer Tage hat die Vielfalt möglicher Norm- und Wertvorstellungen und daran orientierter Verhaltensmuster verstärkt wirksam werden lassen. Anstelle eines Gefüges konzentrischer Kreise ist ein System überlappender sozialer Bezüge getreten. Entsprechend ist die Kirche aus dem Zentrum, aus einer weltanschaulichen Monopolstellung in eine offene Markt- und Konkurrenzsituation gelebter Überzeugungen und Verhaltensweisen zurückgedrängt worden. Viele gesellschaftliche Stützen für den Glauben sind geschwunden. Christsein ist keine Selbstverständlichkeit mehr.

Katechese durch christliche Erziehung
Katechetisch versuchte man dieser Entwicklung der Kirche in der Neuzeit auf verschiedenen Wegen Rechnung zu tragen. Der Möglichkeit einer Katechese durch den sonntäglichen Wortgottesdienst hatte man sich schon seit der Germanenmission begeben, da man die sonntägliche Liturgie nicht in der Landessprache feierte. So kam es zunächst zu einer Erwachsenenkatechese außerhalb der sonntäglichen Messe in der sog. „Christenlehre für Erwachsene". Mit der zunehmenden Lösung christlicher Lebensvollzüge aus dem allgemeingesellschaftlichen Leben — verschärft durch die Reformation — schwand auch allmählich das Vertrauen der kirchlichen Amtsträger in die katechetische Funktion der Hausväter. So glaubte man, mit der Erneuerung und Stabilisierung des kirchlichen Lebens vorrangig bei den Kindern selbst beginnen zu müssen, zumal man in der Zeit der Aufklärung viele Erwachsene nicht mehr erreichte. Die Christenlehre entwickelte sich allmählich zu einer Sonntagsschule für Kinder, wie sie uns noch bis in unsere jüngste Gegenwart vertraut war. Darüber hinaus wurde seit dem 18. Jhdt. die katechetische Aufgabe der Kirche von der Pflichtschule übernommen. Bis zu dieser Zeit — auch nicht in den Klosterschulen Karls d. Gr. — kannte man keinen eigenen Religionsunterricht in der Schule.

Die Eltern sahen sich mehr und mehr ihrer katechetischen Verantwortung gegenüber ihren Kindern entledigt. Eine doppelte Verlagerung in der Katechese hatte stattgefunden:
– von den Erwachsenen zu den Kindern,
– von einer Hauskatechese zu einer schulisch bzw. kirchlich institutionalisierten Katechese.

Übersicht zu: Katechese in der Tradition der Kirche

Zeitepoche	Gesellschaftliche Bedingungen kirchlichen Lebens
1. bis 3. Jahrhundert	Christliche Einzelgemeinden in römisch-griechischer Umwelt Gesellschaft Christliche Gemeinden
Nach der Zeit Konstantins, ab dem 4. Jahrhundert	Christlicher Glaube als Staatsreligion. Gemeinde-Kirche wird zur Volkskirche Gesellschaft Kirche
Aufklärungsepochen nach der Französischen Revolution	Kirche in einer plural geprägten Gesellschaft. Von einer weltanschaulichen Monopolstellung offenen Markt- und Konkurrenzsituation gelebter Überzeugungen. Gesellschaftliche/persönliche Bezugsgruppen und -systeme, z. B.: Erziehungs- und Bildungswesen Wirtschafts- und Berufsleben Politische Gemeinde Medien Kirche/Gemeinde
Gegenwart	Gemeinde in verschärfter Diasporasituation des Christseins. Größere Pluralität und Mobilität der einzelnen und gesellschaftlicher Grundüberzeugungen.

2. ZUR SITUATION DER KATECHESE IN DEN GEMEINDEN

2.1 Schwerpunkt „Kinderkatechese"

Die Schwerpunkte der katechetischen Arbeit liegen bisher vor allem bei der Hinführung der Kinder bzw. Jugendlichen zur Firmung, Eucharistie und Buße. Hierbei dürfte die Katechese, die zu den Sakramenten der Firmung und Eucharistie hinführt, am weitesten entwickelt sein. Vor allen Dingen auf dem Gebiet der Firmkatechese ist wohl in den letzten Jahren mit großem Einsatz „ungewöhnlich Gutes" geleistet worden (Erzbischof O. Saier). Größere Schwierigkeiten zeigen sich im Bereich der Bußkatechese, da viele − auch kirchlich engagierte erwachsene Christen − in ih-

Vorrangige Zielgruppen der Katechese	Katechetische Praxis
Kleinbürgerliche Handwerker und Gewerbetreibende in den Städten, Soldaten und Unfreie. Kaum Bewerber und Belehrungen aus traditionellen, festgefügten Familienverbänden.	Einführung durch dreijährige Teilnahme am Wortgottesdienst der Gemeinde. Dadurch wurde das Einleben ermöglicht in Feier des Gottesdienstes, Bekanntmachen der Botschaft des Evangeliums und Kennenlernen christlichen Lebens. Katechese als Weg der Bekehrung.
Zunächst Massenbekehrungen aller Volksschichten. Kindertaufen wurden zur Regel.	Selbstverständliches Einleben in und durch eine christlich geprägte Gesellschaft. Vermittlung religiösen Grundwissens: Glaubensbekenntnis, Zehn Gebote, Vaterunser und Ave Maria. Leben und Erziehen in der Familie, aber gleichzeitig eine Einführung in die Glaubenspraxis. Katechese des Umgangs sozio-kulturelle Tradition.
Von einer Erwachsenenkatechese zur Kinderkatechese (‚Christenlehre').	Von einer Hauskatechese zu einer schulisch und kirchlich institutionalisierten Katechese. Von der Katechese als lebendigem Vollzug, zum Lernen des „Katechismus", Katechese durch christliche Erziehung.
Alle Altersschichten und Menschen in verschiedensten Lebenssituationen. Vor allem Erwachsene — Eltern.	Gemeindekatechese als Einführung in ein Leben mit der Gemeinde: Vertrautmachen mit den Möglichkeiten des Christseins heute. Katechese als Etappe der Evangelisierung — ein Weg der Bekehrung.

rer persönlichen Bußpraxis recht unsicher sind und sich deshalb die katechetische Hinführung anderer nicht zutrauen. Kennzeichnend für alle Bemühungen der Katechese aus Anlaß dieser drei Sakramente ist jedoch, daß der Schwerpunkt der Arbeit eindeutig in der *Kinderkatechese* liegt. Sie erstreckt sich oft über mehrere Monate und scheint vielerorts noch intensiviert zu werden, z. B. durch sogenannte „Vorkurse" oder „Grundkurse" mit jüngeren Kindern.

Kaum entwickelt ist dagegen die *Elternkatechese*. Sie beschränkt sich in den meisten Gemeinden noch auf wenige begleitende Elternabende zur Vorbereitung der Kinder auf die Erstkommunion. Auch die Taufgespräche mit jungen Eltern begnügen sich meist mit einem Termin, bei dem dann mehr oder weniger die Taufliturgie erläutert wird.

Mehr oder weniger intensiv erfolgt die begleitende katechetische Arbeit mit den *Mitarbeitern* nach dem Grundsatz: Katechetisch tätig sein kann eigentlich nur der, der selber in einer Katechesegruppe ist. Dabei läßt sich generell sagen, daß die Qualität der Katechese von der Intensität dieser Begleitung der Katecheten abhängt.

2.2 Katecheten aus der Gemeinde

Schon diese Ansätze der Sakramentenkatechese haben zu einer Verlebendigung der Pastoral beigetragen, in der sich auch Gemeindemitglieder zunehmend ihrer Verantwortung bewußt werden. Hier ist etwas Wirklichkeit geworden, was in der pastoral-theologischen Literatur weitgehend immer nur als Forderung erhoben werden konnte: daß die Gemeinde selber auch Träger ihrer Verkündigung ist. Erste Schritte der Realisierung von der versorgten zur mitverantwortlichen Gemeinde wurden hier gegangen. Folgende Phänomene sind dafür kennzeichnend:

– Eine hohe Bereitschaft erwachsener Christen zur Mitarbeit in der Katechese
Vor allen Dingen aus dem Kreis der Eltern lassen sich nahezu in jeder Gemeinde immer wieder die notwendigen katechetischen Mitarbeiter für die Kinderkatechese finden. Die meisten beginnen ihre Arbeit mit einiger Unsicherheit und Angst; doch im nachhinein bestätigen fast alle, daß diese Arbeit ihnen auf ihrem persönlichen Glaubensweg eine entscheidende Hilfe gewesen ist. Sie haben erlebt, daß es gut tut, sich mit anderen – und hier vor allen Dingen auch mit Kindern und Jugendlichen – wieder einmal auf den Weg zu machen und die Bedeutung des christlichen Glaubens für sich und füreinander zu erfahren und zu bedenken. Hierbei erfahren die Katecheten vor allen Dingen auch die begleitenden Katecheten-Runden immer wieder als große Bereicherung für ihre persönliche christliche Lebenspraxis. Sie gewinnen auch Interesse an weiterführenden Glaubensgesprächen.

– Neues Miteinander von haupt-, neben- und ehrenamtlichen Mitarbeitern
In den Gemeinden, wo sich Gemeinde- und Pastoralreferenten und vor allem auch die Priester mit ihrer persönlichen Glaubensüberzeugung und der Art und Weise ihrer Lebensgestaltung wirklich in ein Gespräch mit den ehrenamtlichen katechetischen Mitarbeitern einlassen, können alle

Beteiligten zu einem neuen Selbstverständnis und Miteinander finden. Sie erleben sich hierbei oft genug gemeinsam unterwegs und spüren, wie sie voneinander im Glauben lernen und sich gegenseitig stützen können. Andererseits verhindert aber oft gerade die mangelnde Fähigkeit und Bereitschaft der Priester in vielen Gemeinden solch eine katechetische Entwicklung.

Ein Pfarrer erzählt: „Ich bin jetzt 20 Jahre Priester, und auch bei mir ist es so, daß mir die Veränderungen an Herz und Nieren gehen. Ich bin damals unter völlig anderen Bedingungen angetreten, als die es sind, unter denen ich mich heute finde. Das bezieht sich auf die berühmte ‚gesellschaftliche Rolle' des Priesters, die damals viel selbstverständlicher war. Das bezieht sich auf einige für mich sehr schmerzliche Verluste, insbesondere in der Administration des Bußsakramentes. Ich habe die Beichte sowohl als Beichtender wie als Beichthörender als einen unendlichen Reichtum empfunden. Ich möchte dem Unsinn wehren, daß wir es alle damals schlecht gemacht haben. Ganz im Gegenteil, vieles war, auch rein menschlich gesehen, sehr gut. Das nur als Beispiel für Dinge, deren Verlust oder deren Veränderung ich schmerzlich empfinde. Dennoch empfinde ich die Bilanz der Veränderungen insgesamt als positiv. Es war sehr anstrengend, immer wieder umzudenken, aber auch spannend, aufregend und durchaus nicht langweilig. Vielleicht ist diese metanoesis, der stets neue Aufbruch, wenigstens mitgemeint in Christi Aufruf zur Umkehr, zum Umdenken. Ich kann den Punkt des Umbruchs zur Hoffnung und zur neugewonnenen Freude bei mir ziemlich genau benennen: Es war vor etwa vier oder fünf Jahren das Erlebnis des Erfolges der Gemeindekatechese. Ich bin seitdem wieder glücklich in meinem Amt und Leben als Priester, nach einer Zeit ziemlicher Bedrückung. Was ist da geschehen? Ich sehe mich seitdem nicht mehr allein, mehr oder weniger auf verlorenem Posten, treu Schildwache stehen und warten darauf, daß Gott eingreift und das Unheil wendet. Ich möchte, wenigstens was meinen Gesichtskreis betrifft, sagen, daß er eingegriffen und das Unheil gewendet hat. Ich spüre jetzt, daß ich nicht mehr allein stehe mit einer immer mehr schrumpfenden Schar von Amtsbrüdern, sondern daß wir viele geworden sind in gemeinsamer Verantwortung. Viele haben die Last der ‚traditio', der Weitergabe des Evangeliums aufgegriffen.

Meine Rolle hat sich dabei, objektiv wahrscheinlich und sicher subjektiv, erheblich gewandelt, wandelt sich immer noch, nicht immer ohne Schmerzen. Ich fühle mich nicht mehr so sehr als Hirt oder Vater der Gemeinde, eher als Katalysator, in und auch durch dessen Gegenwart Leben entsteht, sehr selbständiges Leben. Dies sehr selbständige Leben hat mich am Anfang erschreckt. Es war mindestens am Anfang nicht immer ganz orthodox, es war wild und etwas pubertär. Es hat Streit gegeben am Anfang und viel Sorge: Darfst Du das wohl geschehen lassen? Aber dann habe ich – ich bitte um Verzeihung, wenn ich im Unverstand rede –, dann habe ich aus dem mich Erschreckenden, Ungewohnten Früchte des Geistes wachsen sehen und habe die Angst verloren, nicht ganz, denn ich bin ein ängstlicher Mensch, und die Sache ist ja auch gefährlich. Aber ich habe Geduld gelernt, bei weitem noch nicht genug.

Meine – sicher sehr subjektive – Erfahrung bezieht sich hauptsächlich auf das mich beglückende Erwachen der mittragenden Verantwortung bei vielen Christen in der Gemeinde, hauptsächlich von Leuten also, die keine ‚pastoralen Dienste' sind, wie der mich etwas erschreckende Begriff lautet. Aber weil ich diese Erfahrung habe, bin ich glücklich und bereit, die pastorale Verantwortung zu teilen auch mit anderen ‚Hauptamtlichen' – Menschen, die ihr ganzes Leben für Gottes Sache geben, die nicht Priester sind. Ich setze große und, ich meine, sehr begründete Hoffnung auf sie. Dabei bleibt einiges, unverlierbar und unverzichtbar, unendlich Faszinierende, mir als Priester Eigene, die Eucharistie vor allem, der Auftrag Christi, das Abendmahl zu feiern, seinen Tod und seine Auferstehung. Ich möchte – um Gottes willen – nichts einebnen in eine allgemeine Verantwortung, die alles und alle austauschbar macht. Sicher, ganz sicher nicht. Aber ich habe den Eindruck, daß Gott uns führt und uns eine große, neue Chance gibt ..." (J. Westhoff, Köln).

– Heilsame Unruhe in der Gemeinde
Die katechetische Arbeit selber hat in den Gemeinden auch Fragen aufkommen lassen: Was bedeutet es für unser gemeindliches Leben, wenn Katechese auch mit dem christlichen Leben in Gemeinde vertraut machen soll? Die Gemeinden spüren zunehmend, daß die katechetische Arbeit nur in dem Maße glaubwürdig gelingt, wie das in der Katechesegruppe Erlebte und Bedachte wenigstens anfanghaft in der Gemeinde erfahren werden kann[8]. Mancher Pfarrgemeinderat hat von daher auch neue Impulse für seine Arbeit bekommen, indem er überlegte, wie denn das gemeindliche Leben so gestaltet werden kann, daß die katechetische Hinführung zur Gemeinde nicht in Enttäuschung enden muß. Daraus ergibt sich unmittelbar die Bedeutung der Katechese für andere pastorale Vollzüge, z.B. für Gruppenbildung, Jugendarbeit und Liturgie. Durch die katechetische Arbeit wird bewußt, daß Glauben heute zunehmend nur im Miteinander von Glaubenden gelebt werden kann. Dieses Miteinander aber kann normalerweise nur in kleinen Gruppen erfahren werden. Von daher hat die Bildung von Gruppen unterschiedlichster Art in der Gemeinde eine zunehmende Bedeutung bekommen (z.B. Gesprächskreise, Ehepaargruppen, Kreise junger Erwachsener, Seniorenkreise oder auch spezielle Katechumenatsgruppen). Die Erfahrung der katechetischen Gruppe gab hierzu oft genug den Anstoß.

Auch die gemeindliche Jugendarbeit gewinnt aufgrund der intensiven katechetischen Gruppenerfahrung z.B. in der Firmvorbereitung eine neue Bedeutung. Soll diese Erstbegegnung in einer Gruppe der Gemeinde nicht mit der Firmung abbrechen, muß eine Integration in die Jugendarbeit der Gemeinde wenigstens möglich sein. Viele Katecheten und Eltern zeigen von daher wieder ein besonderes Interesse an der Jugendarbeit in der Gemeinde und erklären nicht selten ihre Bereitschaft zur Mitarbeit. Schließlich werden eine Reihe liturgischer Vollzüge neu bewußt und kritisch bedacht. Wie kann z. B. sichtbar verwirklicht werden, wenn der Priester bei der Taufe dem Täufling zusichert: „Mit großer Freude nimmt dich die christliche Gemeinde auf", oder wenn es im Sakrament der Buße heißt: „Durch den Dienst der Kirche schenke er dir Verzeihung und Frieden", oder bei der kirchlichen Eheschließung: „Die ganze Gemeinde nehme ich zu Zeugen dieses Bundes". Eine katechetische Erschließung solch liturgischer Aussagen wird den Stellenwert der Gemeinde im Vollzug der Sakramente deutlich machen und zu einer entsprechenden Praxis führen.

2.3 Enttäuschte Hoffnungen

So erfolgversprechend sich das Konzept der Gemeindekatechese vor allen Dingen im Zusammenhang der Sakramentenvorbereitung und hier insbesondere noch einmal mit der zunehmend intensivierten Vorbereitung auf die Firmung entwickelte, so zeigt sich doch allmählich auch bei vielen Verantwortlichen in der Pastoral einige Enttäuschung. Trotz wochen- und monatelanger Hinführung von Kindern und Jugendlichen in kleinen Gruppen auf die Sakramente der Eucharistie oder Firmung, trotz intensiver Begleitung und Schulung der katechetischen Mitarbeiter, trotz vielfältiger Initiativen auf dem Gebiet der Elternkatechese ließ sich der Schwund des Glaubensbewußtseins und der Glaubenspraxis kaum aufhalten. Manche versuchen sich damit zu trösten, daß dieser Prozeß möglicherweise verlangsamt wurde; doch scheint er unaufhaltsam fortzuschreiten. Die „Wunderwaffe" oder „pastorale Zauberformel" Gemeindekatechese hat offensichtlich auch nicht den durchschlagenden Erfolg gebracht.

Wir werden noch genauer nach den Gründen solcher Ent-täuschungen suchen müssen, um uns nicht weiter zu täuschen über die wirklichen Chancen christlichen Lebens in unserer konkreten Gesellschaft. Gerade in Deutschland laufen wir Gefahr, etwa im Unterschied zu Frankreich und Italien, uns durch den immensen kirchlichen Apparat mit seinen vielfältigen institutionellen, publizistischen, personellen und finanziellen Möglichkeiten täuschen zu lassen. Nach wie vor wird hierdurch massiv ein Kirchenbewußtsein gefördert, das ganz auf Versorgung eingestellt ist.

Christen und Gemeinden werden versorgt mit Geld, Personal und Glaubenswahrheiten. Kirchliche Finanz-, Raum- und Seelsorgspläne überfluten und überdecken eine immer stärker schwindende christliche Lebenswirklichkeit.

Es wäre fatal, die Schuld hierfür vorschnell in der Unwilligkeit, Liberalität oder bewußten Glaubensdistanz der Christen zu suchen. Hier bedarf es einer schärferen und nüchternen Analyse des sozialen Umfeldes, das in der Geschichte der Kirche – zumindest in den letzten 15 Jahrhunderten in unserem Lande – weitgehend die Tradierung christlicher Lebensart garantierte bzw. ermöglichte. Dieses Umfeld hat sich radikal verändert. Es kann gekennzeichnet werden mit den beiden Stichworten ‚Differenzierung' und ‚Spezialisierung'.

2.4 Erwartungen an die Katechese in einer differenzierten und spezialisierten Gesellschaft

Unser Leben hat sich ausdifferenziert in verschiedene Lebensbereiche. Es gibt nicht mehr *das* Leben, sondern es gibt das Arbeits- und Berufsleben, um das sich Gewerkschaften und Arbeitgeber sorgen. Es gibt das Leben in Erziehungs- und Bildungseinrichtungen mit einer Vielzahl pädagogischer Fachkräfte. Es gibt das Sozial- und Gesundheitswesen mit entsprechend spezialisierter personeller Ausstattung. Es gibt das politische Leben, verantwortet von Politikern. Es gibt zunehmend das Leben in Freizeit und Urlaub, das weitgehend bereits von Freizeitmanagern und Freizeitpädagogen oder Animateuren gestaltet wird.

Und schließlich gibt es eben auch das religiöse Leben in Zuständigkeit der Kirchen. Sie helfen an den Krisen- und Wendepunkten des Lebens, wie Geburt, Hochzeit und Tod. Sie stellen ein Ritual zur Verfügung, damit solch wichtige und bedeutsame Lebensereignisse entsprechend begangen werden können. Ganz selbstverständlich werden hier dann auch Theologen, d. h. Priester und Laientheologen als Spezialisten erwartet. Die Kirche ist somit gut eingepaßt in diese differenzierte Gesellschaft mit ihren jeweiligen Spezialisten.

Sicher handelt es sich bei der Hinführung der Kinder zur Erstkommunion oder der Jugendlichen zur Firmung nicht um die Bewältigung einer Lebenswende. Hier sind meist noch feste Traditionen wirksam oder die Erwartung eines doch noch positiven Einflusses auf die Kinder, zumindest aber die Einstellung, den Kindern nichts vorenthalten zu wollen, auch wenn man selber nur noch sehr entfernt etwas mit diesen Sakramenten in seinem Leben anfangen kann. Dennoch zeigen sich hinsichtlich der verantwortlichen Mitarbeiter bei der Sakramentenkatechese auf seiten der Eltern häufig ähnliche Erwartungen. Von daher verstummt bis zum Tage nicht die Forderung, daß der Pfarrer oder wenigstens ein ausgebildeter Theologe die Kinder und Jugendlichen zu den Sakramenten hinzuführen habe. Ist man doch gewohnt, daß auch in den übrigen Lebensbereichen nur ausgebildete Spezialisten tätig sind. Alle innerkirchlichen theologischen oder katechetischen Überlegungen hinsichtlich einer Mitverantwortung und Mitarbeit aller im Leben der Gemeinde und bei Glaubensweitergabe stehen offensichtlich im Widerspruch zu einem gesamtgesellschaftlichen Trend, der durchaus seinen ironischen Ausdruck findet in der Bemerkung eines Vaters auf einem Elternabend zur Erstkommunion, auf dem die Mitarbeit von Männern und Frauen in der Erstkommunionvorbereitung verdeutlicht werden sollte: „Ich gehe auch nicht zum Oberstudienrat und lasse mir den Blinddarm herausnehmen!"

Das kirchlich-religiöse Leben ist weitgehend eingegrenzt auf jenen Sektor des noch volkskirchlich bestimmten Lebens oder auch der Lebenssituationen, zu deren Bewältigung sonst keiner der Spezialisten in anderen Lebensbereichen beitragen kann. Eine Lebensdeutung, d. h. eine Bedeutung des Glaubens für das ganze Leben in all seinen Bereichen, wird kaum noch wahrgenommen bzw. akzeptiert. Übergriffe z. B. im Sinne von Stellungnahmen oder Aktivitäten der Kirche im politischen oder wirtschaftlichen Leben werden nicht zugelassen bzw. sehr kritisch, meist negativ kommentiert. Dem widerspricht nicht die Tatsache, daß in unserer gegenwärtigen Übergangssituation ebenso erwartet wird, daß sich die Kirche mit ihrer moralischen Autorität zu Grundfragen der Politik, der Wirtschaft und der Ethik äußert. Dies kann aufgrund der Erkenntnis geschehen, daß solche Grundfragen nur von einer weltanschaulichen Orientierung beantwortet werden können. Es kann aber auch der Versuch sein, die persönlich gewachsene Überzeugung oder auch Ratlosigkeit durch die Autorität der Kirche gestützt bzw. gelöst sehen zu wollen.

2.5 Lebensferne Katechese

Die gesellschaftliche Entwicklung sowie die bewußte oder unbewußte Verdrängung bzw. der Rückzug des Glaubens und der Kirche auf bestimmte Lebenssituationen wurden und werden weiter dadurch gefördert, daß trotz des anthropologischen Ansatzes in der Katechese – aufgrund der anthropologischen Wende auch in der Theologie – das eigentliche Leben immer noch zuwenig zur Sprache kommt. Erwachsene machen kaum die Erfahrung, daß ihnen der Glaube wirklich hilft, ihr alltägliches Leben zu gestalten, die Lebensfreude zu stärken und die Lebensnöte zu wenden. Betrachtet man die Anlässe und Themen der Katechese bzw. der theologischen Erwachsenenbildung, so wird man feststellen müssen, daß hier weitgehend immer noch der Ansatz in der Theologie gesucht und nach ihrer Bedeutung für das Leben gefragt wird. Die ‚Banalitäten‘, die wirklichen Bedingungen und Situationen des Lebens sind nur selten Ausgangspunkt einer Katechese. Dabei könnte dies wohl ein erfolgversprechender Weg sein. So jedenfalls zeigen es die Entwicklungen der Basisgemeinden in Südamerika. Hier finden sich Menschen in vergleichbarer Lebensnot zusammen in dem Bemühen, diese ihre Lebensnot zu wenden. Sie tun dies als Christen und suchen auf dem Wege der Bewältigung dieser Not Orientierung und Hilfe im Evangelium. Die besondere Schwierigkeit bei uns liegt wohl darin, daß die eigentlichen Lebensfreuden und Lebensnöte nicht so offensichtlich sind. Es ist nicht die materielle Armut, die unbedingt bedrängt. Es sind differenzierte, oft sehr kaschierte und tabuisierte Lebensnöte, aber auch verformte und in Bedürfnisse längst umfunktionierte Grundsehnsüchte des Menschen, die eigentlich nach Befreiung rufen. So gelingt Evangelisierung und Katechese am ehesten dort, wo sich Menschen in vergleichbarer Lebenssituation zusammenfinden, um miteinander ihre Situation zu bewältigen. Zum Beispiel in Kreisen alleinerziehender Väter und Mütter, in Kreisen von Alkoholkranken oder auch in Friedens- und Dritte-Welt-Gruppen. „Christsein im Alltag" kann nur attraktiv und gelernt werden, wenn die wirklichen Probleme und Hoffnungen des Lebens auch Gegenstand der Katechese sind. Vielleicht wird es sich dann nicht mehr ereignen, was in einem Elterngespräch aus Anlaß der Erstkommunion vorkam: daß an einem Gesprächsabend über die Bedeutung der Eucharistie als Mahlgemeinschaft eine Frau plötzlich die Geschichte ihrer Scheidung und von der damit verbundenen Erfahrung der Isolation erzählte und darauf der Pfarrer und einige Mitglieder des Kreises betreten feststellten, man könne doch wohl hier nicht die Privatangelegenheiten einzelner besprechen, wenn es um die Erstkommunionvorbereitung ginge. Daß Gemeinschaft in der Eucharistie etwas mit der Gemeinschaft im Leben zu tun haben könnte, war hier wohl kaum bewußt. Nicht zuletzt wird eine solche Lebensferne unserer Katechese auch dadurch gefördert, daß die

Lebensumstände der Verantwortlichen in der Kirche, vor allem der Priester, oft weit entfernt sind von den Lebensnöten der Mitmenschen. Was die einen nur als äußerliches und materielles Problem betrachten, ist für viele ein existentielles Lebensproblem.

Einerseits stehen wir vor der Schwierigkeit, das überlieferte Glaubenszeugnis als Zuspruch und Anspruch in den Zusammenhang heute erfahrener Hoffnungen und Freuden, Ängste und Nöte zu vermitteln. Andererseits ist es überhaupt schwierig, sich so zu begegnen, daß die Sehnsüchte und Nöte zugelassen werden, für die die Botschaft als Zuspruch und Anspruch Bedeutung gewinnen kann.

Unter dieser Rücksicht muß noch einmal nach der pastoraltheologischen Chance und Aufgabe der Gemeinde als Subjekt und Träger der Evangelisierung und Katechese gefragt werden. Dabei dürfte die „Zielgruppe" (ein in diesem Zusammenhang sicherlich sehr problematischer Begriff) der Erwachsenen der eigentliche Ernstfall und das Modell für den Gesamtprozeß der Evangelisierung und Katechese der Gemeinden sein.

2.6 Ernstfall „Erwachsenenkatechese"

An erster Stelle unter den Zielgruppen wird im Synodenpapier „Das katechetische Wirken der Kirche" der Dienst am Glauben der Erwachsenen genannt. Damit wird der Erwachsenenkatechese ein eindeutiger Vorrang gegenüber der Kinderkatechese eingeräumt[9]. Gleichzeitig wird in dem Arbeitspapier jedoch zugestanden, daß es zwar einige ermutigende Ansätze des Glaubensgesprächs mit Erwachsenen gibt, jedoch weithin „die Notwendigkeit des Glaubensgesprächs mit Erwachsenen und seine ganze Dringlichkeit noch nicht erkannt" ist. „Es gibt Gemeinden, in denen man die Situation zwar richtig einschätzt, sich aber nicht in der Lage sieht, qualitativ wie quantitativ zureichende Angebote zu machen. Versuche, die zunächst zuversichtlich begonnen wurden, sind sogar wieder aufgegeben worden."[10]

Zehn Jahre nach Veröffentlichung dieses Textes dürfte die Situationsbeschreibung immer noch zutreffen. Betrachtet man die gegenwärtige Wirklichkeit der Katechese in der Gemeinde, so muß man eindeutig einen Vorrang der Kinderkatechese feststellen. Die Erwachsenen- bzw. Elternkatechese dagegen wird häufig nur als begleitende Maßnahme verstanden. Einige hoffnungsvolle Versuche im Zusammenhang mit den

Medienverbundprojekten „Warum Christen glauben" und „Christsein im Alltag" scheinen kaum eine langfristige Wirkung im Sinne einer Intensivierung der Evangelisierung bzw. Katechese mit Erwachsenen zu haben. Dies gilt um so mehr, wenn diese Gespräche unter dem Grundziel der Katechese betrachtet werden, daß sie Hilfe zum Gelingen des Lebens geben sollen. Erste Versuche hinsichtlich eines Erwachsenenkatechumenats, das ganz am Schluß des Synodenpapiers dargestellt wird[11], zeigen trotz weiterer theoretischer Aufarbeitung noch keinen entscheidenden Fortschritt. Das Synodenpapier selber nennt zwar eine Reihe möglicher Ursachen für diesen Mangel, z. B. unzureichende Vorbereitung, Nachlassen von Reformimpulsen, lebensferne Angebote, fehlende Beweggründe und zeitliche Beanspruchung der Erwachsenen; doch müßten diese sicher noch näherhin bedacht und in ihren Konsequenzen berücksichtigt werden. Hinter diesen verschiedenen Aspekten lassen sich wohl vier Grundbehinderungen der Erwachsenenkatechese ausmachen:

1. Für viele, wenn nicht sogar die meisten erwachsenen Christen hat Glaube und Kirche nur noch eine recht begrenzte Bedeutung in der Realität und Vielfalt des Lebens und seiner Gestaltung.

2. Die wirklichen Lebensumstände und Lebensnöte werden in der Katechese nur unzureichend aufgegriffen. Trotz der anthropologischen Wende in der Theologie, die auch das Synodenpapier kennzeichnet, wird der Glaube kaum in seiner dem Leben förderlichen und hilfreichen Kraft erfahren.

3. Das immer noch vorhandene Bild einer „wissenden" und „beurteilenden" Kirche behindert den Weg von einer „Kirche für das Volk" zu einer „Kirche des Volkes" und damit auch von einer Katechese für die Erwachsenen zu einer Katechese der bzw. mit den Erwachsenen.

4. Es kann auch „unbequem" sein, sich näher auf das Evangelium einzulassen und sich in der Gemeinde zu engagieren. Es gibt einen starken Trend des Rückzugs auf den privat-familiären Lebensraum und eines indifferenten Ausweichens vor Fragen des Glaubens.

3. ZUM AUFTRAG DER WEITERGABE DES GLAUBENS

3.1 Bedrängende Fragen

Angesichts der Situation des Christseins in einer nachchristlichen Gesellschaft fragen sich viele Eltern und Erzieherinnen, Religionslehrer und Katecheten, wie wir unter den heutigen Bedingungen den Glauben weitergeben können. Dies mag vordergründig wie eine didaktisch-methodische Frage klingen; dahinter aber verbirgt sich oft die grundlegende Frage: Hat der Glaube in unserer Gesellschaft überhaupt noch eine Zukunft? Eltern und Erzieher, Religionslehrer und Katecheten machen trotz aller möglichen Anstrengungen die Erfahrung, wie die Tradition des Glaubens bei vielen abbricht. Die einen möchten sich resigniert zurückziehen. Andere bedenken noch einmal theologisch, was Glaube eigentlich bedeutet, und erinnern sich: Der Glaube ist eine Berufung, eine Gnade, ein Geschenk Gottes, das wir in keiner Weise „machen" können. Ein Geschenk, für das wir allenfalls dankbar sein dürfen. Deshalb sprechen wir im Hochgebet: „Wir danken dir, daß du uns berufen hast, vor dir zu stehen und dir zu dienen."

Daran schließen sich einige Fragen an: Wenn Heranwachsende trotz des Zeugnisses der Eltern, trotz Religionsunterricht und Katechese nicht zum Glauben kommen, ist das dann immer schuldhafte Verweigerung gegenüber der Berufung zum Glauben? Wenn nicht, warum beruft dann Gott nicht alle Menschen zum Glauben? Oder kann man sagen: „Viele sind berufen, wenige aber auserwählt" (Mt 22,14)? Was heißt dies aber? Schließlich wird man noch weiter fragen müssen: Wenn der Glaube wirklich eine wichtige oder sogar rettende Hilfe zum Gelingen des Lebens sein soll, ob und wie kann dann das Leben der anderen, die nicht zum Glauben kommen, gelingen und heil werden? Gilt hier noch die Feststellung: „Außerhalb der Kirche kein Heil"? Müssen sich Christen schuldig fühlen, wenn es ihnen nicht gelingt, ihnen anvertraute Menschen, Kinder oder den Ehepartner zum Glauben und zur Kirche zu führen? Wie sollen Eltern mit dem Phänomen fertig werden, daß trotz all ihrer Bemühungen ihre Kinder eigene Wege außerhalb der Glaubensgemeinschaft gehen? Wie soll ein Partner in der Ehe damit leben, daß der andere keine Beziehung zu Gott und Kirche (mehr) hat? Karl Rahner schrieb 1967 in einem Aufsatz „Der Christ und seine ungläubigen Verwandten": „Wenn es Menschen wären, die uns sonst gleichgültig wären, mit denen man von vornherein nichts *mehr* zu tun hat als in den Dingen des Berufs, der Arbeit, der bürgerlichen Konvention, dann wäre es alles ganz leicht zu tragen; oder besser: es wäre nur die Last des Geistes und des Herzens, die sich auf uns legt beim Anblick der Tatsache, wie wenig nach zweitausend Jahren der Name Christi bekannt und geliebt wird in der Welt."[12]

Oft gibt es heute belastende Konflikte zwischen der Treue zur eigenen Familie und der Treue zum kirchlichen Glauben. Was soll ein Vater tun, wenn seine Tochter nicht kirchlich heiratet? Was soll eine Mutter ihrem Kind sagen, wenn der Vater nicht teilnimmt am Fest der Erstkommunion? Dahinter stehen die bedrängenden Sorgen eines Religionslehrers oder Gemeindekatecheten sicher etwas zurück. Sind letztere so doch nicht immer unmittelbar betroffen. Doch liegt ihre Sorge in der gleichen Richtung. So formuliert Karl Rahner: „Das Dunkelste und Schwerste an diesem Verhältnis ist die Frage nach dem ewigen Heil derer, die wir lieben. Wir wären ja nicht katholisch, würden wir das Christentum, die Kirche und das Leben mit ihr nicht als Gottes gnädigen und verpflichtenden Willen an uns und an die betrachten, die uns anvertraut sind, würden wir nicht Gottes Gnade in der Kirche als ‚heilsnotwendig' bekennen."[13] Wir müssen uns gerade auch mit dem Schicksal der Familiendiaspora innerlich vertraut machen. Es kann sein, daß wir gerade unter denen, die wir lieben, Fremdlinge sein werden. Aus dieser bedrängenden Perspektive her kann sich auch in rechter Weise der Religionslehrer und Gemeindekatechet fragen. Schließlich geht es im Glauben nicht um etwas, das man tun oder lassen, das man annehmen oder auf das man verzichten kann, sondern es geht hier um Heil, Erlösung und Befreiung zu einem wirklichen, erfüllten Leben (vgl. Joh 10,11). Der Glaube ist nicht in dem Sinne „Angebot", wie dies von vielen verstanden wird als ein unverbindlicher Antrag, auf den ich ziemlich folgenlos zugehen kann oder nicht. Die Botschaft des Glaubens ist ein Anruf, der den, der davon wirklich erreicht wird, vor die tiefreichendste Entscheidung seines Lebens stellt.

3.2 Berufung zum Glauben — Berufung zum Heil

Die ersten Christen werden im Neuen Testament als Berufene (Röm 1,6–7; Offb 17,16) oder als Auserwählte (Mk 13,20; 1 Kor 1,27) bezeichnet. Damit wird ihr persönliches Verhältnis zu Gott beschrieben, keineswegs ihre Stellung in der Gesellschaft. Gehörten die ersten Christen doch nicht gerade zu den Angesehenen in der Gesellschaft, sondern eher zu den Randgruppen, den unteren Schichten der Bevölkerung. Sie hatten die Gnade Gottes in ihrem eigenen Leben erfahren, indem sie als Sünder, als gesellschaftlich Diskriminierte, als Kranke, als Frauen und Kinder vor Gott zu neuem Ansehen kamen und eine neue Lebensgemeinschaft fanden. Durch Gottes unerwartete Zuwendung in seinem menschgewordenen Sohn Jesus Christus fanden sie zu einem neuen Leben. Als Glaubende hatten sie sich auf diese Zuwendung Gottes eingelassen. Aber auch in Jesus Christus hat Gott sich nicht unmittelbar allen Menschen persönlich zugewandt. Nicht alle wurden berufen, erfuhren Gottes Güte und Menschenfreundlichkeit in der persönlichen Begegnung mit Jesus. Und es haben sich auch nicht alle auf diese Zuwendung eingelassen, sind weiter ihre Wege gegangen.

Dennoch will Gott das Leben und Heil aller Menschen. „Gott will, daß alle Menschen gerettet werden" (1 Tim 2, 3). „Er ist der Retter der Welt" (Joh 4, 42), „das Lamm Gottes, das die Sünden der Welt hinwegnimmt" (Joh 1, 29). Wie aber wird allen Menschen dieses Heil erfahrbar? Wie kommen die Menschen dann zum Bekenntnis und Lobpreis und zum Vertrauen auf diesen lebenschaffenden und heilenden Gott? Jedenfalls wird nur der bereit und fähig, sich auf diesen lebenschaffenden Gott einzulassen, der in einer Begegnung seine Güte und Menschenfreundlichkeit erfahren hat. Dies ist Voraussetzung, erzwingt aber nicht ein Bekenntnis und den Glauben an dieses von Gott ermöglichte Leben.

Die Frage, warum nicht alle Menschen von dieser erfahrbaren Güte Gottes erreicht werden, warum nicht alle zu diesem Gott finden und sich seinem Erbarmen zuwenden, bleibt ein unerforschliches Geheimnis. Es bleibt für uns unbegreiflich, warum die einen zum Bekenntnis an Gott, den Vater Jesu Christi, finden und andere nicht. Angesichts dieses Geheimnisses müssen wir an der Überlieferung festhalten, daß Gott das Heil aller Menschen will. Zum Heil sind also alle berufen.

Die Tatsache, daß es eine Berufung zum Heil ohne die Berufung zum ausdrücklichen Glauben geben kann, verweist selbst noch einmal auf unsere apostolische Verantwortung als glaubende Christen in dieser Zeit, als Kirche und Gemeinde. Wir haben den Auftrag des Auferstandenen: „Geht zu allen Völkern und macht alle Menschen zu meinen Jüngern; tauft sie auf den Namen des Vaters und des Sohnes und des Heiligen Geistes, und lehrt sie, alles zu befolgen, was ich euch geboten habe" (Mt 28, 16 ff). Offensichtlich gab es Zeiten, in denen die Kirche und jeder einzelne Christ in ihr diesen Auftrag im Sinne der unbedingt verpflichtenden Heilssorge um jeden Menschen sehr ernst genommen haben. Dies hing mit dem bis in das christliche Altertum zurückgehenden Satz zusammen: „Außerhalb der Kirche ist kein Heil. " Aufgrund der Gewißheit des göttlichen Erbarmens, welches das Gefühl gerade der Glaubenden heute bestimmt, wirkt ein solcher Anspruch der Kirche auf Heilsausschließlichkeit geradezu als Anmaßung. Wäre das Heil des Menschen, die Erfüllung seines Lebens von seiner Zugehörigkeit zur Kirche abhängig, dann stünden wir unter einem Zwang, möglichst alle Kinder und Jugendlichen, ja alle Menschen zu Christen zu machen. Heute entwickeln wir vom Heilsauftrag der Kirche eine vor allem positive, nicht exklusive Sicht. Ein kurzer Rückblick in die Geschichte der Aussage „außerhalb der Kirche kein Heil" kann deren Hintergrund und Sinn erhellen.

Im Neuen Testament ist eine Heilsausschließlichkeit zwar nirgends ausgesprochen; aber es liegen eine Reihe von Aussagen bereit, aus denen sich dieser Gedanke entwickeln konnte. So zum Beispiel Mk 16, 16: „Wer glaubt und sich taufen läßt, wird gerettet; wer nicht glaubt, wird verdammt." Oder in der Apostelgeschichte: „In keinem anderen ist Heil, und es ist unter dem Himmel den Menschen kein anderer Name gegeben, worin sie heil werden könnten" (4, 12). Die Vorstellung „außerhalb der Kirche kein Heil" taucht zum ersten Mal im dritten Jahrhundert bei Origenes und Cyprian auf. Origenes wendet sich dabei an Juden, die er in die rettende Gemeinschaft der Kirchen hineinrufen will[14]. Er will nicht eine Theorie über das Heil der Nichtchristen aufstellen. Er versucht vielmehr einen Anruf an jene, die sich auf das Alte Testament versteifen und glauben, sie brauchten den Heilsdienst Jesu Christi nicht. Cyprian wendet sich gegen Christen, die sich von der einen Kirche lösen und sich einer Konventikelkirche anschließen. Auch er will nicht eine theologische Aussage über das Heil der Nichtchristen machen, wenn er formuliert, der könne nicht Gott zum Vater haben, der die Kirche nicht als seine Mutter hat. Er richtet sich vielmehr mahnend an die Christen, die in der Kirche sind und also um sie wissen, die aber dabei sind, diese Kirche zu verlassen.

Erst Fulgentius von Ruspe (468 – 533), ein Schüler des hl. Augustinus, prägte die feste Formel „außerhalb der Kirche kein Heil", die in dieser Härte dann auch vom Konzil von Florenz (1442) übernommen wurde und damit kirchenamtliches Gewicht erhielt[15]. In den Texten des Konzils heißt es: „Niemand, der außerhalb der katholischen Kirche lebt – also nicht bloß Heiden, sondern auch Juden, Häretiker und Schismatiker –, kann des ewigen Lebens teilhaftig werden; sie werden in das ewige Feuer kommen, ‚das dem Teufel und seinen Engeln bereitet ist' (Mt 25, 41), wenn sie nicht eben dieser Kirche vor dem Ende ihres Lebens sich noch eingliedern lassen"[16]. Diese Aussage ist auf dem Hintergrund der Trennung zwischen der Ost- und Westkirche zu lesen. Vor allem ist sie im Zusammenhang des damaligen Weltbildes zu verstehen. Man ging davon aus, daß das Evangelium in aller Welt bezeugt ist, und setzte deshalb voraus, daß es nur eigene Schuld des Menschen sein kann, wenn er nicht der römisch-katholischen Kirche zugehört. Außerdem steht diese Formulierung nicht allein; sie muß mit weiteren Aussagen zusammengesehen werden. Am Beginn der Neuzeit, in dem Augenblick also, als das antike Weltbild zerbricht und mit dem Hervortreten eines neuen Weltbildes zugleich neue missionarische Erfahrungen auftauchen, wechselt die Perspektive in der Fragestellung. Gegenüber dem Jansenismus, der auf einer radikalen Auslegung der Formel „außerhalb der Kirche kein Heil" besteht, verwirft das kirchliche Lehramt die Thesen „Christus ist nicht für alle gestorben" und „Außer der Kirche gibt es keine Gnade"[17]. Positiv formuliert: Die Kirche stellt fest, daß es auch außerhalb der sichtbaren römisch-katholischen Kirche Gnade gibt.

Eine deutliche Spannung kennzeichnet die Aussagen Pius' IX. im 19. Jahrhundert. Einerseits wendet er sich gegen einen Indifferentismus, der die Meinung vertritt, in jeder beliebigen Religion könne der Weg zum Heil gefunden werden. Andererseits stellt er ausdrücklich fest, daß Gott denen seine Gnade nicht versagt, die nach ihrem Gewissen leben, aber ohne ihre Schuld die Kirche nicht kennen[18]. Seit Pius XII. wird dieses Problem weiterbearbeitet und in Verbindung gebracht mit einer differenzierten Lehre von Kirchengliedschaft[19]. Danach gibt es so etwas wie ein „einschlußweises Verlangen" nach der Kirche als eine rechte Verfassung der Seele, kraft deren ein Mensch seinen Willen dem Willen Gottes gleichförmig wünscht.

Auch für das II. Vaticanum blieb unbestritten, daß nur Christus „der Weg" ist. Doch daraus folgert nicht, daß alles, was scheinbar außer Christus ist, nur ‚Umweg' sei, sondern daß alles, was außer ihm Weg ist, von ihm her ist, also in Wirklichkeit zu ihm gehört[20]. Das heißt, überall da, wo die Bergpredigt und das Gebot der Gottes- und Nächstenliebe faktisch gelebt werden, befinden sich Menschen auf dem Weg in das Reich Gottes. „Wer nämlich das Evangelium Christi und seine Kirche ohne Schuld nicht kennt, Gott aber aus ehrlichem Herzen sucht, seinen im Anruf des Gewissens erkannten Willen unter dem Einfluß der Gnade in der Tat zu erfüllen trachtet, kann das ewige Heil erlangen. Die göttliche Vorsehung verweigert auch denen das zum Heil Notwendige nicht, die ohne

Schuld noch nicht zur ausdrücklichen Anerkennung Gottes gekommen sind, jedoch, nicht ohne die göttliche Gnade, ein rechtes Leben zu führen sich bemühen. Was sich nämlich an Gutem und Wahrem bei ihnen findet, wird von der Kirche als Vorbereitung für die Frohbotschaft und als Gabe dessen geschätzt, der jeden Menschen erleuchtet, damit er schließlich das Leben habe"[21]. Gott kann also seine Geschichte, in der er hilft und trägt und zum endgültigen Gelingen des Lebens führt, auch mit Menschen haben, die der Glaubensbotschaft nicht so begegnen, daß sie ihnen als Anruf an ihr Leben entscheidend nahe kommt[22].

3.3 Zwei Motive der Weitergabe des Glaubens

Was bedeutet die Hoffnung, daß Gott alle Menschen an sich ziehen will und kann, für die Weitergabe des Glaubens? Ist es in dieser Hoffnung nicht mehr so wichtig, Menschen die Lebensmöglichkeiten des Glaubens zu bezeugen? Die Hoffnung, die wir für alle haben dürfen, kann tatsächlich so mißverstanden werden, daß alles auf einen Indifferentismus hinausläuft, der in dem Schlagwort seinen Ausdruck findet, daß jeder auf seine Fasson selig werden kann und soll. Noch banaler formuliert sich diese Einstellung so: Hauptsache ein „anständiger Mensch"; ob man dann auch noch fromm ist, ist nicht von entscheidender Bedeutung. Dagegen stehen die Praxis Jesu, die in einem vom Heiligen Geist angetriebenen Drängen die Menschen zur Umkehr und zum Glauben anrief, und die Praxis der Kirche von Anfang an, Zeugnis zu geben von dem, was – vor allem im Tod und in der Auferweckung Jesu – von Gott her geschehen ist, um so die Menschen mit Gott und untereinander zur Einheit zu führen. Welches sind die drängenden Gründe für die Weitergabe des Glaubens?

Sorge um den Menschen

Sosehr wir hoffen dürfen, daß Gott keinen Menschen ohne Hilfe für das Gelingen seines Lebens läßt, so bekennen wir doch die eigene positive Erfahrung, wie der Glaube als tragende, befreiende und aufrichtende Kraft in unserem leben wirksam ist, und wir beobachten, wie diese Kraft aus dem Glauben Menschen auch bitter fehlen kann. Ein allgemeines Lebensvertrauen ist eben nicht das gleiche wie ein glaubendes Vertrauen auf den Gott und Vater Jesu Christi und seinen mächtigen Willen, uns zu geben, was wir brauchen, und alle Sehnsucht des menschlichen Herzens zu erfüllen. Eine allgemeine Erfahrung immer wieder erneuerter Lebenskraft ist nicht das gleiche wie das Geschenk des Glaubens, immer wieder um die Kraft des Geistes bitten zu dürfen und ihn zu empfangen. Eine Lebenshoffnung, die allgemein darauf setzt, daß die Geschichte, auch die Leidensgeschichte der Menschen einen letzten geheimnisvollen Sinn hat, kann schwerer zu begründen und aufrecht zu erhalten sein als eine Hoffnung, die sich auf die Auferweckung des Gekreuzigten gründet und sich Sonntag für Sonntag darin erneuern und gegen alle wahrhaft auch mächtigen Gründe zur Resignation und bitterer Verzweiflung festigen läßt. Ein allgemeiner Humanismus hat es offenbar schwer, die moralischen Reserven in Menschen freizusetzen, die für ein versöhnendes und mit anderen Menschen teilendes Leben notwendig sind; die glaubende Betroffenheit angesichts der uns im Erbarmen suchenden Liebe Gottes ist eine eigene Kraft, sich der Not des Nächsten zu erbarmen, Einheit unter den Menschen zu suchen und das Leben miteinander zu teilen. Zwar sehen wir, wie Gott auf wunderbare Weise auch in Ehen, in denen er nicht erkannt, angerufen und gefeiert wird, Menschen in treuer Liebe verbinden kann; aber wir haben auch das Zeugnis christlicher Ehen, daß ihnen die versöhnende und vereinende Kraft des Gebetes und gemeinsam gefeierter Sakramente, Sonntage und Feste wirklich geholfen hat, immer wieder den Weg aufeinander zuzugehen. Es kann Menschen, die sich der „dunklen" Anteile in ihrem eigenen Leben und in der Menschheitsgeschichte bewußt werden, sehr schwer werden, sich selbst und unsere Geschichte zu bejahen und sogar als liebenswürdig anzusehen; dann kann die Glaubensbotschaft als wahre Erlösung erfahren werden, daß Gott in seiner Macht, durch sein Ja-Wort Liebenswürdigkeit zu schenken, jeden Menschen und unsere ganze Geschichte annehmen und aus der Kraft der Vergebung erneuern kann und will. Wo Menschen meinen, wir müßten ganz allein mit uns und unserer Geschichte fertig werden, kann ein in seinen Folgen lähmendes Klima der Überforderung und Überanstrengung entstehen; der Glaube, daß letztlich Gott die Geschichte jedes einzelnen Menschen und ihre gemeinsame Geschichte führt, Kräfte in sie hineingibt und vollenden wird, was er mit uns in der Zeit begann, kann den Zukunft eröffnenden Mut machen, das Unsere zu tun, ohne unter dem Streß der Selbstvollendung zu stehen.

Diese Hinweise ließen sich vermehren. Sie sollen vergegenwärtigen, daß Katechese den Menschen ganz Wichtiges, Helfendes, ja sogar Erlösendes und Rettendes weitergeben will. Die Hoffnung, daß Gott Menschen auch ohne eine bewußte Begegnung mit seiner Liebe an sich ziehen kann und will, gehört zusammen mit dem drängenden Verlangen, Menschen eine Begegnung mit der Liebe Gottes in Jesus Christus zu ermöglichen, damit sie Anteil empfangen an der Lebenskraft und Lebenshoffnung des Glaubens. So ist gerade auch die Nächstenliebe ein wichtiges Motiv der Katechese

Preisung Gottes

Wie Nächstenliebe und Gottesliebe zusammengehören, so bilden in der Katechese die Sorge um die Menschen und das Verlangen, sie möchten in und mit der Glaubensgemeinschaft zur Freude an Gott, zum dankenden Lobpreis seiner Liebe finden, eine Einheit. Jesus ging es in seiner Katechese immer um beides: Er wollte den Menschen neues, heilendes, befreiendes Leben schenken, und darin wollte er die wunderbare Güte und Macht seines Vaters zeigen, seinen „Namen heiligen". Die Kirche bezeugt auch darum den Glauben, um zu klären, wer Gott ist. Ihr geht es auch um den so vielfach mißbrauchten oder vergessenen „Namen" Gottes. Sie muß verkünden, wer Gott in Wahrheit ist und was er in seiner Liebe getan hat und tun will. Und sie wünscht auf eine drängende Weise den Menschen, sie möchten in Jesus Christus Gott so begegnen, daß sie zur dankbaren Anbetung des Geheimnisses ihres Lebens finden. Aus Liebe zu Gott von ihm erzählen, damit auch andere am Gotteslob der Kirche teilhaben, ist darum eng mit einer Katechese um des Menschen willen verbunden, weil erst dem Menschen das Wunder des Lebens aufzugehen beginnt, der die dankende Freude an Gott entdeckt. Katechese „zur größeren Ehre Gottes" meint nicht, daß Gott die Anbetung durch den Menschen braucht, sondern daß es dem Menschen wunderbar gut tut, seinen Gott zu loben. So bekennt eine unserer Präfationen: „Du bedarfst nicht unseres Lobes; es ist ein Geschenk deiner Gnade, daß wir dir danken. Unser Lobpreis kann deine Größe nicht mehren; doch bringt er uns Segen und Heil."[23]

3.4 Menschen gewinnen für die Kirche als Weltsakrament

In vielen Fragen nach der Wirksamkeit der Katechese schwingt auch die Sorge darum mit, daß es weiter lebendige christliche Gemeinden und dadurch die Kirche Jesu Christi in unserer Gesellschaft gibt. Manchmal wird eine Katechese, der es um das Gewinnen von Menschen für die Kirche geht, etwas schnell als „Nachwuchsrekrutierung" abgetan. Es gibt aber gute Gründe, es sich ganz wichtig sein zu lassen, daß Kirche in unserer Gesellschaft am Leben bleibt. Dazu muß allerdings klar sein, daß die Kirche nicht für sich selbst da ist, sondern als das Zeichen Gottes für die Welt. In der sichtbaren Gemeinschaft des Glaubens soll die die Menschen suchende und sich ihnen mitteilende Liebe Gottes in Jesus Christus gegenwärtig bleiben an den vielen Orten dieser Erde für die vielen dort lebenden Menschen. Die Berufung zum Glauben und zur Glaubensgemeinschaft in der christlichen Gemeinde ist immer eine Gabe, die auch die Aufgabe einschließt, für die anderen die Liebestat Jesu Christi lebendig zu erhalten. Die Kirche und jede ihrer Gemeinden ist die „einzige Reliquie Jesu Christi", die wir haben. Wir brauchen diese Kirche, um uns der Hingabe Jesu Christi immer wieder gewiß zu werden, und die Welt braucht dieses Zeichen, damit in ihr gegenwärtig bleibt, welche alle in sich vereinende Geschichte Gott mit ihr angefangen hat und weiterführen und vollenden will.

Wir müssen zwar zugestehen, daß vieles am Leben der einzelnen Christen, ihrer Gemeinden und der ganzen Kirche durch Untreue und Schwäche kein leuchtendes Zeichen für die Welt ist. Aber das erübrigt nicht den Auftrag, Licht für die Welt und Salz unserer Erde zu sein; es läßt die Kirche immer wieder neu die Kraft für die Erneuerung suchen. Und für nicht nur kritische Augen ist auch wahrnehmbar, wie Kirche durchaus wirksames Zeichen sein kann, das auch Bedeutung hat für die, die nicht in die Glaubensgemeinschaft hineinfinden. Sowohl einzelne Christen wie christliche Gemeinden können in ihrer Sorge um die Kranken – nicht zuletzt in christlichen Krankenhäusern – gegenwärtig halten, wie Gott den Kranken nahe sein will. Dies kann für alle Kranken wichtig werden. Christen, die ihre Sonntage und ihre großen Feste feiern, können in einer Gesellschaft lebendig erhalten, daß es eine Freude gibt, die auch noch den Leidenden und Trauernden gilt und die eine Vorgabe ist vor allem, was uns zu tun aufgetragen ist. Christen, die gemeinsam um die Solidarität mit Menschen im Elend oder um Versöhnung unter den Menschen bemüht sind, können Kräfte bezeugen, die auf alle Menschen „guten Willens" ihre Wirkung haben. Wo in einer christlichen Gemeinde der Tod nicht tabuisiert, sondern als zum Leben des Menschen gehörig in der Hoffnung auf Gottes Lebensmacht angenommen wird, ist das ein Zeichen, das auch anderen helfen kann zu sterben und zu trauern. Die in christlichen Ehen gelebte Treue kann auch für andere eine Ermutigung sein, sich in Liebe zu binden und diese Liebe auch durch Krisen hindurch wachsen zu lassen. So bleibt das Wort von der Kirche als Weltsakrament keine bloße theologische Behauptung, sondern wird wirkliche Realität. Die Kirche steht nicht unter einem zwanghaften Druck, alle in sich einzubeziehen; aber mit denen, die Gott in die Gemeinschaft des Glaubens beruft, soll sie allen die Kraft und Hoffnung des Glaubens bezeugen. Augustinus sagt: „Es kommt nicht darauf an, daß wir alle haben, sondern daß Gott alle hat." Die Katechese kann und muß nicht alle erfassen; aber sie hat den Auftrag, Menschen in die Glaubensgemeinschaft hineinzuführen, damit es weiter Gemeinden gibt, die Gottes Zuwendung zu allen Menschen sichtbar machen.

Kleiner werdende Gemeinden werden durch diese Sicht, daß sie immer auch für die anderen da sind, davor bewahrt, zu in sich selbst verschlossenen Gettos zu werden. Dazu hilft auch über den Versuch hinaus, Wirkungen der Gemeinde auf ihre Lebenswelt auszumachen, die Überzeugung, daß es einen Zusammenhang der Menschen vor Gott gibt, den wir eher ahnen als sehen. Überall, wo ein Mensch Güte und Erbarmen lebt, wo er angeht gegen das, was das Leben verdirbt, oder sein Leid in Hoffnung annimmt, ohne zu verbittern, hat dies Bedeutung für alle, auch wenn es von niemandem wahrgenommen wird. So kann es auch für alle geschehen, wenn eine christliche Gemeinde – und sei sie noch so klein – Gott dankt für seine Liebe, den Geist der Versöhnung feiert, noch in Leid und Trauer sich Hoffnung geben läßt, die Erinnerung an den Tod und die Auferweckung Jesu lebendig hält. Wie die christliche Gemeinde von ihrem Herrn bekennt, daß er für alle sein Leben gab und daß daraus für alle neues Leben kommt, das alle und alles endgültig neu zu schaffen begonnen hat, so darf und soll eine Gemeinde alles, was sie durch Jesus Christus, in ihm und mit ihm tut, als Tun für alle vollziehen. Das heißt für die Katecheten, daß der Weg, den sie oft nur mit einigen wenigen gehen, immer ein Weg ist, der auch für alle anderen Bedeutung hat. Zu dieser Gemeinschaft, die die Kirche mit ihrem Herrn hat, gehört auch die Gemeinschaft mit seiner Erfahrung, daß das Wort zum Glauben nicht angenommen wird, und die Gemeinschaft an seinem Leiden daran. Dann gehört dazu aber auch die Gemeinschaft am Lobpreis Jesu, der seinem Vater dankt, wo er einigen – und zwar gerade den „Kleinen" – gibt, daß sie sich seine heilende Nähe schenken lassen (vgl. Mt 11,25 ff).

3.5 Katechese und Evangelisierung

(1) Evangelisierung in der Katechese

Eine katechetische Situation: Herr X. in der Gemeinde St. Michael hat versucht, eine Gruppe von 7 Jungen im Alter von 14 Jahren über vier Monate in wöchentlichen Treffen auf die Firmung vorzubereiten. Er selbst hatte bei der Übernahme dieser Aufgabe große Bedenken. Von Beruf Ingenieur, ein normaler Durchschnittschrist, interessiert an den jungen Menschen, aber doch kein „Fachmann für Religion". Er wußte aus seiner eigenen Jugend, wie wichtig für sein späteres Leben die damalige Zeit in der Gruppe der Pfarrjugend war. Deshalb hatte er sich eigentlich bereit erklärt, diese Aufgabe zu übernehmen. Doch die Enttäuschung war groß. Nach vier Monaten sagte er bei einem Treffen der Firmkatecheten: „Ich weiß nicht, was das Ganze bringt. Jede Woche habe ich mich fast zwei Stunden mit den Jungen getroffen. Aber wirklich ernsthaft konnten wir kaum etwas tun. Über alles mögliche wurde geredet, von Fußball, Flugzeug, Mofas und Mädchen, aber von Gott, Jesus und der Kirche ...? Oft genug rief dies nur gähnende Langeweile hervor. Auch gemeinsame Aktivitäten führten kaum weiter. Ein Besuch bei der Bahnhofsmission konnte das Interesse für 10 Minuten wecken. Danach waren wieder die bekannten Themen dran. Und schließlich fragte mich noch einer der Jungen in der letzten Runde: ‚Herr X., warum machen Sie das eigentlich mit uns?'" Er selbst und die übrigen Mitarbeiter haben einige Zeit über diese Frage und die Situation nachgedacht. Manchen war es ähnlich ergangen. In der Tat ist es doch verwunderlich, daß über vier Monate die Jungen fast regelmäßig zu den Runden kamen, obwohl in den Augen des Katecheten nichts Vernünftiges geschah.

Oder doch? Hatte hier vielleicht der eine oder andere seit langem oder erstmals einen Erwachsenen erlebt, der, ohne etwas davon zu haben, ohne etwas dafür zu bekommen, einfach für sie da war? Jemand, der mit ihnen ein wenig über ihr Leben sprach, Gesprächspartner war, im Austausch stand, wenigstens für zwei Stunden in der Woche, über einige Monate hinweg ihr Leben teilte? Eine kleine Bestätigung erfuhr Herr X., als Monate später genau der Junge, der ihn gefragt hatte, an einem Samstagnachmittag in seiner Haustür stand und „einfach noch mal vorbeikommen wollte", um mit ihm dann über seine Freundin zu sprechen, deren Eltern nicht wollten, daß sie mit ihm in Kontakt blieb. War dies schon Katechese? Oder muß man hier von einem grundlegenden Beginn des Glaubensweges, dem Anfang der Entdeckung der Liebesgeschichte

Gottes mit uns Menschen sprechen, ist dies der Weg der Evangelisierung? Wie aber hängen Katechese und Evangelisierung dann zusammen?

(2) Zum Begriff „Evangelisierung"

Der Begriff der „Evangelisierung" ist noch relativ neu. Im Sprachgebrauch der deutschen Religionspädagogik und Katechetik ist er bisher kaum anzutreffen. Das Arbeitspapier der bundesdeutschen Synode meinte noch, mit einem erweiterten Verständnis des Katechese-Begriffs der gegenwärtigen Sorge und Not in der Glaubensweitergabe entsprechend hilfreich begegnen zu können[24]. In Anlehnung an die Kennzeichnung des altchristlichen Taufkatechumenates (Hinführung Erwachsener zur Taufe) soll unter Katechese alles verstanden werden, was nötig ist, um mit den Möglichkeiten des Christseins vertraut zu machen. Näherhin heißt es: Katechetischer Dienst will helfen, aus dem Glauben leben zu lernen; mit Hilfe der Katechese soll der Glaubenswillige zu einem reflektierten Glauben gelangen können, der das Leben prägt. Damit wird schon deutlich angezeigt, daß Katechese nicht in erster Linie mit der Vermittlung von Katechismus-Wahrheiten zu tun hat, sondern eine christliche Lebensgestaltung anzielt. Andererseits setzt sie wohl den „Glaubenswilligen" voraus, der zu einem reflektierten, das Leben prägenden Glauben gelangen soll. Angesichts der bei uns gegebenen Situation des Christseins sowie der konkreten katechetischen Arbeit im Religionsunterricht, aber auch im Umfeld der Sakramentenkatechese erweist sich jedoch selbst diese Öffnung und Erweiterung des katechetischen Wirkens als unzureichend. Mehr oder weniger unreflektiert wird noch von einer Situation ausgegangen, in der es darauf ankommt, z. B. Eltern und Kinder im Zusammenhang mit der Hinführung zur Erstkommunion oder auch im Taufgespräch tiefer und systematischer in den Glauben einzuführen. Es wird vorausgesetzt, daß es vor allem um die Entfaltung eines schon vorhandenen Glaubensbewußtseins geht. Diese Voraussetzung ist jedoch auch für die größte Zahl derer, denen wir nicht nur im Religionsunterricht, sondern auch in der Gemeindekatechese begegnen, nicht mehr gegeben.

Vielmehr gilt auch für uns in der BRD, was in weltkirchlicher Perspektive Papst Johannes Paul II. in seinem Apostolischen Schreiben „Catechesi tradendae" vom 16. 10. 79 feststellt: In der katechetischen Praxis müsse man der Tatsache Rechnung tragen, daß oft die erste Evangelisierung noch nicht stattgefunden hat. Eine gewisse Anzahl von kurz nach der Geburt getauften Kindern kommt zur Pfarrkatechese, ohne irgendeine andere Einführung in den Glauben erhalten zu haben und ohne bisher irgendeine ausdrückliche und persönliche Bindung an Jesus Christus zu besitzen. Sie haben lediglich die ihnen durch die Taufe und die Gegenwart des Heiligen Geistes grundgelegte Fähigkeit zu glauben. Dazu kommen die Vorurteile eines wenig christlichen Familienmilieus oder einer positivistisch ausgerichteten Erziehung, die schnell etliche Widerstände aufbauen. Hinzurechnen muß man außerdem nichtgetaufte Kinder, für die die Eltern erst später eine religiöse Erziehung zulassen. Aus praktischen Gründen wird ihr Weg als Katechumenen größtenteils oft im Verlauf der normalen Katechese nachgeholt. Dann sind hier zahlreiche Jugendliche und junge Erwachsene zu nennen, die zwar getauft sind und eine systematische Katechese wie auch die Sakramente empfangen haben, aber noch lange im Zweifel bleiben, ob sie ihr ganzes Leben in bewußter Verbindung mit Christus gestalten wollen, wenn sie nicht gar im Namen ihrer Freiheit einer religiösen Bindung auszuweichen suchen. Die Erwachsenen schließlich sind auch selber nicht sicher vor Versuchungen zum Zweifel oder zur Aufgabe des Glaubens, vor allem wenn eine glaubenslose Umwelt sich auswirkt. Das heißt, die Katechese muß sich oft nicht nur darum kümmern, den Glauben zu lehren und zu vertiefen, sondern ihn auch mit Hilfe der Gnade ständig zu wecken, die Herzen zu öffnen und zu bekehren und alle, die sich noch auf der Schwelle zum Glauben befinden, für ein umfassendes Ja zu Christus vorzubereiten[25].

Diesen differenzierten Lebens- und Glaubenssituationen läßt sich nur gerecht werden, wenn sie unter der Perspektive des Gesamtprozesses einer Evangelisierung gesehen und entsprechend eingeordnet werden. Dabei wird in der Definition des II. Vaticanums unter Evangelisierung jene grundlegende Verkündigung der Botschaft Christi durch das Zeugnis des Lebens und das Wort verstanden, die ihre eigentliche Prägung und besondere Wirksamkeit von daher erhält, daß sie in den gewöhnlichen Lebensverhältnissen der Welt erfüllt wird[26]. Sie geschieht deshalb nicht nur und vielleicht nicht einmal vorrangig in unseren organisierten Formen der Glaubensweitergabe in Gemeinde und Schule, sondern überall dort, wo Christen mit anderen Menschen zusammenleben. Andererseits werden auch unsere katechetischen Bemühungen dahin gehen müssen, die grundlegenden Elemente eines solchen Prozesses der Evangelisierung zu berücksichtigen. Diese werden ausführlich im Apostolischen Schreiben Papst Pauls VI. „Evangelii nuntiandi" – Über die Evangelisierung in der Welt von heute – dargelegt.

(3) Elemente der Evangelisierung

Im Prozeß der Evangelisierung unterscheidet das Schreiben[27] sechs Elemente oder Aspekte:

a) Zeugnis des Lebens oder Zeugnis ohne Worte

Das erste Element ist das Zeugnis des Lebens oder das Zeugnis ohne Worte (Nr. 21). Verkündigung geschieht durch das Zeugnis des Lebens, das Christen geben, wenn sie inmitten ihrer Lebens- und Arbeitswelt als einzelne oder in Gemeinschaft Verständnis haben für andere, andere so annehmen, wie sie sind, das Leben und das Schicksal anderer teilen, einfach da sind, wenn andere in Not sind und Hilfe brauchen, sich solidarisch erklären mit Menschen, sich für Werte einsetzen, die über den allgemein gängigen Werten stehen, eine Hoffnung haben in etwas, von dem man nicht einmal zu träumen wagt. Solche Haltung des Zugegenseins, der Anteilnahme und der Solidarität ist bereits „stille, aber sehr kraftvolle und wirksame Verkündigung der frohen Botschaft. Es handelt sich hier um eine Anfangsstufe der Evangelisierung." Es ist also keineswegs nur Vorfeld, dem dann das „Eigentliche" folgt; vielmehr beginnt das Eigentliche mit dem Zeugnis eines solchen Lebens. Solches Zeugnis weckt Interesse für eine andere, für die christliche Lebensart. Es entspricht der Grundfunktion der Diakonia, verstanden als Lebensweise der Christen, die geprägt ist von der Diakonia Jesu selbst. Ein solches Zeugnis weckt „in den Herzen derer, die ihr Leben sehen, unwiderstehliche Fragen: Warum sind jene so? Warum leben sie auf diese Weise? Was — oder wer — ist es, das sie beseelt? Warum sind sie mit uns?" Erst solche Fragen machen offen für eine ausdrückliche Verkündigung.

b) Wort des Lebens oder ausdrückliche Verkündigung

Das Zeugnis ohne Worte bleibt „auf die Dauer unwirksam und reicht nicht aus". Früher oder später „muß von Jesus Christus gesprochen werden". Der Name, die Lehre, das Leben, die Verheißung, das Reich, das Geheimnis von Jesus von Nazaret, dem Sohne Gottes, „müssen verkündet und überall erzählt werden" (Nr. 22). „Früher oder später" heißt, das Zeugnis des Lebens kann möglicherweise über lange Zeit hinweg die einzige Form der Evangelisierung sein. Dennoch handelt es sich hierbei nicht nur um eine Vorform und bei der Verkündigung des Wortes nicht um die eigentliche Form der Evangelisierung. Die Verkündigung des Wortes „nimmt in der Evangelisierung einen solchen Platz ein, daß sie oft mit ihr gleichbedeutend geworden ist, während sie tatsächlich nur einer ihrer Aspekte ist". Dieser Aspekt entspricht der Grundfunktion der Martyria.

c) Zustimmung des Herzens
Eine solche Verkündigung aber wird nur wirksam, wenn sie auch aufgenommen wird, wenn man ihr innerlich zustimmen kann (Nr. 23). Es bedarf der „Zustimmung des Herzens". Zustimmung zu den Wahrheiten, die der Herr aus Barmherzigkeit geoffenbart hat; aber mehr noch Zustimmung zu einem Lebensprogramm – dem eines nun verwandelten Lebens –, das er vorlegt. Es geht also um eine innere Zustimmung, die die persönliche und gesellschaftliche Lebensart verändert. Nicht die intellektuelle Zustimmung ist das Entscheidende, Zustimmung zu den „Wahrheiten, die der Herr aus Barmherzigkeit geoffenbart hat", sondern die Zustimmung und Übernahme der Lebensart Jesu Christi.

d) Eintritt in die Gemeinschaft
Eine solche Zustimmung kann nicht „abstrakt" und körperlos bleiben. Sie wird konkret sichtbar und erfahrbar durch „den Eintritt in eine Gemeinschaft von Gläubigen", die selbst „ein Zeichen der Umwandlung, ein Zeichen des neuen Lebens ist: es ist die Kirche, das sichtbare Sakrament des Heiles" (Nr. 23). Niemand kann für sich alleine die christliche Lebensart durchhalten. Er braucht die Stützgemeinschaft der Kirche, die Gemeinde. Hier zeigt sich der Raum der Koinonia, die Gemeinschaft der Glaubenden. Diese wird vielleicht zunächst in einer kleinen Gruppe erfahrbar. Sie wird sich aber zunehmend der größeren Gemeinschaft all derer bewußt werden, die als Christen leben.

e) Empfang der Zeichen
Ein solcher Eintritt in die Gemeinschaft und das Leben in ihr werden immer wieder in vielen Zeichen gefeiert. Die Feiern des Glaubens, das sind die Sakramente der Kirche. In ihnen wird gefeiert, was einer in seinem veränderten Leben erfahren hat und was er im Glauben von Jesus her deutet. Die das Leben aufrichtenden Erfahrungen werden in Zeichen gefeiert, begangen und besiegelt. Dem entspricht die Liturgie als eine der Grundfunktionen der Gemeinde.

f) Teilnahme am Apostolat
Schließlich wird „derjenige, der evangelisiert worden ist, auch seinerseits wieder evangelisieren ... Es ist undenkbar, daß ein Mensch das Wort

Gottes annimmt und in das Reich eintritt, ohne auch von sich aus Zeugnis zu geben und dieses Wort zu verkünden" (Nr. 24).

(4) Phasen der Evangelisierung

Dies sind die grundlegenden Elemente der Evangelisierung. Auf keines wird im Normalfall verzichtet werden können. Im Einzelfall kann der Prozeß der Evangelisierung durch unterschiedliche Elemente ausgelöst werden. Die Mitfeier der Liturgie kann ebenso diesen Prozeß der Reflexion und der Suche nach christlicher Lebensart auslösen wie etwa das Hören von der Geschichte und dem Geschick Jesu Christi oder auch das Erleben einer christlichen Gemeinschaft. Im Normalfall wird jemand einen solchen Prozeß in unterschiedlichen aufeinanderfolgenden Etappen durchlaufen, die sich in jedem Fall gegenseitig bedingen. In missionarischer Situation, d. h. in weitgehend nichtchristlichem Lebensmilieu wird das Interesse an der christlichen Lebensart normalerweise erst durch Begegnung mit einem Christen geweckt werden. Eine solche Begegnung mag dann zu einer anfänglichen Bekehrung führen, zu einem Interesse an dieser Lebensart. „Evangelii nuntiandi" spricht hier von der sogenannten „Erstverkündigung". Gerade im Bereich der kirchlichen Jugendarbeit, aber auch im Religionsunterricht der Schule wie auch in der Gemeindekatechese wird durch den Gruppenleiter, den Religionslehrer oder Katecheten oft nicht mehr möglich sein als durch sein Zugegensein, seine Anteilnahme und Solidarität Fragen des Lebens und nach der christlichen Lebensart auszulösen. Es handelt sich hierbei schon um eine wirkliche Verkündigung, die „früher oder später" Offenheit für das Wort des Lebens schafft, um die Deutung des Evangeliums für das persönliche Leben zu vernehmen. Wenn diese Phase erreicht wurde, folgte in der alten Kirche die Aufnahme in das Katechumenat, die in der liturgischen Feier mit der Bezeichnung des Kreuzes begangen wurde, dem Zeichen des Lebens und der Auferstehung Jesu Christi selber. Erst dann kann sich die eigentliche Phase der Katechese im Unterschied zur ersten Verkündigung anschließen. Sie verfolgt das Ziel, „den Glauben reifen zu lassen und den wahren Jünger Jesu Christi durch eine vertiefte und mehr systematische Kenntnis der Person und Botschaft unseres Herrn Jesus Christus weiterzubilden"[28]. Dabei läßt sich diese Phase noch einmal unterteilen in die Phase der grundlegenden Katechese, die mit der Zeit des Katechumenates gleichzusetzen ist und in der Feier der Initiationssakramente Taufe, Firmung und Eucharistie endet, und die Phase der vertiefenden, der lebensbegleitenden Katechese, in der beispielsweise der einmal vollzogene Eintritt in die Kirche immer neu begangen wird durch die Teilnahme an der Eucharistie und die Feier der Sakramente zu den Lebenswenden.

Die Berücksichtigung solcher Phasen mit ihren unterschiedlichen Zielen, Inhalten und Methoden kann auch einer Klärung der unterschiedlichen Möglichkeiten wie auch der Grenzen in den jeweiligen religionspädagogischen oder katechetischen Arbeitsfeldern dienen. Diese lassen sich in ihrer Eigenart vielleicht weniger von ihrer Organisationsstruktur her bestimmen als vielmehr von den unterschiedlichen Lebens- und Glaubensgeschichten der Menschen, die uns hier begegnen. Dies kann je nach Situation im Religionsunterricht, in der Gemeindekatechese, der Jugendarbeit usw. eine Erstverkündigung oder auch eine systematischere Katechese erforderlich und möglich machen. Eine besondere Problematik ergibt sich in unserer gegenwärtigen Situation aufgrund der Ungleichzeitigkeiten von Glaubensgeschichten unter Jugendlichen und Erwachsenen in Lerngruppen des Religionsunterrichtes oder der Gemeindekatechese. Hier werden wir noch stärker nach Wegen der Differenzierung suchen müssen. Das heißt, unsere Gemeinden werden in ihren unterschiedlichen Gruppen und Kreisen, aber auch in all ihren einzelnen Mitgliedern sich deutlicher ihrer evangelisierenden Verantwortung bewußt werden müssen, damit hinreichend Christen zur Verfügung stehen, die Menschen in unterschiedlichen Begegnungssituationen mit Christsein und Kirche im Prozeß der Evangelisierung begleiten.

4. KATECHESE UND GEMEINDE

4.1 Die Gemeinde als Lernort des Glaubens

Im Laufe der Beratungen des Arbeitspapiers „Das katechetische Wirken der Kirche" in der Kommission I der bundesdeutschen Synode wurde die Katechese immer enger mit dem Wort ‚Gemeinde' in Verbindung gebracht. Inzwischen wird schon fast wie selbstverständlich von ‚Gemeindekatechese' gesprochen. Damit wird die Gemeinde als Lernort des Glaubens hervorgehoben. Dies schließt andere Lernorte – wie die Familie oder den Religionsunterricht in der Schule – nicht aus; aber die besondere Bedeutung der Gemeinde für das katechetische Wirken wird klar herausgestellt. Eine ähnliche Orientierung gibt das Apostolische Schreiben Papst Johannes Pauls II. „Catechesi tradendae": „Wenn es auch wahr ist, daß man überall Glaubensunterweisung erteilen kann, möchte ich doch in Übereinstimmung mit den Wünschen vieler Bischöfe unterstreichen, daß die Pfarrgemeinde Motor und bevorzugter Ort der Katechese bleiben muß."[29]

Die Synodenkommission I reklamierte nicht nur allgemein den Zusammenhang zwischen Katechese und Gemeinde, sondern machte darüber hinaus folgende wichtige Einzelaussagen[30]:

– Die Gemeinde ist in ihrer Gesamtheit Träger der Katechese.
– Das gemeindliche Leben muß Erfahrungsraum dessen sein, was in der Katechese vermittelt wird.
– Die Gemeinde selber wird durch ihr katechetisches Wirken in heilsame Unruhe versetzt.

Die Praxis der letzten Jahre hat deutlich gezeigt, daß damit Zielvorstellungen formuliert sind, die in Spannung stehen zu der Wirklichkeit der meisten Gemeinden. In den meisten Fällen ist die Gemeinde vor allem das Organisationsfeld der Katechese. Auch durch die Mitarbeit vieler und wechselnder ehrenamtlicher Katecheten wird die Gemeinde noch nicht in ihrer Gesamtheit Träger der Katechese. Dadurch kann immer auch nur ein Teil der Gemeinde von den im katechetischen Bemühen aufbrechenden Fragen erreicht und in heilsame Unruhe versetzt werden. Vor allem muß nüchtern gesehen werden, daß die bei uns „normale" Gemeinde nur sehr begrenzt so Lebensraum der Christen ist, daß in Lebens- und Glaubensgemeinschaften die Erfahrungen gemacht werden, von denen in der Katechese gesprochen wird. Wenn überhaupt, so realisiert und versammelt sich die Gemeinde vornehmlich – wenn nicht gar ausschließlich – zu den verschiedenen sonntäglichen Gottesdiensten. Hier finden die, die überhaupt am Leben der Gemeinde teilnehmen, zusammen. Man erlebt sich vorrangig als liturgische Gemeinde.

Ob überhaupt und wie intensiv eine Gemeinde Lernort des Glaubens sein kann, hängt davon ab, ob und wie sie überhaupt als christliche Gemeinde lebt. Schritte der Erneuerung werden hier nicht bei der „Gesamtheit" der Gemeinde ansetzen können, sondern bei Gruppen, in denen Begegnung und Austausch möglich ist. In diesen Gruppen können auch die Erfahrungen gemacht werden, durch die sich Christen als Träger der gemeindlichen Katechese entdecken können. Allerdings werden auch die meisten dieser kleineren christlichen Gemeinschaften kaum Lebensge-

meinschaften sein können. Ihre Mitglieder werden die meisten ihrer alltäglichen Erfahrungen mit ihrem Christsein nicht unmittelbar miteinander teilen können. Wohl können sie davon in Begegnung und Austausch
einander erzählend mitteilen. Katechese im Sinne der Einführung in
christliche Lebensart kann so als Sache der Gemeinde verwirklicht werden, wenn in der Gemeinde einerseits bestehende Gruppierungen und
Treffen zu solchen Erzählgemeinschaften werden und andererseits neue
Begegnungen und Erzählräume gesucht und gefunden werden. Die Einsicht in die der Gemeinde gesteckten Grenzen als Lernort des Glaubens
macht – vor allem wenn es um die Kinder geht – für den Lernort aufmerksam, an dem alltäglich christliches Leben geteilt wird: die Familie.
Die Lernmöglichkeiten der Familie kann die Gemeinde nicht ganz ersetzen. Wo ein Mensch keine Chance hatte, in der Lebensgemeinschaft der
Familie Schritte in den Glauben zu gehen, braucht er in der Gemeinde in-
tensivere Formen katechetischer Weggemeinschaft, als sie gegenwärtig in
den meisten Gemeinden gegeben sind.

Auch in dieser nüchternen Einschätzung unserer Situation ist an dem
engen Zusammenhang zwischen Katechese und Gemeinde festzuhalten.
Dann aber muß auch die Theologie der Gemeinde den theologischen
Rahmen für eine Theorie der Gemeindekatechese abgeben. Dies soll in
einigen Schritten verdeutlicht werden, die sowohl die theologische Übereinstimmung als auch Kontroversen in der Theologie der Gemeinde aufgreifen[31].

4.2 Theologie der Gemeinde und Konzeption
der Gemeindekatechese

Einführung in die Grundfunktionen der Gemeinde

Eine der Forderungen an die Gemeinde besteht darin, daß sie auf konti-
nuierliche Weise die drei Grundfunktionen Martyria, Liturgia und Diakonia erfüllt. Die Verkündigung der Botschaft, die Feier der Taten Gottes und die Bewährung des Christen im Dienst am Nächsten gehören in
der Gemeinde zusammen. Nur im Ineinander und Zueinander dieser
Grundfunktionen bleibt die Gemeinde auf die Dauer so lebendig, daß sie
sich weder in schönen Worten noch in feierlichen Riten noch in bloßer
Aktivität erschöpft. Im gemeinsamen Vollzug dieser drei Grundfunktionen wird die Gemeinde zudem als Koinonia aufgebaut.

Die Katechese ist zwar dem Bereich der Martyria zuzuordnen, als Einführung in ein christliches Leben in und mit der Glaubensgemeinschaft muß sie aber sowohl in die Botschaft als auch in die Feier des Glaubens als auch in die christliche Diakonie einführen. Glaubensbotschaft, Glaubensfeier und Glaubensbewährung müssen dem Christen um seiner eigenen christlichen Identität und um seiner Gemeindezugehörigkeit willen vertraut werden. In alldem ist das Ziel zu verfolgen, Beziehungen zwischen den Gemeindemitgliedern zu stiften und zu entfalten, so daß es zum gemeinsamen Zeugnis des Glaubens, zur gemeinsamen Feier und zur gemeinsamen diakonischen Praxis aus dem Glauben in der Koinonia der Gemeinde kommen kann.

Spannung zwischen Sammlung und Sendung

Die Gemeinde ist einerseits um ihrer Identität und geistlichen Energie willen darauf angewiesen, sich in einem Raum gegenseitiger Stärkung und gläubiger Übereinstimmung zu versammeln und so auch von anderen Überzeugungsgruppen zu unterscheiden.

Andererseits ist die Gemeinde auch in diesem ihrem gleichsam intimen Eigenleben nicht Selbstzweck, sondern Zeichen für die Welt. Es kann nie eine legitime christliche Sammlung oder Einheit gegen die anderen geben, sondern immer nur eine Sammlung um der Sendung für die anderen willen.

Für die Katechese bedeutet dies, daß auch sie eine Spannung zwischen zwei Polen beachten muß. Zum einen muß sie zur Sammlung und zur Versammlung befähigen. Sie hat also durchaus auch eine integrierende Funktion. Dabei ist es legitim, auch das Unterscheidende oder gar Trennende gegenüber anderen Überzeugungsgruppen klar herauszustellen. Vor allem geht es unter dieser Rücksichtnahme um die Vertrautheit mit einem Raum an fundamentaler Übereinstimmung, die nicht immer aktuell erst gewonnen werden muß, sondern auch von den einzelnen als sie Verbindendes mitgebracht wird. Zum anderen Pol hin muß die Katechese offen sein für die bewegenden Anliegen unserer Gesellschaft. Sie muß sich auf diese beziehen und die Fragen am Leben erhalten, ob und wie der Glaube ermutigend oder widersprechend wirksam werden kann und muß. Auch von der Katechese ist so eine Problemorientierung zu fordern, und zwar eine Orientierung gerade auch auf die Probleme, die nicht innerkirchlicher Art sind, sondern die Christen mit anderen Menschen an ihrer Seite verbinden.

Spannung zwischen Integration und Reform

(1) „Das Leben mit der Kirche, zu dem die Katechese befähigen soll, darf nicht verstanden werden als problemlose Anpassung an den vorgefundenen Zustand der Kirche ... Katechese soll dazu helfen, daß die einzelnen Gläubigen das, worum es in der Kirche geht, auf ihre Weise neu entdecken, neu akzentuieren und in ihre Lebenswirklichkeit umsetzen können ... Gegenüber der Gemeinde hat die Katechese darum nicht nur eine bestätigende, sondern auch eine kritische und zur Reform anregende Funktion"[32]. Mit diesen Sätzen ist die Spannung zwischen der integrierenden und der reformerischen Funktion der Katechese angesprochen. Als Einführung in die Grundvollzüge der Kirche bzw. der Gemeinde muß sie Mitvollzüge mit hier und heute gelebter christlicher Praxis anbahnen und einüben. Es geht in ihr auch um neue Kirchen- bzw. Gemeindemitglieder, selbst wenn dies von einer betont kirchenkritischen Richtung als „Nachwuchsrekrutierung" nur negativ angesehen wird. Diese integrierende Funktion der Katechese kann allerdings ohne die kritisch-reformerische Funktion zur bloßen Reproduktion bestehender kirchlicher Praxis abgleiten. Einer Überschätzung der reformerischen Möglichkeiten der Katechese ist allerdings mit dem Hinweis vorzubeugen, daß die Katechese von Reformimpulsen abhängig ist, die von Gruppen oder Einzelpersonen in der Kirche bzw. in der Gemeinde ausgehen.

(2) Da das Problem der Integration in die Gemeinde oft auch als Problem der Identifikation mit der Kirche artikuliert wird, sollen hier zwei Extreme voneinander abgehoben und eine spannungsreiche Orientierung zwischen ihnen versucht werden. Diese Orientierung gilt analog für das Problem der Identifikation mit der Gemeinde und für das Problem der Identifikation der Gemeinde mit der Kirche.

a) Totale Identifikation: Diese ist in einer nichtuniformen Kirche nur als totale Identifikation mit bestimmten Personen (und dann meist Amtsträgern) praktizierbar. Theologisch ist sie nicht legitim, weil die Kirche nicht das Reich Gottes ist, das sie verkündigt; sie ist Vorzeichen und Anzeichen, bleibt aber als solches auf dem Wege.

b) Partielle Identifikation: Die Mitglieder der Kirche stimmen den Glaubenslehren, den Lebensweisungen und Ordnungen der Kirche nur teilweise zu; im übrigen bilden sie sich eine eigene Meinung und entwickeln sie eine abweichende Praxis (Auswahlchristen). Dieser Lösungsversuch muß sich etwa folgende Fragen stellen: Kann ich die Glaubensbotschaft der Kirche so in Teile zerlegen, daß ich zu einigen mein Ja-Wort geben kann, zu anderen nicht? Woher werden Kriterien für die Auswahl genommen? Wie „groß" muß der Teil der Übereinstimmung mit der Kirche sein, um sich noch als Kirchenmitglied verstehen zu können? Wie ist Kircheneinheit möglich, wenn die verschiedenen Kirchenmitglieder sich jeweils anderes aussuchen aus der kirchlichen Überlieferung?

c) Fundamentale Identifikation: Das Kirchenmitglied identifiziert sich zwar nicht mit allem und jedem in der Kirche, trifft aber auch nicht einfach eine Auswahl, sondern nimmt in und hinter den einzelnen Äußerungen und Erscheinungsformen der Kirche und vor allem im Gesamt dieser Äußerungen und Erscheinungsformen eine grundsätzliche Botschaft und Überzeugung wahr. Dieser Botschaft stimmt der einzelne zu, und den Glauben an diese Botschaft übernimmt er als eigenen Lebensentwurf. Daß sich die gemeinsame Glaubensüberzeugung in der Kirche vielfältig ausformen kann, ist dabei ebenso im Blick wie die Tatsache, daß die Glaubensbotschaft verzerrt oder gar verkehrt werden kann. Aber die Einzelphänomene werden nicht ohne ihren Zusammenhang gesehen. Sie finden oft gleichzeitig, zumindest aber im geschichtlichen Prozeß der Kirche ihre Ergänzung und Korrektur. Identifikation mit der Kirche kann auf diesem Hintergrund durchaus Identifikation mit einer qualifizierten Minderheit in der Kirche meinen, wenn in dieser Minderheit das zentrale Anliegen der Kirche erkannt wird.

Für die Konzeption der Gemeindekatechese läßt sich aus dieser Orientierung die Aufgabe ableiten, zu einer Begegnung mit der Kirche bzw. der Gemeinde zu verhelfen

– sowohl in der positiven Erwartung, daß in der Kirche bzw. der Gemeinde der auferstandene Herr in seinem Geist Worte und Taten schafft, die seine Botschaft und sein Leben heute gegenwärtigsetzen und vermitteln,
– als auch in der differenzierenden und kritischen Erwartung, daß die Kirche bzw. die Gemeinde keineswegs in allem und jedem geisterfülltes Zeichen ihres Herrn ist und darum dauernd erneuerungsbedürftig bleibt.

Gemeinde in der Kirche

Die Gemeinde als konkrete Erfahrbarkeit von Kirche muß die allgemeine kirchliche Sendung so konkretisieren, daß sie dabei die Herausforderungen durch die konkreten Hoffnungen und Ängste der Menschen an ihrem Lebensort aufnimmt. Aus diesem Grunde hat jede Gemeinde ein Recht auf ihr eigenes Gesicht. Das katechetische Konzept einer Gemeinde kann dieser dann nicht so weitgehend von „außen" oder „oben" vorgeschrieben werden, daß der Gemeinde selbst nicht noch die Einordnung ihrer Katechese in ihre besondere Sendung überlassen bliebe. Wenn so die Gemeinde als Kirche an einem Ort oder in einem Personenkreis nicht einfach als Filiale der Weltkirche zu verstehen ist, so muß doch andererseits von der Gemeinde gefordert werden, daß sie in Offenheit und in Verbindung mit anderen Gemeinden der Kirche lebt. Dieser Grundsatz umfaßt einige für die Katechese wichtige Aspekte:

– Die Gemeinde braucht die Ergänzung durch andere Gemeinden; denn sie realisiert nur bestimmte Möglichkeiten aus einem Plural möglich bleibender Konkretisierungen. Deshalb soll in der Gemeindekatechese außer dem Leben der eigenen Gemeinde auch das Leben anderer Gemeinden vorgestellt werden. Dadurch kann nicht zuletzt ein Potential an auch kritischen Anfragen an die eigene Praxis der Gemeinde gewonnen und eine Erstarrung in eingefahrener Praxis vermieden werden.

– Angesichts der starken Bevölkerungsfluktuation erleichtert die Offenheit und Verbindung einer Gemeinde zu anderen Gemeinden (z. B. im Liedgut) dem einzelnen Christen die Beheimatung in der Gemeinde seines neuen Wohnortes. Die Katechese muß auch darauf vorbereiten, bei einem Wechsel der Gemeinde mit einer neuen Gemeinde Kontakt aufzunehmen und in ihr mitzuleben.

– Die Einheit und Solidarität christlicher Gemeinden untereinander ist ein notwendiges Zeichen ihrer Sendung für die Welt. Die Katechese muß zugänglich machen, wie die Glaubensüberzeugung, daß Gott ein Volk aus vielen Völkern beruft, immer wieder Einheit und Solidarität provoziert und auch tatsächlich bewirkt; und zwar gerade auch über den Raum hinaus, in dem man einander Freund sein, sich miteinander wohl fühlen und einander bestätigen kann.

– Vor allem im Bereich der Martyria und Diakonia gibt es Aufgaben der Kirche in unserer Gesellschaft, die die Gemeinsamkeit vieler Gemeinden erfordern. Die Katechese muß im Sinne einer kirchlichen Gegenwartskunde den Blick über die Gemeinde hinaus auch dadurch weiten, daß sie an die gemeinsamen Aufgaben der Christen heranführt (z. B. an die kirchlichen Hilfswerke oder an übergemeindlich organisierte Verbände oder an die Friedensbewegung der katholischen Christen Pax Christi).

Hinführung zum Glauben – Hinführung zur Kirche in einer Gemeinde

Daß es in der Katechese immer um den Glauben in und mit der Glaubensgemeinschaft geht, wird von niemandem bestritten. Dennoch ist dieses Ineinander von Hinführung zum Glauben und Hinführung zur Kirche in einer Gemeinde keineswegs ohne Fragen. Theologisch kann Gläubigkeit und Kirchlichkeit bzw. Gemeindlichkeit nicht einfach gleichgesetzt werden:

– Einerseits lebt der Glaube aus der Teilhabe am Glauben der kirchlichen Gemeinschaft, und zwar nicht nur am Anfang. Der Gläubige ist also auf Mitvollzüge kirchlichen Lebens und auf Kommunikation mit Gruppen in seiner Gemeinde angewiesen. – Andererseits gibt es aber auch die Möglichkeit, daß Menschen durch einen befristeten Kontakt zur Gemeinde zu einer Glaubenshaltung finden, die – z.B. im Gebet, in Schriftlesung, in alltäglich gelebter Diakonie – auch dann noch wirksam bleibt, wenn die gemeindliche Bindung nicht mehr intensiv gelebt wird.

– Einerseits schließt die Glaubensentscheidung auch eine Entscheidung zur Glaubensgemeinschaft und zur Teilnahme an der Sendung der Kirche in einer konkreten Gemeinde ein. – Andererseits kommt eine gestufte und auch fließende Bindung an die Gemeinde nicht nur faktisch vor; sie ist auch pastoral begründet, wenn man von einem Gemeindeverständnis ausgeht, das den vollen Anspruch des Evangeliums mit einer einladenden Offenheit vermittelt.

Es gehört sicher zur Aufgabe der Katechese, Hilfen zu einem kontinuierlichen Leben mit der Gemeinde zu vermitteln. Diese Intentionsrichtung ist aber positiv, nicht exklusiv zu verstehen. Das heißt, daß die Gemeindlichkeit nicht so als Ziel der Katechese formuliert wird, daß alle anderen Ziele von ihr abhängig gemacht werden. Es kann katechetisch durchaus etwas erreicht worden sein, auch wenn keine dauernde Bindung an die Gemeinde zustande kam. Eine einfache Orientierung ist in diesem Spannungsfeld gerade in unserer gegenwärtigen Situation nicht möglich. Wird die erreichte Nähe zur Gemeinde vorrangig zum Kriterium für die Wirksamkeit der Katechese gemacht, so kann ein hoher oder gar überhöhter gemeindlicher Integrationsdruck entstehen, der als unangemessene Vereinnahmung empfunden wird. Versteht man andererseits die Hinführung zum Glauben nicht auch als Hinführung zur Kirche in einer konkreten Gemeinde, dann kann die Glaubensbotschaft als Zuspruch nur privaten Heils ohne Verbindlichkeiten gegenüber der Glaubensgemeinschaft und damit der Sendung für die anderen mißverstanden werden.

4.3 Die Gemeinde als Subjekt ihres Lebens und damit ihrer Katechese

Die Synode der Bistümer in der BRD sah eine der wichtigsten pastoralen Gegenwartsaufgaben in dem Übergang von Gemeinden, die sich versorgen lassen, zu Gemeinden, die ihr Leben in gemeinsamer Verantwortung und im gemeinsamen Dienst aller gestalten. Damit wird der theologischen Aussage entsprochen, daß die Gemeinde nicht Objekt von Seelsorgern ist, sondern Subjekt ihres gemeinsamen Auftrags. Wenn die Synode von einem „Übergang" spricht, geht sie davon aus, daß die Einstellungen und Verhaltensweisen sehr vieler katholischer Christen von einem Kirchenbild geprägt sind, in dem eine hierarchische Versorgung von „oben" stattfindet. So versorgt z. B. der Papst die Bistümer mit Bischöfen; diese versorgen die Pfarreien mit Pfarrern; und die Pfarrer versorgen gemeinsam mit ihren Mitarbeitern ihre Gläubigen mit den verschiedenen Diensten der Kirche – auch mit der Katechese. Die einzelnen Christen haben weniger miteinander zu tun als mit denen, deren Dienste sie in Anspruch nehmen. „Kirche" kann dann weitgehend mit den Institutionen der Kirche und ihren Amtsträgern gleichgesetzt werden. Die hier zugrunde liegende Struktur und die angestrebte Alternative lassen sich in folgenden Skizzen veranschaulichen:

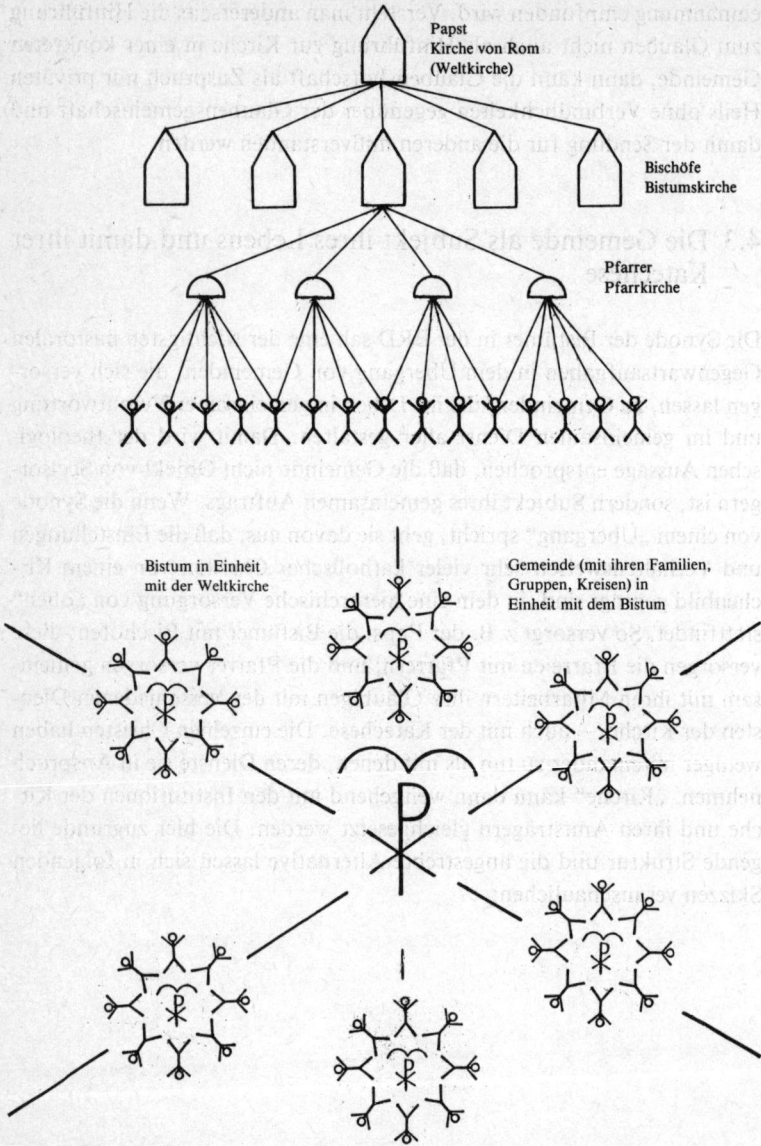

Papst
Kirche von Rom
(Weltkirche)

Bischöfe
Bistumskirche

Pfarrer
Pfarrkirche

Bistum in Einheit
mit der Weltkirche

Gemeinde (mit ihren Familien,
Gruppen, Kreisen) in
Einheit mit dem Bistum

Die kleinen Kreise können Bistümer darstellen, die in Einheit mit der Kirche von Rom die Weltkirche sind. Sie können auch Gemeinden sein, die in ihrer Einheit die Kirche eines Bistums bilden. Noch weiter: Die kleinen

Kreise können Gemeinschaften von Christen abbilden – etwa Familien, Gruppen, Kreise –, die gemeinsam eine christliche Gemeinde aufbauen.

Sie alle – die kleinen Gemeinschaften der Christen, die christliche Gemeinde, die Bistums- und die Weltkirche – haben auf ihre Weise teil an der Sendung der Kirche, für die „Welt" Sakrament der Einheit der Menschen mit Gott und untereinander zu sein. Auch in dieser Vorstellung geht es nicht um eine Kirche von „unten" in dem Sinne, als wollten oder könnten Christen von sich aus, aus eigenem Entschluß und aus eigener Kraft Kirche aufbauen. Immer bleiben Gemeinden von Christus her durch das apostolische Zeugnis, das das Amt vergegenwärtigt, gegründet und geeint (das Christuszeichen in der Mitte der Kreise). Immer leben die Gemeinden aus der Gabe des Geistes von „oben" (die Schwingen über dem Christuszeichen). Aber dieser Geist erfüllt nicht nur das Amt, sondern schenkt der Gemeinde eine Vielzahl von Gaben, die in gemeinsamer Verantwortung für das Ganze zusammenwirken, damit die Gemeinde das Sakrament wird, das sie sein soll. So kann sich das Bewußtsein bilden: Wir, wir einzelne Christen in unserem gemeinsamen Bemühen um die Vergegenwärtigung der Kirche an unserem Ort bzw. in unserem Personenkreis sind Kirche; wir tragen gemeinsam und zugleich je nach Begabung auf unterschiedliche Weise Verantwortung dafür, daß unsere Gemeinde in ihren Grundvollzügen der Martyria, Liturgia und Diakonia lebt, und zwar in der Koinonia der vom Geist gewirkten Einheit der Dienste.

Ein Dienst der Gemeinde ist ihre Katechese. Ist die Gemeinde Subjekt ihrer Katechese, dann gehören dazu etwa folgende Einzelelemente:

– Beratung der Gesamtkonzeption in den Beratungsgremien der Gemeinde und Information möglichst vieler Gemeindemitglieder, insbesondere betroffener Eltern.
– Ehrenamtliche Mitarbeit nicht als Notbehelf, sondern als Wirksamwerden des Plurals katechetischer Begabungen in der Gemeinde.
– Solidarität zwischen Gemeinde und ihren haupt- und nebenamtlichen katechetischen Mitarbeitern.
– Sorge der Gemeinde um eine Anziehungskraft, die Motive für die Teilnahme an der Katechese weckt.
– Beteiligung eines Plurals von Gemeindemitgliedern an der ehrenamtlichen Mitarbeit durch Fluktuation im Mitarbeiterkreis.

Der amtliche Dienst ist in diesem Zusammenhang als Dienst an den anderen Diensten der Gemeinde zu verstehen. So ist in der Gemeinde der Priester dafür verantwortlich, daß der der ganzen Gemeinde aufgetragene Dienst überhaupt getan und daß er evangeliumsgemäß und in der Einheit mit anderen Gemeinden getan wird. Dieser Dienst enthält für die Gemeindekatechese näherhin etwa folgende Aufgaben:

– Er trägt Verantwortung dafür, daß alle notwendigen katechetischen Dienste in der Gemeinde ausgeübt werden. Er ist der Erstverantwortliche, nicht der Alleinverantwortliche.

– Er hat in der Gemeinde die katechetischen Begabungen zu entdecken, zu fördern und weiter zu qualifizieren.

– Er ist der Garant der Einheit, die in der gemeinsamen Ausrichtung aller katechetischen Dienste am Aufbau der Gemeinde Jesu Christi begründet worden ist.

– Er trägt Sorge für die Verantwortung der gemeindlichen Katechese vor dem Zeugnis der Heiligen Schrift und der kirchlichen Tradition und garantiert so die Verbundenheit mit dem Glaubenszeugnis der Geschichte und mit der Gegenwart der Kirche.

Diese primär inspirierende, einigende und begleitende Aufgabe des Amtes schließt nicht aus, daß sich die Priester – je nach Situation der Gemeinde – auch selbst in katechetischen Gruppen engagieren. Der Priester ist zwar nicht das einzige „personale Angebot" der Gemeinde; aber er ist – insbesondere in der Feier der Sakramente – die Bezugsperson der Gemeinde, die auf direkte Kontakte zu den anderen Mitarbeitern angewiesen ist und zu der möglichst viele Gemeindemitglieder eine nicht nur funktionale, sondern auch personale Beziehung haben sollen[33]. Nicht zuletzt sind in der Katechese angebahnte Kontakte (sowohl zum Priester wie zu den anderen Katecheten) auch die Basis für gesuchte Hilfe in Einzelsituationen.

B

DIDAKTIK DER GEMEINDEKATECHESE

1. DAS KATECHETISCHE LERNFELD

Der Begriff „Lernfeld" soll andeuten, daß im Prozeß der Katechese ein Plural von Faktoren sich gegenseitig beeinflußt. In der Praxis ist es zwar kaum möglich, die den katechetischen Prozeß beeinflussenden Faktoren systematisch und empirisch zu analysieren; aber für die Praxis ist es doch wichtig, von diesen Faktoren zu wissen und eine Wahrnehmungsoffenheit für ihre Bedeutung zu entwickeln, um sie in der Planung und bei der Suche nach Gründen für auftretende Störungen berücksichtigen zu können.

1.1 Voraussetzungen bei den Teilnehmern

Wenn Katechese Menschen helfen will, ihren Weg zum Glauben und im Glauben zu finden, muß sie beachten, welche Voraussetzungen die konkret sich versammelnden Teilnehmer der Katechese mitbringen.

(1) Erfahrungen

Wie alle Lernvorgänge, die den Menschen ganzheitlich einfordern, greift die Katechese Erfahrungen auf. Sie bestätigt, deutet, ergänzt oder korrigiert Erfahrungen. Erfahrungen können dabei allgemein die Vorgänge genannt werden, in denen der Mensch aufgrund seiner Kontakte zu der ihn umgebenden Wirklichkeit diese so interpretiert, daß er mit ihr rational, emotional und in seinem Verhalten übereinstimmt. Das Schmerzliche bei manchen neuen Erfahrungen kann darin bestehen, daß diese Übereinstimmung zerstört und ein Umlernen erforderlich wird. Lernfähigkeit setzt die Einsicht voraus, daß die eigene Erfahrung niemals abgeschlossen ist. Wer beginnt, seine Erfahrungen absolut zu setzen, und sich durch Lernverweigerung weiteren Erfahrungen verschließt, verliert an Lernfähigkeit. Bei der Frage nach den Erfahrungen, die als Voraussetzungen in der Katechese zu beachten sind, können verschiedene Dimensionen der Erfahrung berücksichtigt werden.

a) Lebenserfahrungen

Dieser sehr allgemeine Begriff verweist auf die Tatsache, daß jeder Mensch durch und in seinen Lebensvollzügen Erfahrungen sammelt. Um allerdings den Erfahrungsbegriff etwas stärker zu profilieren, wird häufig ein Unterschied zwischen dem Erleben und der Erfahrung gemacht. Erlebnisse werden erst dadurch zu Erfahrungen, daß sie bewußt und bedacht, aufeinander bezogen und miteinander verglichen werden. Menschen werden also ihre Erlebnisse unterschiedlich intensiv auch zu Erfahrungen verarbeiten. Die Intensität der Erfahrungen hängt dabei nicht nur von der Bewußtheit ab, in der der einzelne gelebt hat und lebt, sondern auch von seinen Möglichkeiten, im Gespräch mit anderen Erfahrungen auszutauschen und in dauernder Offenheit um- und einzuordnen.

b) Religiöse Erfahrungen

Was man unter religiöser Erfahrung versteht, wird immer mit dem Verständnis des Wortes „Religion" zusammenhängen. Im gegenwärtigen Sprachgebrauch wird vor allem der Religionsbegriff von P. Tillich häufig wirksam. Unter religiösen Erfahrungen werden dann die Erfahrungen verstanden, in denen der Mensch sich von der sogenannten Tiefendimension der Wirklichkeit ansprechen läßt und dabei mit der Frage nach dem Sinn und dem Gelingen seines Lebens konfrontiert wird. Diese Erfahrungen beziehen sich nicht auf einzelnes oder auf die Summe der bekannten endlichen Welt, sondern zielen darüber hinaus, ohne ihr Ziel eindeutig ausmachen zu können. In diesem Zusammenhang wird auch häufig von Grunderfahrungen, Sinnerfahrungen oder Grenzerfahrungen gesprochen. Religiöse Erfahrungen drängen sich nicht mit Unwiderstehlichkeit auf, sondern verlangen die existentielle Beteiligung des Menschen. So können religiöse Erfahrungen nicht ohne weiteres bei allen und zu jeder Zeit vorausgesetzt werden.

c) Glaubenserfahrungen

Erfahrungen im Glauben setzen keine außerordentliche mystische Begabung voraus, sie sind vielmehr als „normales" Geschenk bei all denen zu vermuten, die auf die Botschaft des Evangeliums hin die Aufgaben und Grenzen, die Freuden und Leiden ihres Lebens in Gehorsam und Liebe anzunehmen suchen. Es handelt sich um Erfahrungen mit der Wirksamkeit des Heiligen Geistes, der all denen gegeben wird, die in Geduld, Demut und Vertrauen um ihn bitten. Ungewohnt und insofern außergewöhnlich ist es allerdings, daß „normale" Christen den Mut haben, in ihrer eigenen Glaubensgeschichte diese Erfahrungen mit Gottes Geist wahrzunehmen und sie dann auch zu bezeugen. Obwohl Glaubenserfahrungen meist nur begrenzt bewußt gemacht und formuliert werden, werden sie als Voraussetzungen eines katechetischen Prozesses auf vielfache Weise wirksam. Da es dabei um Erfahrungen geht, die die Identität des Christen als Christen betreffen, gehört die Achtung vor diesen Erfahrungen zur Ehrfurcht, die die Katecheten den Teilnehmern an der Katechese schulden. Hier sind in besonderer Weise die möglichen Ängste zu berücksichtigen, die dadurch ausgelöst werden, wenn im Lernprozeß zugemutet wird, Erfahrungen kritisch zu befragen und zu verändern. Die Lernhilfe muß dann so angelegt sein, daß sie über die damit verbundene partielle Identitätskrise hinaus den Aufbau neuer Identität ermöglicht.

d) Lernerfahrungen

Lernerfahrungen werden sowohl beim organisierten Lernen als auch beim unorganisierten Lernen gesammelt. Erfahrungen mit dem Lernen in der Katechese und mit der Gemeinde als Lernort werden als Erwartungen in den Lernprozeß mit eingebracht. Dabei wird insbesondere wirksam, wie in der bisherigen Lebensgeschichte Erfahrungen gemacht wurden mit der „Menschenfreundlichkeit" des Lernens im Glauben. Dabei geht es nicht nur um Erfahrungen mit den Inhalten des Lernens, sondern gerade auch mit den Methoden und dabei mit den verschiedenen Sozialformen.

(2) Motivationen

Da es ohne Motivationen kein Lernen gibt, kommt der Frage nach den Motivationen eine Schlüsselrolle in der Voraussetzungsanalyse zu. In der Praxis ist die Erhebung von Motivationen aus mehreren Gründen schwierig:

– Oft sind den Teilnehmern selbst ihre Beweggründe nicht bewußt.
– Alle die, die wenig darin geübt sind, eigene Bedürfnisse anderen gegenüber zu äußern, haben hindernde Formulierungsschwierigkeiten.
– Die Motivationen ändern sich häufig im Verlauf des katechetischen Prozesses.

Je bewußter den Teilnehmern ihre Motivationen sind und je offener es zu einem Gespräch über die Motivationen kommt, um so zuverlässiger kann der Katechet dem Postulat der Teilnehmerorientierung nachkommen. Folgende Einzelaspekte aus dem komplexen Bereich der Motivationen verdienen besondere Beachtung:

a) Primäre und sekundäre Motivationen
Motivationen kann man in der Katechese dann als primär bezeichnen, wenn sie auf Ziele gerichtet sind, die innerhalb des Zielspektrums der Katechese liegen. Viele katechetische Kontakte kommen heute aufgrund von Anlässen zusammen, bei denen traditionell die Glaubenssituation mit einem familiären und gesellschaftlichen Ereignis verbunden ist. Die Katechese muß daher vielfach damit rechnen, daß primäre und sekundäre Motivationen vermischt sind. Dies bedeutet, daß sowohl in der Anfangsphase als auch begleitend versucht werden muß, primäre Motivationen in den Teilnehmern lebendig werden zu lassen.

b) Interesse am Inhalt und/oder Interesse an den anderen Teilnehmern
Vom Ziel der Katechese wie auch von den Teilnehmeräußerungen her kann der Akzent sehr verschieden gesetzt werden in dem Spannungsbogen zwischen Interesse am Inhalt einerseits und Interesse an den anderen Teilnehmern andererseits. Meistens sind gerade bei der katechetischen Arbeit in der Gemeinde beide Interessen in einen Zusammenhang zu bringen. Gleichwohl kann es zumindest Phasen geben, in denen die Bemühung um den Inhalt im Vordergrund steht, und Phasen, die primär durch den Austausch über die Möglichkeiten des Christseins heute geprägt sind. Es muß jedenfalls immer geklärt sein, worauf gerade das gemeinsame Interesse gerichtet sein soll.

c) Erwartungen
Die Erwartungen, die die Teilnehmer in die Katechese einbringen, können durch folgende Elemente beeinflußt sein:

– Das Selbstverständnis der Teilnehmer von den eigenen Bedürfnissen,
– die Einstellung zu dem, was Katechese überhaupt ist,
– die Assoziationen, die man mit der Institution Kirche bzw. mit der Gemeinde verbindet,
– die Vorstellung von der Funktion, die die Teilnehmer (etwa als Subjekte des Prozesses) haben sollen,
– die Vorstellung von der Funktion, die der Katechet in dem Prozeß haben soll.

Oft muß der Katechet bei Menschen, die zum ersten Mal Kontakt mit der Gemeindekatechese bekommen, mit anfänglichen Erwartungsunsicherheiten rechnen.

d) Vorwegnahme des „Erfolges"
In der Katechese geht es bei der sogenannten Erfolgsantizipation nicht um einen Leistungserfolg, sondern um die Motivation, die aus der Erwartung kommt, durch die Katechese Hilfe zu erhalten, um in der eigenen Glaubensgeschichte weiterzukommen. Hier ist die allgemeine didaktische Einsicht zu beachten, daß einerseits die Überforderungen zu Entmutigungen führen, andererseits aber nur durch eine Anforderung der Lernmöglichkeiten der Teilnehmer eine Spannung entsteht, die ein Weiterkommen ermöglicht.

(3) Sozio-kulturelle und gemeindlich-kirchliche Voraussetzungen

Die meisten der bisher angesprochenen Voraussetzungen sind nicht nur durch die Lebensgeschichte und die Situation des einzelnen Teilnehmers bedingt, sondern auch durch den sozialen, kulturellen und gemeindlichen Zusammenhang, in dem die Geschichte und die Situation des einzelnen steht.

a) Bezugspersonen und Bezugsgruppen
Teilnehmer an der Katechese bringen die Beziehungen, die sie außerhalb der Katechese zu anderen Menschen haben, mit: die Familie, in der sie leben; die Gruppe der Gleichaltrigen bei Jugendlichen; die Arbeitskollegen; Freunde, Nachbarn und Bekannte. Diese Bezugsgruppen und Bezugspersonen bestimmen nicht nur das inhaltliche Interesse und Bedürfnis mit. Entscheidender ist sogar die Art des Umgangs, den die Teilnehmer mit ihren Bezugspersonen und -gruppen pflegen. Dadurch wird der

Kommunikationsstil und in ihm insbesondere der Sprachstil entscheidend geprägt. Durch die Bezugspersonen und -gruppen wird auch die allgemeine Einstellung zu dem, worum es in der Kirche geht, beeinflußt. Schließlich ist danach zu fragen, ob Teilnehmer durch den katechetischen Prozeß, an dem für sie wichtige Bezugspersonen (etwa der Ehepartner) oder Bezugsgruppen nicht teilnehmen, in Konflikte geraten können.

b) Gesellschaftliche Situation

Auch wenn es zutrifft, daß die in einer Gesellschaft lebendigen Normen, Werte und Symbole den einzelnen vor allem über seine Bezugsgruppen erreichen, in denen sie ausgewählt und variiert werden, so verdienen doch auch die gesamtgesellschaftlichen Voraussetzungen Beachtung. Der einzelne kann seine Identität in einer bestimmten Überzeugungsgruppe nur durch die Auseinandersetzung mit gesellschaftlichen Meinungs- und Willensbildungsprozessen hindurch aufbauen, neu ordnen und erhalten.

c) Kirchliche und gemeindliche Voraussetzungen

Zweifellos haben die Voraussetzungen in der Gemeinde als Konkretion und Aktualisierung von Kirche gerade für die Katechese Bedeutung, weil in ihr die Gemeinde der primäre Lernort ist. Dies soll im übernächsten Abschnitt noch etwas näher in den Blick genommen werden. Aber auch das gesamtkirchliche Umfeld beeinflußt die Ausgangslage katechetischer Prozesse mit. Dies gilt vor allem bei der großen Zahl der Christen, deren Kontakt zu einer Gemeinde nur locker ist und deren Bild von der Kirche daher weniger durch unmittelbare Gemeindeerfahrungen als durch das Image der Kirche in der Öffentlichkeit geprägt wird.

1.2 Voraussetzungen bei den Katecheten

Auch die Katecheten werden mit ihren Voraussetzungen im katechetischen Prozeß wirksam. Darum sollen einige dieser Voraussetzungen kurz benannt werden:

– Motive: Kontakte suchen, eine Rolle spielen, Erfahrungen machen, sich engagieren usw.
– Kompetenz: menschliche, pädagogische, katechetische, organisatorische, musische Begabungen und Erfahrungen.

– Persönliche Glaubenssituation: Akzente der eigenen Glaubens- und Gebetsgeschichte, Beziehung zu bestimmten biblischen Perikopen, verarbeitete Erfahrungen mit der Kirche usw.

– Selbstverständnis: Lehrer, Partner, Freund, Glaubensbegleiter, Notbehelf usw.

– Verhältnis zur Gemeindeleitung: Reserve, Unsicherheit, Solidarität, Vertrauen usw.

– Stellung in der Gemeinde: Priester oder Katechet aus der Gemeinde, eher akzeptiert oder eher abgelehnt usw.

– Normative Erwartungen der Kirche bzw. der Gemeindeleitung: Vollständigkeit der Inhalte, methodische Vorgaben, Verhalten in Konfliktsituationen usw.

1.3 Die Gemeinde als Lernort der Katechese

Das Lernfeld der Katechese wird mitbestimmt durch die Gemeinde als Lernort. In einem Schaubild soll versucht werden, den Bedingungszusammenhang und die wesentlichen Bedingungsfaktoren für die Katechese in der Gemeinde zu veranschaulichen. Die Eigenart eines Schemas bedingt dabei einerseits eine notwendige perspektivische Begrenzung, andererseits auch ein mögliches statisches Mißverständnis. Es muß daher beim Blick auf das Schema immer mitberücksichtigt werden, daß die Faktoren sich auch gegenseitig noch einmal beeinflussen und häufig in Bewegung sind.

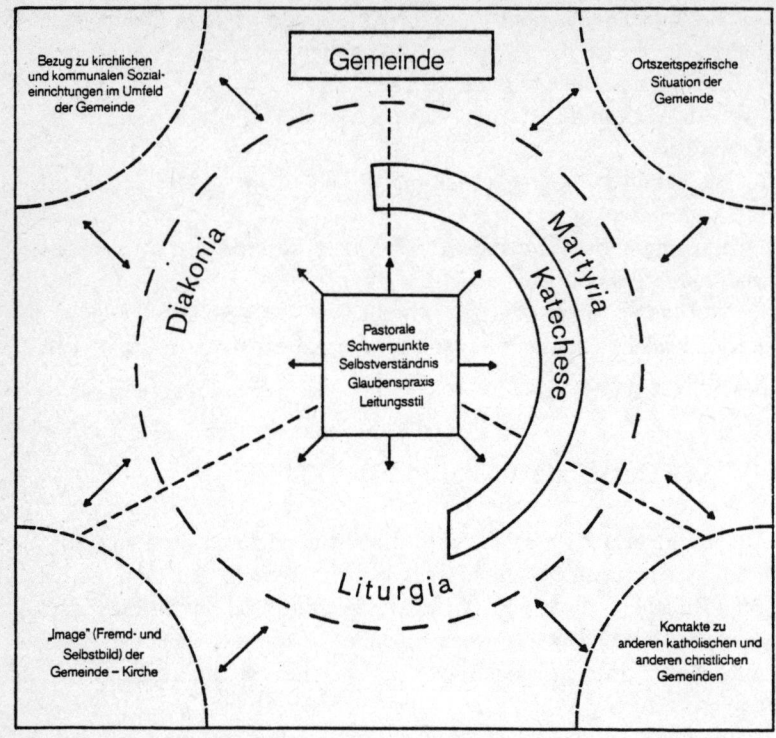

Gemeinde

Bezug zu kirchlichen und kommunalen Sozialeinnchtungen im Umfeld der Gemeinde

Ortszeitspezifische Situation der Gemeinde

Diakonia

Martyria Katechese

Pastorale Schwerpunkte Selbstverständnis Glaubenspraxis Leitungsstil

Liturgia

„Image" (Fremd- und Selbstbild) der Gemeinde – Kirche

Kontakte zu anderen katholischen und anderen christlichen Gemeinden

(1) Zum Umfeld der Gemeinde

a) Orts-zeit-spezifische Situation der Gemeinde
Die Gemeinde als Kirche an einem bestimmten Ort wird nicht nur von den allgemeinen Zeitverhältnissen, sondern auch von besonderen Voraussetzungen am Ort mitbestimmt. Dies kann z. B. recht unterschiedlich sein in der Stadt oder auf dem Lande, in einer noch spürbaren volkskirchlichen Tradition oder in einem stark säkularisierten Milieu der Diaspora, bei hoher oder geringer Arbeitslosigkeit usw.

b) „Image" von Kirche und Gemeinde
Das Selbst- und Fremdbild der Gemeinde, ihr Selbstbewußtsein sowie ihr Ansehen bei Außenstehenden sind entscheidend bei der Frage, ob man von dieser christlichen Gemeinde konkrete Hilfe zum Gelingen des eige-

nen Lebens erwarten kann. Dabei wird das „Image" der Einzelgemeinde mitgeprägt vom „Image" der Gesamtkirche und läßt sich nur unter der Gefahr eines gemeindlichen Sektierertums voneinander trennen.

c) Kontakte zu anderen katholischen und anderen christlichen
   Gemeinden

Das Bewußtsein einer tragenden gesamtkirchlichen Gemeinschaft über die konkrete Ortsgemeinde hinaus ist gerade in einer mobilen Gesellschaft eine wesentliche Bedingung christlichen Lebens. Einführung in die Vollzüge einer Gemeinde bedeutet deshalb immer auch Einführung in das Leben mit der Kirche. Die Art des Verhältnisses zu anderen Gemeinden in der Nachbarschaft, der Diözese und der Weltkirche kann das entsprechende Bemühen positiv oder negativ bestimmen. Auch kann ein paralleles katechetisches Tun benachbarter Gemeinden oder gar bistumsweit das konkrete Bemühen in der einzelnen Gemeinde stützen. In einer zunehmend entchristlichten Gesellschaft wird auch die im gemeinsamen Glaubensbekenntnis begründete Gemeinschaft mit anderen christlichen Gemeinden eine wesentliche Stütze des Glaubenslebens sein.

d) Bezug zu kirchlichen und kommunalen Sozialeinrichtungen

Der diakonische Grundauftrag der Gemeinde wirkt sich nach außen auch durch die Art und Weise ihrer Kontakte und Beziehungen zu sozialen Einrichtungen (etwa zu einem Krankenhaus der Gemeinde) aus. Gerade hierdurch wird der Katechese auch ihr Auftrag zur Einführung in die diakonische Sendung des einzelnen Christen und der Gemeinde ermöglicht.

(2) Bedingungen im Eigenleben der Gemeinde

a) Realisierung der Grundvollzüge

Katechese als Einführung und Bestärkung eines Lebens aus dem Glauben in der Kirche ist bestimmt auch von der Realisierung der gemeindlichen Grundvollzüge in Diakonia, Martyria und Liturgia. Die Glaubwürdigkeit und schwerpunktmäßige Verwirklichung dieser Lebensvollzüge bedingen auch die Lernmöglichkeiten einer gemeindlichen Katechese.

b) Leitungsstil

Das Selbstverständnis der Gemeindeleitung sowie der daraus resultierende Lebensstil, durch den der Umgang mit haupt-, neben- und ehrenamtli-

chen Mitarbeitern wie auch mit den verschiedensten Gruppen und Kreisen der Gemeinde geprägt wird, wirkt sich auf das gesamte Gemeindeleben in all seinen Vollzügen aus. Hiervon wird weitgehend auch das Verantwortungsbewußtsein der Gemeinde als Träger ihrer Vollzüge abhängig sein. Dies hat Einfluß sowohl auf den katechetischen Prozeß als auch
darauf, wie in der Katechese engagierte Mitverantwortung für die Gemeinde gelernt werden kann.

c) Selbstverständnis der Gemeinde
Gegenwärtig wird hier die ganze Spannbreite zu beobachten sein zwischen einer „konsumierenden" und einer selbstverantwortlichen Gemeinde. Entsprechend werden auch die katechetischen Dienste mehr als Aufgabe der Amtsträger oder als Auftrag und Aufgabe der ganzen Gemeinde
verstanden. Dabei wird sich diese Spannung nicht nur zwischen verschiedenen Gemeinden finden, sondern oft innerhalb ein und derselben Gemeinde. Dies erfordert oft einen jahrelangen Lernprozeß, der gerade
auch durch katechetische Bemühungen in Gang gehalten wird.

d) Pastorale Schwerpunkte
Bewußt oder z. T. auch unbewußt hat das Leben vieler Gemeinden bestimmte Schwerpunkte. Bewußt werden diese in manchen Gemeinden in
der gemeinsamen Verantwortung des Pfarrgemeinderates und der Gruppen der Gemeinde gesucht und abgestimmt. Manche Gemeinden stimmen sie mit anderen Gemeinden in der Region ab oder greifen Orientierungen auf der Bistumsebene auf. Es hat für die Gemeindekatechese
Konsequenzen, wenn unter dem Stichwort der Koinonia entschieden danach gesucht wird, wie Christen intensiver Glaubensgemeinschaft aufnehmen und pflegen können, oder wenn die Sendung der Gemeinde kon-
zentriert darin gesehen wird, daß sie den Frieden Gottes in der Gemeinde
wirksam werden läßt und vor ihrer Umwelt bezeugt.

2. ZIELE DER GEMEINDEKATECHESE

Katechetisches Handeln, das Menschen helfen will, ihren Lebensweg als
Glaubensweg zu gehen, muß sich seiner Ziele vergewissern. Daß dies in
konkreten Handlungssituationen nicht ohne den Blick auf die im konkreten katechetischen Lernfeld miteinander Handelnden einerseits und den

Zusammenhang der Ziele mit bestimmten Inhalten, Methoden und Medien andererseits möglich ist, wurde bereits oben kurz skizziert. Vor der Bestimmung von Zielen bestimmter katechetischer Handlungen ist es aber möglich und notwendig, die Zielfrage auch auf einer allgemeineren Ebene zu reflektieren. Auch dabei ist unsere Situation zu beachten, aber in ihren allgemeineren Merkmalen. Auch der Inhalt des Glaubens muß in seinen fundamentalen Intentionen bei der Suche nach allgemeinen Zielen wirksam werden. Die Frage nach einem Globalziel oder nach einem Zielspektrum oder nach dem Ziel der Katechese im Zusammenhang kirchlich-gemeindlicher Praxis heute ist darauf ausgerichtet, unter sowohl theologischen als auch didaktischen Kriterien einen Handlungsrahmen für die Katechese abzustecken, innerhalb dessen dann die konkreten Ziele für die konkreten katechetischen Prozesse zu suchen sind. Von den Erfahrungen dieses konkreten katechetischen Handelns her müssen sich dann die allgemeineren Orientierungen auch kritisch befragen lassen.

2.1 Zum Globalziel der Katechese: Theozentrik, Christozentrik und Anthropozentrik

a) Die katechetische Praxis der letzten Jahrhunderte war stark von einem *theozentrischen* Ansatz her bestimmt. Dieser wurde durch die Antwort auf die erste Katechismusfrage nach dem Sinn menschlichen Lebens klar formuliert: „Wir sind auf Erden, um Gott zu erkennen, ihn zu lieben, ihm zu dienen und einst ewig bei ihm zu leben." Katechese hat dieser Antwort entsprechend die fundamentale Aufgabe, zur Gotteserkenntnis, zur Gottesliebe und zu einer Lebenspraxis als Gottesdienst zu führen; und zwar im Blick auf die ewige Lebensgemeinschaft mit Gott. Diese allgemeine Zielbestimmung der Katechese war und ist zweifellos theologisch gut begründet, war und ist aber zugleich in dem, was sie nicht mitbenennt, mißverständlich und mißbrauchbar. Und sie wurde auch mißverstanden und mißbraucht. Vor allem der Wille Gottes, den der Mensch dienend zu erfüllen hat, konnte ohne den ausdrücklichen Bezug auf die Offenbarung der Menschenfreundlichkeit Gottes in Jesus Christus so vorgestellt werden, als mute Gott als Souverän dem Menschen einen Gehorsam zu, der diesen kleinhalten und in seiner Lebensentfaltung begrenzen sollte. Der alleinige Verweis auf das ewige Leben konnte zurücktreten lassen, daß es im Evangelium um den bereits hier und heute eröffneten Aufbruch zum wahren Leben geht, über das der Tod keine

Macht mehr hat. Der den theozentrischen Ansatz aufgreifende Impuls „Alles meinem Gott zu Ehren" ist nur dann christlich, wenn Gott als der geehrt wird, der alles getan hat und tut, um die Sehnsucht des Menschen nach Leben zu erfüllen. Wo der „Wille Gottes" im biblischen und christlichen Sinn verstanden und ergriffen wird, lebt eine tiefe Freude an dem auf, was Gott will, und wird der Gehorsam gegenüber diesem Willen als der Weg freiheitlicher „Selbstverwirklichung" des Menschen bejaht.

b) Ein entschieden *christozentrischer* Ansatz der Katechese findet sich im Apostolischen Schreiben Johannes Pauls II. „Catechesi tradendae" (1979). Der Papst greift darin das Votum der vorhergehenden Bischofssynode auf, daß Christus im Zentrum jeder echten Katechese stehen muß und wir „im Kern der Katechese wesentlich eine Person vorfinden, nämlich Jesus von Nazareth, einziger Sohn vom Vater, voll Gnade und Wahrheit, der für uns gelitten hat und gestorben ist und der jetzt als Auferstandener für immer mit uns lebt" (Nr. 5). „Katechisieren heißt in gewisser Weise jemanden anleiten, dieses Geheimnis in all seinen Dimensionen zu erforschen" (ebd.). „In diesem Sinne ist es das Endziel der Katechese, jemanden nicht nur in Kontakt, sondern in Gemeinschaft, in Lebenseinheit mit Jesus Christus zu bringen: Er allein kann zur Liebe des Vaters im Heiligen Geiste hinführen" (ebd.). Dieser Grundsatz wird noch entfaltet in dem Postulat, nur die Lehre Christi (keine selbst ausgedachte) zu vermitteln, ihn als Lehrer und Meister zu vergegenwärtigen und sein ganzes Leben als Lehre zu verstehen (Nr. 6 – 9). Christliches Leben wird als „Nachfolge Christi" vorgestellt. Im Hintergrund steht selbstverständlich, allerdings ohne ausgeführt zu werden, die Überzeugung, daß Jesus als „der Weg, die Wahrheit und das Leben" (so zitiert in Nr. 5) der Weg ist, auf dem und mit dem menschliches Leben gelingt. Daß Jesus Christus in Beziehung bringt zu dem Gott, von dem der Mensch die Erfüllung seines ganzen Verlangens nach Leben und Sinn erwarten darf und soll, wird eher angedeutet.

c) Für einen *anthropozentrischen* Ansatz der Katechese entschied sich die Kommission I der Gemeinsamen Synode der Bistümer in der BRD 1974 in ihrem Arbeitspapier „Das katechetische Wirken der Kirche": „Das oberste Ziel katechetischen Wirkens besteht darin, dem Menschen zu helfen, daß sein Leben gelingt, indem er auf den Zuspruch und Anspruch Gottes eingeht" (Allgemeiner Teil 3). Im weiteren Text wird deutlich, wie in der Diskussion um diese Formulierung vor zwei Mißverständnissen gewarnt wurde:

(1) „Dabei darf das ‚Gelingen' nicht vordergründig mißverstanden werden. Wie sehr zu ihm auch das Bestehen von Leid und Scheitern gehört, zeigt sich darin, daß wir Christen den Weg des Gekreuzigten als den Weg des Lebens bekennen." Gelingendes Leben kann sehr vordergründig als unbelastetes, leidfreies Leben mißverstanden werden.

(2) Es wurde die Gefahr gesehen, daß Gott für menschliche Lebensinteressen gleichsam verzweckt und damit das Geheimnis verfehlt wird, wie der Mensch gerade dann zum Leben findet, wenn er nicht bei sich bleibt, sondern sich anbetend dem Gott seines Lebens übergibt. Darum wurde eigens vermerkt, daß das ‚Gelingen des Lebens' und die ‚Verherrlichung Gottes' zwei Aspekte einer und derselben Sache sind.

Wie entschieden aber der Entwurf am Menschen interessiert ist, zeigen weitere Formulierungen: Glaube soll als Chance für ein sinnvolles Leben, als Eröffnung neuer Möglichkeiten zum Leben verdeutlicht werden. Diese Orientierung erfordert nicht nur, daß dort, wo vom Glauben gesprochen wird, in zentraler Weise vom Menschen und seiner Welt die Rede ist; es muß auch die helfende, ja rettende Kraft der Glaubensbotschaft angesichts vielfältiger Bedrohungen der Menschlichkeit des Menschen erwiesen werden. Im Hintergrund solcher Formulierungen steht die theologische Grundüberzeugung, daß sich Gott in der biblischen Offenbarungsgeschichte als der Gott gezeigt hat, dem es um das Leben des Menschen geht.

d) Jede Grundentscheidung, die einen der skizzierten Ansätze gegen die anderen ausspielt, wird auf einer auswählenden und verkürzenden theologischen Position ruhen. Daher gilt es, die *Ansätze* miteinander ins Spiel zu bringen und zu *integrieren:* Katechese soll dem Menschen leben helfen – heute und dadurch in Ewigkeit. Dazu verhilft die Katechese dem Menschen, wenn sie ihm hilft, sich glaubend, hoffend und liebend dem wahren und lebendigen Gott anzuvertrauen; denn diesem Gott liegt ganz am Gelingen des Lebens seiner Menschen, und er ist als Ursprung und Ziel des Menschen seine Mitte. Zu diesem Glauben an den wahren und lebendigen Gott hilft die Katechese, indem sie die Person Jesu Christi in ihre Mitte stellt. Jesus Christus ist der, in dem uns Gott als der Vater unseres Lebens begegnet und uns an sich ziehen will. Jesus Christus ist der, in dessen Gemeinschaft wir unsere glaubende, hoffende und liebende Beziehung zu Gott als Vater empfangen und zugleich zur Einheit der Menschen untereinander finden.

2.2 Glaubenshilfe als Lebenshilfe – Glaubenswissen als Lebenswissen

(1) Zum Problem des Lebenswissens in unserer Gesellschaft

Wenn die Kommission I der bundesdeutschen Synode das oberste Ziel der Katechese darin sah, dem Menschen zu helfen, daß sein Leben gelingt, wurde dies nicht nur gegen die Gefahr formuliert, eine Art eigener Glaubenswelt neben der Lebenswelt der Menschen zu errichten. Es sollten damit auch Erfahrungen aufgenommen werden, die Menschen in unserer Gesellschaft machen, wenn sie nach wahrem menschlichem Leben fragen. Diese Erfahrungen können mit Hilfe des Wortes „Lebenswissen" geklärt werden[34].

a) Was ist mit „Lebenswissen" gemeint?
Menschliches Leben hat die Eigenart, daß es gestaltet werden muß, sich also nicht einfach ergibt. Wo Menschen ihr Leben sich einfach ergeben lassen, machen sie die Erfahrung, nicht lebendig zu leben, sondern eher nur zu funktionieren und fremdbestimmt zu werden. Lebendig leben heißt, dem Leben eine Gestalt zu geben. Wenn der Mensch aber Leben gestalten will, dann braucht er dafür so etwas wie einen Entwurf, eine Vorstellung dessen, was Leben eigentlich meint. Das ist mit dem Wort „Lebenswissen" gemeint. Lebenswissen ist zu unterscheiden von anderen Wissensformen. Es gibt ein Informationswissen, also ein Bescheidwissen über alle möglichen Informationen. Oder es gibt ein Fertigkeitswissen, in dem der Mensch die Fähigkeit entwickelt, etwas anzufertigen. Oder es gibt ein wissenschaftliches Methodenwissen, in dem gelernt wird, wie man auf einem geklärten Wege einer Problemlösung nachgehen kann.

Mit Lebenswissen ist gemeint eine Vertrautheit damit, wie man so lebt, daß einem das Leben gelingt; daß man dieses Leben wirklich leben möchte; daß man Geschmack am Leben bekommt; daß die eigene Lebensstraße in eine Richtung führt, der man als sinnvoll zustimmen kann und die ein Ziel verheißt. Dazu gehört eine Vorstellung von dem, wie man mit seinen Fähigkeiten und mit seinen Grenzen, wie man mit Freude und Glück, mit Leid und Tod, mit der Natur, mit den anderen Menschen, sich selbst, mit Sehnsucht und Schuld so umgehen kann, daß man in Wahrheit lebt.

Der Unterschied zwischen Sachkunde und Lebenskunde kann sehr deutlich werden am Beispiel der Sexualkunde. Sexualkunde kann getrieben werden als reine Sachkunde, die ausgerichtet ist auf ein Informationswissen, möglicherweise auch noch auf ein Fertigkeits- oder Methodenwissen. Es kann dabei die Frage ausgeblendet bleiben, wie der Mensch mit seiner Sexualität so umgehen kann, daß dadurch sein Leben in seiner Fähigkeit, Beziehungen aufzunehmen und zu gestalten, gelingt. Erst durch diese Frage aber kann Sexualkunde auch zur Lebenskunde werden.

Ein Lebenswissen, das vertraut macht mit dem Leben, kann sich nicht allein auf die unmittelbar praktischen Lebensprobleme beschränken. Es gehört dazu ein *Horizont von Sinnüberzeugungen*. Es muß begründet sein in einer Vorstellung davon, was Leben im Grunde soll, welcher Anruf im Leben sich meldet, welche Verheißung, welche Zusage, welche Herausforderung mit dem Leben überhaupt gemeint ist. Diese Vorstellung ist in der Tradition eng mit religiösen Überzeugungen verknüpft gewesen. Religion hatte die Bedeutung, dem Lebenswissen einer Menschengruppe letzte tragende Fundamente zu geben.

Der *Aufbau von Lebenswissen* ist keine Leistung des einzelnen Menschen, sondern geschieht *in Überzeugungsgruppen* von Menschen. Es ist eine gemeinsame Leistung, daß Menschen dort, wo sie zusammenleben, eine Vorstellung vom gelingenden Leben herausbilden. Im Lebenswissen der Lebensgemeinschaft kommen Erfahrungen mit dem Leben, die ausgetauscht werden, zusammen mit den Überlieferungen, wie es Menschen früher mit ihrem Leben ergangen ist. Diese in der Gemeinschaft sich bildenden Überzeugungen von lebendigem Leben werden in der Lebensgemeinschaft weitergegeben und fortgeschrieben. Das Lebenswissen war und ist keine starre Konstante, sondern ein lebendiger Überlieferungsprozeß, in den immer neue Erfahrungen der Menschen einfließen.

b) Wie ergeht es Menschen in unserer Gesellschaft in der Frage nach Lebenswissen?

Zwei geläufige Merkmale unserer gesellschaftlichen Situation haben unmittelbar mit der Frage nach Lebenswissen zu tun:

− Wir leben in einer *pluralistischen* Gesellschaft, d. h. in einer Gesellschaft, die nicht mehr übereinstimmt in ihrem Lebenswissen. Der Mensch begegnet in ihr einer Konkurrenz unterschiedlicher, z. T. sogar einander widersprechender Arten von Lebenswissen. Vielleicht erstmals in der ganzen Menschheitsgeschichte leben wir in einer gesellschaftlichen Wirklichkeit, in der man in der Überzeugung von gelingendem Leben nicht mehr einer Meinung ist.

– Wir leben in einer *säkularisierten* Gesellschaft, d.h. in einer Gesellschaft, die als ganze auf letzte Überzeugungen verzichtet, die nicht mehr allein vom Menschen getragen sind. In einer praktischen Religionslosigkeit werden die verbindenden Überzeugungen eher herausgebildet auf dem Grunde menschlicher Übereinkunft und gegenseitiger menschlicher Versicherung. Für unsere Gesellschaft ist nicht mehr kennzeichnend, daß sie Gründe für ihre gemeinsamen Überzeugungen in letzten Gründen sucht, die nicht mehr der Mensch trägt, sondern in denen der Mensch Getragener ist.

Das Leben in einer pluralistischen und säkularisierten Gesellschaft hat weitreichende Konsequenzen für das Erlernen des Lebens in dieser Gesellschaft. Viele Menschen haben keinen intensiven Austausch mit einer der pluralen Überzeugungsgruppen, sondern stehen gleichsam zwischen den Gruppen und haben punktuelle Kontakte zu dieser oder jener Gruppe. Diese Menschen erleben unsere Gesellschaft als eine Gesellschaft, die ihnen bei der Frage nach ihrem Leben verwirrend entgegentritt. Der eine gibt jene Lebensweisung, der andere diese. Hier versucht man es so, dort wiederum anders. Der einzelne findet in einer solchen Gesellschaft kaum Hilfe beim Erlernen seines Lebens. Auch unsere Bildungsinstitutionen helfen ihm recht wenig; denn sie haben zwar die Wissensformen des Informations-, des Fertigkeits- oder des Methodenwissens hoch entwickelt, sind aber gleichzeitig in der Vermittlung von Lebenswissen äußerst zurückhaltend. Dies liegt daran, daß sie sich, wenn sie Institutionen für alle sein wollen, auf den niedrigsten gemeinsamen Nenner unserer Gesellschaft einstellen und dann weitgehend auf die Vermittlung eines profilierten Lebenswissens verzichten müssen. Wenn „Erziehung" in der „Übergabe von Lebenswissen" besteht, muß z.B. eine Schule für alle, die den niedrigsten gemeinsamen Nenner unserer Gesellschaft übergibt, erzieherisch sehr zurückhaltend sein. Sie ist damit weitgehend hilflos für den, der zu leben sucht. So gibt es in unserer Gesellschaft verbreitet inzwischen die Not von Menschen, daß sie keine Menschen haben, an denen und mit denen sie leben lernen könnten. Niemand zeigt ihnen verläßlich, wie man das eigentlich macht: leben. Diese Not wird u.a. im Hintergrund stehen, wenn wir Symptome eines mangelnden Lebenswillens beobachten müssen. Wer nämlich keine Lebenskunst (nicht im Sinne von Lebenskünstlertum, sondern im Sinne von „sinnvoll leben können") erwerben kann, dem entschwindet auch der Wille zu leben.

(2) Die Weitergabe christlichen Glaubenswissens als Weitergabe des Lebenswissens Jesu Christi

a) Lebenskundliche Dimension des Glaubenswissens

Wo von „Glaubenswissen" gesprochen wird, ist oft ein Informationswissen gemeint. Gerade dort, wo mehr Glaubenswissen reklamiert wird, wird meistens beklagt, daß die Heranwachsenden nicht genug Bescheid wissen über ihren Glauben. Der Glaube hat sicher eine sachkundliche Dimension. Wer teilhaben will an der Überlieferung der Glaubensgemeinschaft, muß auch sachkundlich über diese Überlieferung Bescheid wissen. Die entscheidende Dimension des Glaubenswissens ist aber die lebenskundliche. Es geht im Glaubenswissen um biblisch-christliches Lebenswissen, also um die Überlieferung, wie Menschen in der Geschichte mit ihrem Gott und schließlich in der Geschichte mit Gott in Jesus Christus zu einer Vertrautheit mit dem gefunden haben, wie man lebendig lebt. Glaubenswissen hat von daher eine entschiedene Ausrichtung auf die Lebensgestalt, auf die Lebenspraxis hin. Im Glaubenswissen geht es darum, wie der Mensch praktisch so lebt, daß er dadurch lebendig wird. Das Glaubenswissen hat also eine entschieden orthopraktische Intention. Im Glauben geht es um das rechte Leben.

Diese Orthopraxie kann nicht gegen die Orthodoxie ausgespielt werden; denn die Überzeugung davon, wie man recht lebt, ist begründet in der Überzeugung davon, wer Gott für uns ist. Die biblisch-christliche Überzeugung von rechtem Leben hat ihren Grund in den Geheimnissen der Menschenfreundlichkeit Gottes. Das rechte Leben hat seine Wurzeln im Geheimnis des Lebens. Das Geheimnis des Lebens, daß Gott freundlich zu den Menschen ist und dies unüberbietbar in Jesus Christus als dem Sakrament seiner Menschenfreundlichkeit erwiesen hat, das bezeugt die Orthodoxie. Sie trägt die Orthopraxie. Das rechte Glauben an Gott begründet das rechte Handeln im Glauben.

Orthodoxie und Orthopraxie sind in der Glaubensgemeinschaft der Kirche mit ihrer Liturgie zu verknüpfen. Als Kirche feiern wir die Befreiung zum rechten Leben auf dem Grunde der Geheimnisse Gottes. Wir feiern, was wir leben dürfen und sollen, indem wir feiern, wer Gott für uns ist. Wir feiern das Geheimnis, aus dem heraus die christliche Lebenspraxis ihre Impulse, ihre Inspiration, ihre Kritik, ihre Dynamik, ihre Kraft gewinnen kann. So geht es auch in der Liturgie um das lebendige Leben, das gelebte Leben.

Die Vermittlung von Glaubenswissen ist in dieser Sicht nicht nur und nicht einmal zuerst Sachkunde, sondern Lebenskunde. Katechese ist die Weitergabe des biblisch-christlichen Lebenswissens als Weitergabe von überlieferter Vertrautheit mit gelingendem Leben aus den Geheimnissen des Glaubens heraus.

Glaubenswissen hat zwar auch eine sachkundliche Dimension, ist aber vor allem und letztlich als biblisch-christliches Lebenswissen (also lebenskundlich) zu verstehen. Als solches ist es zum einen auf eine sinnvolle praktische Lebensgestalt ausgerichtet (Orthopraxie), zum anderen begründet es diese Praxis in den Geheimnissen der Menschenfreundlichkeit Gottes (Orthodoxie), die nicht zuletzt feiernd vergegenwärtigt und darin wirksam werden (Liturgie).

b) Christliches Lebenswissen als Teilhabe am Lebenswissen Jesu Christi
Christliches Glaubenswissen blickt auf ein konkret gelebtes Leben. Die Mitte der Kirche ist nicht eine Theorie, auch nicht ein Programm, sondern die Mitte der Kirche ist ein gelebtes Leben, das Leben Jesu Christi. Die tragende Orientierung für christliches Glaubenswissen ist es, *wie Leben, menschliches Leben in Jesus Christus Gestalt angenommen hat.* Darin hat die Orthodoxie tragende Bedeutung; denn das gelebte Leben Jesu Christi hat seinen *Grund in seinem Lebensgeheimnis.* Bei Jesus Christus ist es das Geheimnis seiner Vertrautheit mit Gott als Abba, als lieber Vater. Aus diesem Geheimnis heraus bekommt sein Leben seine Gestalt. Wenn man nur seine Lebensgestalt übernehmen würde ohne sein Lebensgeheimnis, dann würde es niemals nachfolgend gelebt werden können. Das Lebensgeheimnis Jesu Christi, daß Gott Abba ist, lieber Vater, hat sich für uns erwiesen durch die Krise des Kreuzes hindurch in seiner Auferweckung durch diesen Vater. Der Vater hat dieses gelebte Leben, das sich den Menschen und ihm bis in die Krise des Todes hinein übergab, als wahres Leben herausgestellt. Sein Tod wird als Leben bekannt, als gelungenes Leben, als lebendig gelebtes Leben. In dieser Lebensgestalt zeigt sich, was lebendiges Leben und gelingendes Leben meint. Dem Auferstandenen mit den Zeichen seines Todes glauben Christen sein Leben als wahres menschliches Leben.

Dieses sein Leben glauben Christen dem Auferstandenen nicht nur als etwas, was er vor ihnen hergelebt hat und hinter dem herzuleben sie allein gelassen sind. Christliches Lebenswissen bezeugt vielmehr Erfahrung damit, daß von dem Auferstandenen eine Kraft ausgeht, dieses sein Leben hinter ihm herzuleben, d. h. also Vertrautheit damit, wie von ihm Lebensenergie ausgeht, Lebenskraft und Lebensimpuls. Christliches Glaubenswissen blickt nicht nur auf ein Modell, das vor den Christen bleibt und hinter dem sie immer wieder versagend hinterhergehen. Es bezeugt, daß in der Übergabe des Lebens an Jesus Christus *Lebenskraft* geschenkt wird: *sein Geist zum Leben.* Christliches Lebenswissen ist also Erfahrung damit, wie von dem Leben Jesu Christi her Leben in menschliches Leben einströmt und menschliches Leben ausgerüstet wird, lebendig gelebt zu werden.

Christliches Glaubenswissen ist begründet in der Lebensgestalt Jesu Christi, die aus seinem in der Vertrautheit mit Gott als „Abba" wurzelnden Wissen vom wahren menschlichen Leben herkommt, sich durch die Krise des Kreuzes hindurch in der Auferweckung als wahres Leben erweist und durch die Sendung des Geistes den Glaubenden als ihre neue Lebensmöglichkeit geschenkt wird.

c) Kirche als Gemeinschaft der erinnernden Vergegenwärtigung des Lebenswissens Jesu Christi

Kirche ist der Raum, in dem die Überzeugung von diesem Lebenswissen weitergegeben wird. Dies geschieht dadurch, daß sie gelebt, verkündet und gefeiert wird. Alle diese drei Formen der Vergegenwärtigung sind gleich wichtig für die Weitergabe dieses Lebenswissens. Dabei bekennt die Kirche, daß die Übergabe dieses Lebenswissens in ihr nicht ungefährdet ist. Kirche zeichnet sich ja nicht einfach dadurch aus, daß sie in allen ihren Christen, Gruppen und Gemeinden auf wunderbare Weise mit gelingendem Leben vertraut ist. Aber es gibt doch das Geheimnis, daß es trotz aller Gebrochenheit, trotz allen Versagens und trotz allen Todes in der Kirche eine Straße vom Lebenswissen Jesu zu uns hin gibt. In der Kirche lebt der unabgebrochene Versuch, aus der erinnerten Gestalt des Lebens Jesu Christi das gemeinsame Lebenswissen neu zu finden und immer wieder zu reinigen. In dieser Kirche wird gefragt, wie sich das überkommene Lebenswissen weitergehend zu bewähren hat an neuen geschichtlichen Situationen. Die Tradition des christlich-kirchlichen Lebenswissens kann auch verkommen, wenn man es gerinnen läßt an Problemen von gestern und es nicht wagt, es auch an neue Fragen heranzutragen. Überlieferung der Lebensgestalt Jesu Christi in die Geschichte hinein bedeutet ein Weiterwachsen der Kirche in ihrer Vertrautheit mit der Lebenskraft und dem Lebensimpuls Jesu Christi an neuen Fragen, an neuen Problemen, an neuen Herausforderungen. Mit der Tradition des Lebenswissens Jesu Christi sind nicht alle Probleme gelöst; wir stehen vielmehr vor der Aufgabe, seine Kraft problemlösend auch neu zu erweisen im Austausch unserer Erfahrungen mit den Fragen, wie wir heute und in Zukunft so leben können, daß wir lebendig leben.

Das Lebenswissen Jesu Christi wird im gelebten, verkündeten und gefeierten Zeugnis der Kirche weitergegeben. Christlich-kirchliches Lebenswissen bedarf dabei der dauernden Reinigung aus dem erinnerten und vergegenwärtigten Lebenswissen Jesu Christi und der weitergehenden Bewährung an neuen geschichtlichen Situationen.

d) Katechese als Prozeß, aneinander und miteinander leben zu lernen

Die gemeinsame katechetische Berufung der Christen liegt darin, als Menschen zu leben, an denen und mit denen Menschen im Glauben an Jesus Christus leben lernen können. Wenn überhaupt irgendwo das personale Angebot das entscheidende Medium des Lernens ist, dann dort, wo es um die Weitergabe von Lebenswissen geht; denn Leben lernen kann der Mensch nur an gelebtem Leben. Mit dem Angebot eines christlich gelebten Lebens ist nicht einfach ein vorbildliches Leben im Sinne der Tadellosigkeit oder Vollkommenheit gemeint, sondern ein Leben, das die Möglichkeiten des Glaubens in aller menschlichen Gebrochenheit und Armut doch wahrzunehmen und zu bewähren sucht. Katechese ist ein Lernen mit Lernenden, weil alle auf dem Wege bleiben. Sie ist ein Austausch von Erfahrungen, wie Glauben lebendig macht und Lebensmöglichkeiten erschließt. Dabei geht es nicht nur um die Übernahme von Lebenswissen, sondern auch um die Bezeugung und Annahme von Lebenskraft aus dem Geiste Jesu Christi. Christliches Lebenswissen ist nicht nur ein Entwurf von Leben, sondern auch Erfahrung mit einer Energie zum Leben. In der Katechese lernen Christen also aneinander und miteinander leben, indem sie sich gemeinsam auf einen Weg begeben, auf dem sie aus der Kraft des Geistes Jesu Christi ihr Leben zu gestalten suchen. Das erste Medium christlichen Lernens, also der eigentliche „Katechismus" der Christen kann von daher nicht ein Buch sein, sondern ist die lebendige christliche Glaubensgemeinschaft.

Die gemeinsame katechetische Berufung der Christen besteht darin, als Menschen zu leben, an denen und mit denen Menschen im Glauben an Jesus Christus (in der Übernahme seiner Lebensgestalt und in der Annahme seines Lebensgeistes) leben lernen können.

(3) Impuls für eine lebenshilfreiche Theologie

Wenn das christlich verstandene Gelingen menschlichen Lebens das Ziel des Lernens in der Katechese ist, stellt sich auch die Frage, welcher Typ von Theologie als Bezugswissenschaft für die Katechese hilfreich und notwendig ist. Die wissenschaftliche Theologie kann im Gespräch und in der Auseinandersetzung mit den anderen Wissenschaften in unserer Gesellschaft eine Entwicklung nehmen, die zu einem immer imponierenderen Spezialwissen mit immer spezielleren Methoden führt, dabei aber die Frage aus dem Auge verliert, ob und wie uns dieser Wissenschaftsfortschritt leben hilft. Ein legitimes Ziel wissenschaftlicher Theologie ist ohne Zweifel eine qualifizierte Sachkunde des Glaubens. In ihr geht es nicht zuletzt darum, den christlichen Glauben in den geistigen Auseinandersetzungen unserer Zeit zu verantworten und ihn als kritische Erinnerung in diese Auseinandersetzungen einzubringen. Die Verantwortung des Glaubens und die Vergegenwärtigung seiner zum wahren Leben anstiftenden Kraft muß aber auch und entscheidend lebenskundlich erfolgen. Dabei hilft es nur begrenzt weiter, wenn auf einer abstrakt bleibenden Ebene die Ausrichtung der Theologie auf die Praxis des Lebens gefordert wird. Diese Forderung muß vielmehr auch dadurch eingelöst werden, daß man danach sucht, wie sich das christlich-kirchliche Lebenswissen an konkreten Fragen bewährt und in ihrem Zusammenhang weiterentwickelt werden kann. Diesen Typ von Theologie kann man „Weisheitstheologie" nennen, wenn mit dem Anliegen der „Weisheit" das einer „Vertrautheit mit wahrem und gelingendem Leben" verstanden wird. Fragestellungen einer solchen Theologie wären z. B.: Welche Erinnerungen unseres Glaubens helfen uns, zwischenmenschliche Beziehungen aufzunehmen und zu gestalten, so daß wir besser miteinander statt neben- und gegeneinander leben lernen? Welche Hilfe finden wir im Glauben, Situationen der Krankheit anzunehmen und zu bewältigen? Welche Möglichkeiten und Fähigkeiten zur Ehe werden dort lebendig, wo Christen ihre Partnerschaft als Christen verstehen und gestalten? Wie können wir mit Hilfe glaubender Erinnerung eine Einstellung zum Eigentum entwickeln, in der das, was wir haben, uns Menschen nicht voneinander trennt, sondern untereinander verbindet? Wie können wir die Lebensweisungen Jesu, einander anzunehmen, auf Herrschaft übereinander zu verzichten, Reichtum nicht in unserem Haben, sondern in unseren Beziehungen zu suchen, in unserer heutigen Lebenswelt wirksam werden lassen? Eine Ergänzung des theologischen Problembewußtseins in Richtung dieser Fragen erzwingt nicht nur eine katechetische Praxis unter dem Stichwort der Lebenshilfe; sie wird auch angestoßen durch die Erinnerungen an die Katechese Jesu. In ihr ging es offenkundig um ein wahres Wissen über Gott, das unmittelbar mit wahrem Leben – nicht zuletzt in zwischenmenschlichen Beziehungen – zu tun hat.

Wenn gelegentlich von einer „Theologie des Volkes" gesprochen wird, kann damit kaum eine im modernen Sinn wissenschaftliche Theologie gemeint sein. Wohl ist dabei an eine Theologie zu denken, die auf Lebenswissen ausgerichtet ist und bei deren Entwicklung die Traditionen, um die der Theologe weiß, ins Gespräch kommen mit der Lebenserfahrenheit glaubender Christen. Eine auf Lebenswissen ausgerichtete Theologie der Krankheit kann z. B. nicht ohne mit Krankheit erfahrene Christen entwickelt werden. Eine auf Lebenswissen ausgerichtete Theologie der Ehe kommt nicht ohne das Lebenszeugnis aus dem Geist Jesu Christi gelebter Ehen aus und kann nicht allein aus Lehramtsentscheidungen aufgebaut werden, es sei denn, in diesen Entscheidungen würden die Eheerfahrungen von Christen aufspürbar. Eine Theologie der Gruppe kann dort wachsen, wo nicht nur Papiere interpretiert, sondern auch Leben miteinander aus dem Lebensimpuls Jesu gesucht und versucht wird. Der hiermit angedeutete theologische Prozeß bedarf nicht zuletzt einer dauernden Mühe um eine Sprache, in der einerseits die Überlieferungen von gestern in heutige Lebenszusammenhänge hineinfinden (und zwar möglichst alltagssprachlich) und andererseits die in heutigen christlichen Lebensgeschichten erfahrenen Freuden und Hoffnungen, Nöte und Ängste zum Ausdruck kommen.

(4) Beispiel: Christlich-kirchliches Lebenswissen für die Ehe

In der Ehe geht es um die gelebte Beziehung zwischen zwei Menschen und darin um die Grundfrage, wie Beziehungen zwischen Menschen in einer Wirklichkeit gelingen können, in der Beziehungen immer auch zutiefst bedroht sind. Dazu gibt das Evangelium sehr praktische Lebensanweisungen, die auf konkrete Probleme reagieren:

– Ein Grundproblem menschlicher Beziehungen ist das Problem der Herrschaft. Beziehungen werden verdorben durch Kategorien wie „oben" und „unten". Dort also, wo einer sich über den anderen erhebt und sich darin von ihm entfernt, sich größer macht, so daß der andere der Kleinere wird. Das ist eine Grundfrage der zwischenmenschlichen Beziehungen und darum auch der Ehe. Die Weisung des Evangeliums ist: Wenn ihr wollt, daß euch eure Beziehungen gelingen – auch in der Ehe –, dann dient einander in Demut; laßt ein Leben entstehen, das herrschaftsfrei ist und in dem der Mut gelebt wird, klein voreinander zu bleiben, zumindest sich der Versuchung zu entziehen, sich je größer zu machen als der andere und von oben auf ihn herabzuschauen; laßt dadurch mitten in dieser unheilen Welt ein Stück Welt heil werden in eurer Beziehung.

– Beziehung ist bedroht dadurch, daß Menschen in ihrer Gemeinschaft nur das Bereichernde, nur das Schöne, nur das Beglückende zulassen wollen. Die Beziehungen umfassen dann nur einen Teil des Lebens und führen so nicht wirklich zusammen. Die Weisung des Evangeliums ist: *Ertragt einander und tragt einander die Lasten;* wenn ihr wirklich Beziehung wollt, dann laßt auch dieses zu, daß der andere eine Last sein kann, dann mutet dem anderen euch auch ruhig als Last zu; blendet die Möglichkeit nicht aus, Gemeinschaft zu haben auch dadurch, daß ihr Lasten miteinander tragt; Beziehung gibt es nicht nur über Freude und Glück, Beziehung gibt es auch gerade an dem, was man gemeinsam trägt und wo man einander die Erfahrung schenkt, wie man vom anderen getragen wird, auch wenn man Last ist.

– Beziehung ist bedroht durch Schuld. Gerade eine anspruchsvolle Beziehung kann man nicht leben, ohne dem anderen etwas vorzuenthalten, ohne doch auch in seinen Egoismus zurückzufallen oder umbarmherzig zu werden. Die ganz praktische Lebensanweisung des Evangeliums ist: *Vergebt einander;* wenn ihr wollt, daß euch eure Beziehung gelingt, so laßt euch eure Gemeinschaft immer wichtiger sein als irgendein Aufrechnen von Schuld; vernichtet die trennende Macht der Schuld in der Vergebung; laßt sie nie als Mauer zwischen euch wachsen.

Diese Weisungen sind ganz auf die Orthopraxie gerichtet, auf lebendig gelebtes Leben in einer Beziehung, in der Menschen einander leben helfen. Die *orthodoxe Begründung* dafür ist, *wie sich Gott in Jesus Christus uns gezeigt und gegeben hat.* Nämlich als derjenige, der auf jede Herrschaft über den Menschen verzichtet. Gott tritt in Jesus Christus in seiner Menschenfreundlichkeit unter die Menschen als Dienender, der sich klein macht und seine Möglichkeiten in den Dienst der Lebensmöglichkeiten der Menschen stellt. Er tritt unter die Menschen in der Weise, daß er an ihnen trägt, ihre Last auf sich nimmt, es aushält, wie sie sind, und erleidet, wer sie sind. Darin wird er tragende Kraft für menschliches Leben. Gott tritt unter die Menschen in Jesus Christus als derjenige, der Neues schafft durch Vergebung. Er macht durch Vergebung die Straße frei auf die Zukunft hin und sagt den Menschen neues Leben zu, so daß die Schuld nicht als Lebensbehinderung über ihnen liegen bleibt.

Diese Glaubenswahrheiten werden liturgisch gefeiert und den Feiernden darin als ihre Lebensmöglichkeit immer neu geschenkt. Wo Christen in ihren ehelichen Beziehungen sich aus der *Feier ihrer Lebenswahrheit* erneuern und stärken lassen, haben sie Orientierung und Hilfe, die ihre Beziehung gelingen läßt. Das ist nicht nur irgendeine theologische Theorie, sondern erfahrene Wirklichkeit, also christlich-kirchliches Lebenswissen.

2.3 Leben erfahren – Leben zusprechen – Leben feiern

Der bereits angesprochene Zusammenhang zwischen dem Glaubensleben, der Glaubensverkündigung und der Glaubensfeier soll wegen seiner zentralen Bedeutung für die Ziele der Katechese noch eigens herausgestellt und an einem Beispiel veranschaulicht werden.

(1) Der Zusammenhang von Diakonia, Martyria und Liturgia in der christlichen Koinonia

Der Zusammenhang von Glaubensleben, Glaubensverkündigung und Glaubensfeier greift die aus der Theologie der Gemeinde für die Gemeindekatechese gezogene Folgerung auf, die Katechese müsse einführen in die für die christliche Glaubensgemeinschaft der Koinonia bestimmenden Grundvollzüge der Diakonia, Martyria und Liturgia[35].

a) Diakonia: Wo die Katechese die Lebenswirklichkeit aufgreift und sich dabei bereits von dem Leben leiten läßt, das sie als wahres Leben bezeugen soll, sind für sie insbesondere die Erfahrungen wichtig, in denen es um die Spannung zwischen einem bei sich selbst bleibenden, nur auf das Eigene bedachten, möglichst viel Habe um sich ansammelnden Leben einerseits und einem Beziehung suchenden, auch auf die Freunde des Nächsten ausgerichteten, mit anderen teilenden Leben andererseits geht. Die in dieser Spannung erfahrenen Sehnsüchte und Enttäuschungen, Aufbrüche und Verweigerungen lassen sich nicht von sich aus so bearbeiten, daß daraus eine gegen alle entmutigenden Anfragen tragende Gewißheit von Lebenssinn und Lebenskraft gewonnen werden kann.

b) Martyria: Der Glaube bezeugt, daß den Menschen durch das Evangelium und aus der Kraft der mitgehenden Nähe des Auferstandenen Leben neu eröffnet und zugesprochen wird. Es sind ihnen Brücken zu Gott und zueinander gebaut. Sie können frei werden für Gott und füreinander; sie können miteinander teilen und durch Vergebung neu Gemeinschaft anfangen. Die Vermittlung dieser Botschaft in der Katechese ist nicht nur als Prozeß der Lebensdeutung zu verstehen, sondern als vollmächtiger Zuspruch der neuen Lebensmöglichkeiten „im Namen Jesu Christi". Es geht um eine Ermutigung zum wahren Leben, die darauf zurückgeht, daß Gott gehandelt hat und in seinem heute vergegenwärtigten Wort weiter handelt.

c) Liturgia: Die ihnen geschenkte Lebenshoffnung und Lebenskraft feiern die Christen in ihren Gottesdiensten. Darin wird nicht nur ins Wort gebracht und symbolisch gestaltet, was Gott in Jesus Christus an ihnen getan hat; die Versammelten werden vielmehr durch den Vollzug der Feier auch in einer eigenen Intensität von der Hoffnung und Kraft des Glaubens ergriffen. Wenn die Katechese zum Mitvollzug der gottesdienstlichen Feiern anleitet, zielt sie auch darin an, daß sich den Lernenden erschließt, wie ihnen gerade dann neue Hoffnung und Kraft gegeben wird, wenn sie ihr Leben auch ausdrücklich dem Gott ihres Glaubens verdanken und es von ihm empfangen. Und die Liturgie entläßt die Versammelten immer wieder in die vielfältige Sendung gelebten und bezeugten Glaubens.

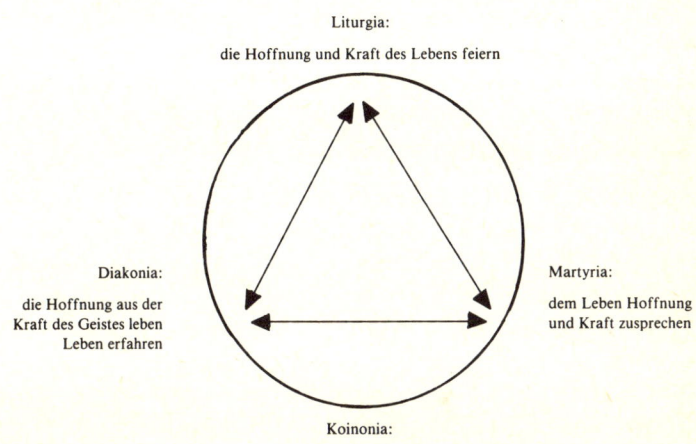

Liturgia:

die Hoffnung und Kraft des Lebens feiern

Diakonia:

die Hoffnung aus der
Kraft des Geistes leben
Leben erfahren

Martyria:

dem Leben Hoffnung
und Kraft zusprechen

Koinonia:

Leben miteinander teilen, sich zusprechen lassen, feiern

(2) Konkretion am Beispiel einer katechetischen Gruppe

a) Gemeinschaft erfahren: Wo Menschen zum katechetischen Lernen eine Gruppe bilden, sollen sie Erfahrungen machen und so verarbeiten, daß sie lernen, in gelingenden Beziehungen zu leben. Sie sollen durch das Angenommensein in der Gruppe erfahren, selbst jemand zu sein, einen Namen zu haben, das Leben mitgestalten zu können; und sie sollen in der Annahme des anderen auch diesem diese Erfahrungen ermöglichen. Das Bedenken des Umgangs miteinander soll Ursachen für Gelingendes und Mißlingendes in der Gruppe aufdecken und Einstellungs- und Verhaltensänderungen anstoßen, die das Miteinander besser gelingen lassen. Dies kann vor eine für Deutung offene und der Deutung bedürftige Spannung führen. Erfahrungen mit gelingendem Miteinander vermitteln Geschmack am Leben, Zuversicht und Hoffnung; aber die Gegenerfahrungen mit Ablehnung und Fremdheit − innerhalb/außerhalb der Gruppe − machen zugleich Angst, bedrohen den Lebenswillen, stellen Sinn und Hoffnung in Frage. Wird diese Spannung zugelassen, so gewinnt die Gruppe Offenheit für einen Zuspruch an Kraft und Hoffnung, den sie sich nicht selbst mit letzter Vollmacht geben kann.

b) Sich Gemeinschaft zusagen lassen: Im Glauben wird der Bemühung der Menschen um gegenseitige Annahme Kraft und Hoffnung zugesprochen, weil diese Mühe als von Gott angestiftet und getragen bezeugt und ihr die Hoffnung auf Vollendung zugesagt wird. Wo sich eine Gemeinschaft von Christen aus dem Evangelium heraus versteht, ist der letztlich tragende Grund ihres Miteinanders nicht die gegenseitige Annahme; die gegenseitige Annahme will vielmehr bezeugen, daß der Mensch in Jesus Christus von Gott angenommen, von ihm gewollt und beim Namen gerufen ist. Darin empfängt der Christ Offenheit und Kraft, an einem neuen Miteinander und Füreinander der Menschen mitzuwirken.

c) Gemeinschaft des Glaubens feiern: Nimmt eine Gemeinschaft den Zuspruch des Glaubens an, so empfängt sie Grund zur gottesdienstlichen Feier. Sie feiert nicht sich selbst. Die angedeuteten Erfahrungen können es schwer oder unmöglich machen, den Menschen zu feiern. Christen feiern ihre Anfangserfahrungen mit gelingender Gemeinschaft als Gabe ihres Gottes, die die Verheißung hat, von ihm her vollendet zu werden. Sie feiern darin, daß sie trotz aller Gegenerfahrungen doch auf Sinn und Hoffnung setzen dürfen. Und dies feiern sie, indem sie ihren Gott, seinen ganz guten Willen und seine unbegrenzten Möglichkeiten feiern. Und in der im Fest erfahrenen Gemeinschaft empfängt die Hoffnung, die man miteinander teilt, neues Leben und neue Kraft.

2.4 Ein Zielspektrum der Gemeindekatechese

Um unter den grundsätzlichen Entscheidungen die Ziele katechetischer Praxis näher zu konzipieren oder vorliegende Handlungsentwürfe zu analysieren, eignen sich Wahrnehmungsinstrumente, die das Spektrum des Aufgabenplurals systematisieren. Geht man von dem Postulat aus, daß die Gemeindekatechese in die Grundfunktionen der Gemeinde und dabei nicht nur in das Mitleben mit der Gemeinde einzuführen hat, sondern auch Lebenshilfe für das privat-familiäre Leben und für die christliche Sendung in der Gesellschaft geben soll, so lassen sich durch die Überblendung der Kategorien neun Aufgabenfelder der Katechese gewinnen. In diese lassen sich Zielformulierungen eintragen. Im folgenden Versuch sind diese z. T. durch das Arbeitspapier der Synode angeregt. Andere Formulierungen können sich ergeben, wenn es darum ginge, das spezifische katechetische Profil einer Gemeinde oder andere didaktische Grundentscheidungen konsequent in das Spektrum hinein zu übersetzen.

Lebens- bereiche Grund- funktionen	Privates und familiäres Leben	Berufliches und gesellschaftliches Leben	Gemeindlich-kirchliches Leben
Martyria	Erschließung des An- spruchs und Zuspruchs des Evangeliums	Missionarische Rechtfer- tigung des Glaubens in der konkreten gesell- schaftlichen Situation	Anbahnung fundamenta- ler Identifikation mit der Kirche als Glaubensge- meinschaft und mit ihrem Verkündigungsauftrag
Liturgia	Anleitung zu persönlichen und familiären Aus- drucksformen des Glau- bens in Gebet, Meditation usw.	Vermittlung christlicher Spiritualität als Impuls zum gesellschaftlichen Engagement	Hinführung zum Mitvoll- zug der gottesdienstlichen Versammlungen
Diakonia	Einübung familiärer und nachbarschaftlicher Dia- konie	Hinführung zum Welt- auftrag des Christen	Einführung in die gesell- schaftliche Diakonie der Gemeinde und der Kirche

Dieses Spektrum soll die Katechese in ihren jeweiligen Projekten nicht unter das Postulat der Vollständigkeit ihrer Ziele zwingen; wohl aber soll es reflektierte Zielentscheidungen ermöglichen. Nur wenn der Plural der Ziele vor Augen ist, kann bei der Planung gefragt werden, welche dieser Ziele Vorrang haben sollen, und zwar

- unter Rücksicht auf die katechetische Gesamtkonzeption der Gemeinde,
- im Blick auf die Lebenssituation der jeweiligen Zielgruppe,
- unter Beachtung der Ziele, die mit dem oft z. T. vorgegebenen Inhalt des Projektes (z. B. Eucharistie in der Eucharistiekatechese) zusammenhängen.

Auch bei der Analyse katechetischer Handlungsentwürfe ist die kritische Aufmerksamkeit nicht auf die umfassende Beachtung des Zielspektrums zu richten, sondern darauf, wie Zielentscheidungen erkennbar gemacht und begründet werden. Im Blick auf die gegenseitige Ergänzung einzelner katechetischer Projekte muß allerdings auch gefragt werden, wie eine einseitige Akzentuierung der Ziele vermieden werden kann (etwa in Richtung einer Privatisierung/Familialisierung, Politisierung oder eines Gemeindeintegralismus). Da wir von der Situation ausgehen müssen, daß die Gemeindekatechese gegenwärtig faktisch primär Sakramentenkatechese ist, kann mit Hilfe des Zielspektrums insbesondere versucht werden, die Sakramente als Anlässe aufzugreifen, bei denen mehr angezielt wird als die Hinführung zu den Sakramenten im engeren Sinn (also Liturgiekatechese). Dies sei an einem Spektrum der Möglichkeiten der Katechese zum Bußsakrament veranschaulicht:

Lebens- Grund- bereiche funktionen	Privates und familiäres Leben	Berufliches und gesellschaftliches Leben	Gemeindlich-kirchliches Leben
Martyria	Persönliche Schuld angesichts der Botschaft Jesu Christi als Sünde erkennen und Wege der Vergebung und Versöhnung suchen.	Soziale Dimension der Schuld sehen und die Erlösungstat Jesu Christi als Beginn der endgültigen Befreiung aus aller Schuldverfangenheit erkennen.	Verkündigung Jesu Christi von der Vergebung der Schuld als freiheitsentdeckende und freiheitsrettende Rede erfahrbar machen.
Liturgia	Gebet als ein Dasein vor Gott erkennen, bei dem ich mir selbst und anderen nichts vorzumachen brauche, Schuld eingestehen und um Vergebung bitten darf.	Angesichts einer oft strukturell bedingten Schuldverstrickung wieder Mut zur eigenen Verantwortung gewinnen durch das Gespräch miteinander, das Gebet und die Meditation.	Gottesdienstliche Form der Vergebung und Feier der Versöhnung kennenlernen und mitvollziehen.
Diakonia	Andere in ihrer Schuld annehmen und mit ihnen nach Wegen der Wiedergutmachung und Versöhnung suchen.	Um der Freiheit und Verantwortung des einzelnen willen auch angesichts eines verbreiteten heimlichen Unschuldswahns in der Gesellschaft persönlich und gesellschaftlich bedingte Schuld anerkennen.	Christliche Gemeinde als Ort der Versöhnung und Vergebung erfahrbar machen.

2.5 Unterschiedliche Dimensionen des Lernens

Indirekt wurde in den Überlegungen zur sachkundlichen und lebens-
kundlichen Dimension des Glaubens schon die Frage unterschiedlicher
Zieldimensionen des Lernens angesprochen. Daß zu dieser Frage in der
Katechetik kaum systematische Untersuchungen vorliegen, hat mit fundamentalen Schwierigkeiten zu tun, Lernvorgänge, die den ganzen Menschen angehen, auf eine angemessene Weise zu analysieren. Man kann
wohl sagen, daß der Mensch sowohl mit den Kräften seines Verstandes
als auch mit denen seines Gemütes als auch mit denen seines Wollens und
Handelns anzusprechen ist und sich auf einen Weg einlassen soll. Aber
diese „Bereiche" des Menschen sind gerade dort, wo sie zusammenwirken, schwer abzugrenzen. Und was in ihnen näherhin vorgehen soll, ist
dann, wenn es um das Geheimnis des Menschen geht, nur schwer zu benennen. Es läßt sich noch ziemlich genau bestimmen, was ein Mensch
lernen muß, um ein Gerät anfertigen zu können; aber nicht in gleicher
Weise ist ein Vorgang zu beschreiben, in dem ein Mensch lernt, seine
Sehnsüchte zuzulassen und ihre Erfüllung von dem Gott seiner Hoffnung
zu erwarten. Trotz dieser Schwierigkeiten ist es möglich und wichtig, eine
Aufmerksamkeit dafür zu entwickeln, daß das Lernen in der Katechese
unterschiedliche Dimensionen hat, und diese Dimensionen auch bewußt
zu berücksichtigen. Die folgenden Hinweise wollen und können keine
vollständige Systematik anbieten, wohl aber auf diese Vielschichtigkeit
des Lernens in der Katechese verweisen.

(1) Im *kognitiven* Bereich geht es vor allem um Prozesse, in denen Informationen aufgenommen und einander zugeordnet werden. Die Lernenden erwerben so z. B. *Kenntnisse* über die Heilige Schrift, über Zeiten
und Gestalten der Kirchengeschichte, über den Aufbau der Liturgie oder
über Organisation und Intention kirchlicher Hilfswerke. Ob und wieweit
diese Kenntnisse auch zu *Einsichten* führen, hängt schon mit der Bereitschaft der Lernenden zusammen, sich durch die Informationen in ihrer
Weise, Wirklichkeit zu sehen, zu verändern, also z. B. durch Informationen über das Leben des hl. Franz von Assisi eine Beziehung zur Bedeutung der Armut für die Glaubwürdigkeit der Kirche zu entwickeln. Ähnlich gehen Vorgänge des *Verstehens* über ein bloßes Kennenlernen hinaus, wenn Lernende z. B. nicht nur über ein Symbol Bescheid wissen,
sondern durch die Sprache des Symbols mit Lebenswirklichkeit vertraut
werden. Dem kognitiven Bereich kann man auch Prozesse der *Interpre-*

tation zurechnen, solange es in ihnen nur darum geht, mögliche Deutungen in ihren Begründungszusammenhängen wahrzunehmen und untereinander zu vergleichen. Über den kognitiven Bereich hinaus führen aber Interpretationen mit eigenen Wertungen und Entscheidungen.

(2) Im *emotionalen* oder *affektiven* Bereich geht es um innere Bewegungen, die auch als ein „Lernen des Herzens" oder als ein „Lernen mit dem Herzen" beschrieben werden können. Um überhaupt Lebenswirklichkeit, wie sie von der Glaubensbotschaft angesprochen wird, zu erreichen, sind Vorgänge erforderlich, in denen Sehnsüchte und Ängste, Freuden und Nöte zugelassen werden. Mit einem wiederentdeckten Wort kann man auch von innerer oder existentieller Betroffenheit sprechen. In diesem Bereich erfährt sich der Mensch zunächst und immer wieder in einer Spannung zwischen Licht und Dunkel. In der Begegnung mit dem Evangelium geht es dann um Prozesse, in denen sich der Mensch in seinem Verlangen nach Freude und Versöhnung, in seinem „Geschmack am Guten", in seiner Kraft, auf Hoffnung zu setzen, anrufen läßt. Dies können keine nur emotionalen Vorgänge ohne kognitive und voluntative Anteile sein, wenn mehr als flüchtige Gefühle gemeint sind. Aber es sind innere Bewegungen, wenn ein Mensch Vertrauen und Dankbarkeit lernt, wenn er Freude an der anbrechenden Nähe Gottes unter uns Menschen entwikkelt, wenn er durch empfangene Güte selber gütig wird. Darin geht auch immer die Dimension des Gnadengeschenkes mit. Das schließt aber nicht aus, daß es auch ein Lernen und Einüben des Herzens in der Annahme dieses Geschenkes gibt.

(3) Der *voluntative* Bereich war bereits angesprochen, wenn von einem Zulassen von Sehnsüchten und Ängsten oder von einem Sich-anrufen-Lassen durch das Evangelium die Rede war. Das Evangelium ist Wort an den Menschen, das um dessen Antwort wirbt. Wenn Menschen in der Katechese lernen sollen, ihre Lebensantwort zu geben, dann geht es nicht zuletzt um Prozesse, in denen sie entscheiden, was sie sich wichtig und ganz wichtig werden lassen wollen. Der Vorgang ist mit Worten wie Meinungs- oder Einstellungsbildung, Stellungnahme oder Deutung nur anfänglich umschrieben, weil sie nicht ausdrücken, daß letztlich die liebende Antwort auf einen liebenden Anruf in der Begegnung zwischen Gott und Mensch zu geben ist. Die Übereignung des Menschen an den Gott seines Glaubens, seiner Hoffnung und seiner Liebe ist eine Stellungnahme, in der der Mensch gleichsam seine Stellung verläßt, um Halt in sei-

nem Gott zu empfangen. Diese fundamentale Glaubensentscheidung wird durch einen Plural von Wertungen und Interpretationen von Erfahrungen vorbereitet, in denen der Wille sich seinem Ziel nähert, den Willen Gottes geschehen zu lassen. Wo der Wille dazu findet, ist dies Gnade; aber wiederum Gnade, die das Lernen und den Willen nicht erübrigt, sondern sie in ihre eigentlichen Möglichkeiten freisetzt.

(4) Der *pragmatische* Bereich umfaßt einen ganzen Plural von Handlungsfeldern, von denen hier nur einige kurz und exemplarisch vergegenwärtigt werden können.

a) Zu den *Grundfähigkeiten,* die es handelnd zu lernen gilt, kann man zählen: still werden, sich öffnen und zuhören, betrachten und anschauen, sich ausdrücken und aussprechen.

b) Ein Teil dieser Fähigkeiten erfordert *psycho-motorische* Lernvorgänge, in denen geübt wird, wie der Mensch innere Wirklichkeit in Haltungen, Bewegungen und Gesten seines Leibes ausdrücken bzw. auch von diesen her innere Einstellungen aufbauen und festigen kann.

c) Das Evangelium ruft zu *sozialen Verhaltensweisen* auf, die nicht nur verbal besprochen, sondern auch lebenspraktisch geübt werden müssen. Zum Beispiel kann es nicht genug sein, über Versöhnung und Herrschaftsverzicht nur zu sprechen, ohne konkrete Situationen spielerisch zu vergegenwärtigen und darin Aktionen und Reaktionen zu suchen, die verwirklichen, worüber gesprochen wurde.

d) Alle Fragen, die einen christlich geprägten *Lebensstil* oder die *Gestaltung von Lebensraum und Lebenszeit* betreffen, erfordern über allgemeine Grundlegungen hinaus den Austausch über konkrete Gestaltungsmöglichkeiten oder sogar gemeinsame Versuche der Praxis. So wird z. B. die Vermittlung von allgemeinen Einsichten in die Bedeutung des Sonntags für die Christen nur sehr begrenzt fruchtbar werden, wenn sie nicht mit konkreten Vorschlägen verbunden ist, wie in unserer Situation des Wochenendes Sonntage als Festtage gestaltet werden können, oder sogar exemplarisch gemeinsame Sonntagserfahrungen gemacht werden.

e) Über die in c) bereits angesprochenen Elemente sozialen Lernens hinausgehende Prozesse, die das *Mitleben mit der Gemeinde in der Kirche* betreffen. Im Zusammenhang mit der Frage, welche Begabungen und Möglichkeiten den einzelnen für die gemeinsame Sendung gegeben sind,

sind konkrete Wege der Mitgestaltung und Mitverantwortung des Lebens der Gemeinde zu erschließen. Das Feld des Handelns reicht hier bis zu der Frage, was ein Christ beim Wechsel seines Lebensortes tun kann und soll, um wieder in eine Gemeinde von Christen hineinzufinden.

3. INHALTE DER GEMEINDEKATECHESE

3.0 Zur Aufgabe einer katechetischen Theologie

Die Katechese ist ein Vorgang der Überlieferung, der Weitergabe einer bis heute tradierten Botschaft. Mit dem Wort zum Leben, das zu überliefern ist, befassen sich unterschiedliche theologische Disziplinen: die biblische, die historische und die systematische Theologie. Auf deren Einsichten muß die Katechese zwar zurückgreifen; aber ihre Aufgabe besteht nicht darin, biblische, historische oder systematische Theologie zu vermitteln, sondern die darin bedachte Botschaft so weiterzugeben, daß sie Menschen heute in ihren Lebenssituationen, in ihren Freuden und Hoffnungen, in ihren Ängsten und Sehnsüchten betrifft und ihnen Wege wahren Lebens eröffnet. Dazu ist ein Bedenken überlieferter Inhalte im Blick auf Menschen, die hier und heute glauben lernen wollen, erforderlich. Zwar sehen es auch Vertreter der biblischen, historischen oder systematischen Theologie als einen Teil ihrer Aufgabe an, die Tradition im Zusammenhang heutiger geistiger Auseinandersetzungen, der kirchlichen Gegenwart und der Zeichen unserer Zeit zu reflektieren; aber katechetisches Nachdenken geht insofern über einen allgemeinen Gegenwartsbezug der Überlieferung hinaus, als es danach fragt, was bestimmte Lernende – etwa Firmlinge – mit Hilfe überlieferter Inhalte lernen können und sollen und wie ihnen dabei geholfen werden kann. Das Spezifische einer katechetischen Theologie ist also das *didaktische* Interesse. Man kann das Anliegen katechetischen Bedenkens theologischer Inhalte auch als Suche danach verstehen, wie bestimmte Menschen durch das Mitglauben mit dem in diesen Inhalten bezeugten Glauben der Kirche ihr Leben leben lernen können und sollen. Dazu ist eine Sympathie, also eine engagierte Teilnahme an den Freuden und Nöten der Lernenden ebenso wichtig wie die Vertrautheit mit den Inhalten und mit Einsichten in Prozesse menschlichen Lernens. Wenn so von einer „katechetischen Theologie" gesprochen wird, soll damit durchaus ein eigener Typ des Treibens von Theologie reklamiert werden. Er gehört der praktischen Theologie an, weil er die Katechese und damit ein Handlungsfeld kirchlicher Praxis betrifft. Weil es in diesem Handlungsfeld auch um die Vermittlung von Inhalten des Glaubens geht, bedarf es im Nachdenken über Katechese – also in der Katechetik – auch eines eigenen Nachdenkens über diese Inhalte, und zwar als Inhalte eines Lernens, in dem Menschen im Glauben leben lernen wollen und sollen. Das Programm einer katechetischen Theologie mag gegenwärtig nicht so bedacht sein wie etwa das einer politischen Theologie, die die Überlieferung im Blick auf die gesellschaftlichen Herausforderungen unserer Zeit bedenkt; aber weniger wichtig ist es nicht – auch um etwa Wege zu erkunden, wie Christen, im Blick auf die Einsichten der politischen Theologie, ihre Sendung in unsere Gesellschaft leben lernen können.

3.1 Weitergabe dessen, was typisch oder grundlegend (fundamental) für den christlich-kirchlichen Glauben an Gott ist

(0) Zum Reichtum der Tradition und der im Grunde einfachen Botschaft des Glaubens

Ein erstes didaktisches Problem im Blick auf die überlieferten Inhalte des Glaubens und auf Menschen, die sich damit heute vertraut machen wollen, stellt der Reichtum der christlich-kirchlichen Überlieferung dar. Die Fülle dieser Überlieferung ist ein Schatz; aber sie kann auch verwirren. Niemand kann sich mit allem vertraut machen. Einige oder sogar sehr viele werden nur einen kleinen Teil dieses Reichtums aufnehmen können, müssen dann aber doch auf ihre Weise ganz als Christen leben und sterben können. Die Überlieferung muß, gerade weil sie entscheidend eine Botschaft für die „Armen" und „Kleinen" ist, im Grunde etwas Einfaches sein und bleiben. Nicht in dem Sinne, daß nicht der ganze Mensch von ihr beansprucht würde; wohl aber in dem Sinne, daß es dabei nicht um ein kompliziertes Vielerlei, sondern um den einen Anruf geht, durch den Gott die Geschichte in seine Zukunft führt.

Die Suche nach dem im Grunde Einfachen der Glaubensüberlieferung ist auch wichtig, wo Christen in die Fülle dieser Überlieferung eindringen können und wollen. Denn auch da sollen ja die vielen Erzählungen, Zeugnisse und Aussagen über das Geheimnis Gottes nicht unverbunden nebeneinander stehen bleiben, sondern den einen Willen Gottes für die

Menschen verdeutlichen und vernehmbarer machen. Es ist hier also die Frage, ob sich im Reichtum der Überlieferung so etwas wie *Grunderfahrungen und Grundüberzeugungen* auffinden lassen, die zwar auf vielfältige Weise gegeben und ausgesagt wurden, sich aber dabei gegenseitig verstärken und klären. An den grundlegenden Glaubensüberzeugungen könnte und müßte sich die Fülle dann so ordnen, daß sie nicht verwirrt, sondern tiefer in das Einfache des Glaubens hineinführt. Es wäre dann möglich, Beispiele der Glaubensüberlieferung so zu erschließen, daß an ihnen ganz gelernt werden kann, was typisch christlich ist.

Das Anliegen, den Reichtum der Überlieferung unter Rücksicht auf die Glaubensschüler in wenigen Grundüberzeugungen zu konzentrieren, ist nicht neu, sondern begleitet die ganze Geschichte der Katechese. Neutestamentliche Kurzformeln des Glaubens bezeugen dies ebenso wie die Glaubensbekenntnisse oder z. B. der Versuch M. Luthers und anderer Katecheten katholischer Tradition, das Glaubensbekenntnis in drei Aussagen zusammenzufassen: „Ich glaube an Gott Vater, der mich erschaffen hat; ich glaube an Gott den Sohn, der mich erlöst hat; ich glaube an den Heiligen Geist, der mich heilig macht."

Die immer wieder erhobene Forderung, die Katechese habe den Glauben der Kirche vollständig und unverkürzt weiterzugeben, kann in der hier eingenommenen Perspektive in ihrer Berechtigung geklärt werden. Es ist weder möglich noch notwendig, den ganzen Reichtum der kirchlichen Überlieferung zu vermitteln; wohl aber ist es nötig und notwendig, das, was fundamental christlich ist, weiterzugeben. Dabei geht es dann um eine Treue zur Tradition nicht eigentlich um dieser Tradition willen, sondern um der Menschen willen, denen nichts vorenthalten werden darf, was für sie wichtig, evtl. sogar lebenswichtig ist. Die kirchliche Gemeinschaft ist der gemeinsamen Überzeugung, daß ihr im Grunde ihrer Überlieferung für den Menschen Rettendes, Heilendes und Helfendes übergeben ist, was sie um des Menschen willen weiterzugeben hat. Wenn an einer Katechese kritisiert wird, sie verkürze den Glauben, so muß darüber gesprochen werden, welche grundlegende Hilfe zum Leben dadurch den Menschen, an die sich die Katechese wendet, nicht oder nur unzureichend gegeben wird.

Für die katechetische Reflexion von Inhalten der Überlieferung kann im Anschluß an das Gesagte folgende Frage formuliert werden:

Welches für den christlichen Glauben grundlegende Zeugnis kann bestimmten Menschen heute an dem Inhalt beispielhaft erschlossen werden?

Wenn es darum geht, Menschen auch zu ihrer Antwort auf dieses Zeugnis zu verhelfen, ist dann weiter zu fragen:

Welche für den christlichen Glauben fundamentalen Einstellungen, inneren Bewegungen und lebenspraktischen Entscheidungen können bestimmte Menschen heute an dem Inhalt beispielhaft entwickeln und einüben?

Diese Fragestellungen gehen von vorgegebenen Inhalten aus, die es zu reflektieren gilt. Man kann aber auch von der Aufgabe ausgehen, das für den christlichen Glauben an Gott Grundlegende zu vermitteln, um von dort her zu bestimmen, an welchen Inhalten man diese Aufgabe angehen kann. Dann würde sich die Fragestellung wie folgt verändern:

Welche Inhalte sind geeignet, um beispielhaft an ihnen bestimmten Menschen heute das zu vermitteln, was als „typisch christlich" erschlossen werden soll?

In jedem Fall braucht man für diese Fragewege eine Vorstellung von dem, was „typisch christlich" ist bzw. in der Sprache der Theologie auch die „fundamentale Struktur des Christlichen" genannt wird. Dazu kann man auf vier Grundüberzeugungen zurückgreifen, die von Anfang an der Botschaft der neutestamentlichen Schriften gemeinsam sind und die Basis für die Entfaltung des Glaubens in der Geschichte der Kirche bilden[36].

(1) Der Glaube, daß unser Gott Heil für den Menschen sein will

Die biblisch-christliche Grunderfahrung bezeugt Gott als den, der in der Geschichte wirksam auf das Heil des Menschen aus ist. Das Wort „Heil" bündelt dabei ein ganzes Spektrum menschlicher Sehnsüchte nach Leben und Freiheit, nach einem Neuwerden und nach der Reinheit des Herzens, nach Gerechtigkeit und Frieden, nach einer Heimat und nach einer erfüllten Ruhe. Diese Sehnsüchte wohnen in Menschen, die sich in einer Welt erfahren, die auch von vielen Formen des Todes und der Gefangenschaft, von Verdorbenheit und Hartherzigkeit, von Ungerechtigkeit und Krieg, von Fremde und Getriebensein geprägt ist. Aber mitten in dieser Welt sind schon die durchgehaltenen und immer wieder erwachenden Sehnsüchte ein Widerstandszeichen gegen das Unheil. Und es gibt auch Erfahrungen damit, wie Totes lebendig wird und ein Weg in die Freiheit sich öffnet, wie Neuanfänge sich ereignen, wie Menschen miteinander teilen und sich untereinander versöhnen, wie es Zeiten der Geborgenheit und Ruhe bei vertrauten Menschen gibt. Die biblisch-christliche Überlieferung bezeugt, daß Gott es ist, der die Sehnsucht nach Heil in den Menschen als Widerstand gegen alles Unheil anstiftet und trägt; daß Gott es ist, der Heil in unserer unheilen Welt schafft und schenkt. Zunächst erwählte er ein Volk – Israel –, um sich als der zum Leben Rufende und Führende, als der helfend und rettend Nahe auf dem Wege in die Zukunft eines letzten Heiles zu erweisen. Ein Zeichen für alle Völker sollte und soll seine Geschichte mit diesem Volk sein. Daß er schließlich den eigenen Sohn in die Geschichte gab, in dem er seinen wirksamen Willen, Leben zu heilen und zu retten, endgültig offenbarte, wird in der zweiten Grundüberzeugung des Christlichen näher zu benennen sein. Vorher muß noch die fundamentale Bedeutung der ersten Aussage erläutert werden.

a) Biblisch-christliches Zeugnis von Gott hat immer mit dem Heil des Menschen zu tun. Alle Glaubensinhalte also sprechen, wenn sie von Gott sprechen, immer davon, wie ihm am Menschen liegt. Sie werden mißverstanden, wo Gott zur bloßen Erklärung undurchschauter Wirklichkeit herhalten muß. Sie werden mißbraucht, wo sie zur Rechtfertigung lebensfeindlichen, ungerechten, gewaltsamen Umgangs von Menschen mit Menschen eingesetzt werden.

b) Überall, wo es um das Heil von Menschen geht – in Familien und Freundschaften, in denen man einander vergibt und leben hilft, in Krankenhäusern und Beratungsstellen, in Hilfswerken und politischen Befreiungsbewegungen –, überall dort hat – oft auf eine unerkannte Weise – unser Gott seine Geschichte mit den Menschen. Zu den Menschen gehört im Blick des Glaubens, daß Gott um ihn besorgt ist, und er ist es, der zum Zeichen seiner Sorge Menschen zur Sorge um den Menschen bewegt. Was in den Glaubensinhalten vom heilenden Handeln Gottes in der Geschichte unserer Überlieferung erinnert und ausgesagt wird, ist immer positiv – nicht exklusiv – zu verstehen, schließt also nicht aus, sondern ein, daß unser Gott der Gott aller Menschen und Völker ist und mit ihnen eine Geschichte hat, durch die er sie in sein Leben ruft.

c) Glaubensinhalte können nur im Zusammenhang mit Lebenserfahrungen Bedeutung gewinnen, die mit der Spannung zwischen Heil und Unheil zu tun haben. Wo das Denken und Fragen des Menschen nur auf das Erklären von Ursache-Wirkung-Zusammenhängen und auf die Ausnutzung dieses Zusammenhanges im Planen und Herstellen ausgerichtet ist,

wo Freude sich nicht so auswirkt, daß sie Sehnsucht macht nach der großen Freude für alle, wo eigenes und fremdes Leid nicht zugelassen wird
als Not, die das Ja zum Leben gefährlich unterwandert, wo der Mensch
eher zerstreut als gesammelt, eher unterhalten als angenommen werden
will, kann die Botschaft der Glaubensinhalte nicht ankommen. Weil es in
den Glaubensinhalten um Freude und Not des Menschen, um Gründe zur
Hoffnung inmitten naherückender Verzweiflung, um das verwundete
und nach Leben verlangende Herz des Menschen geht, muß der Mensch
zu ihrem Verstehen Erfahrungen zulassen, in denen er sich in seiner Geschichte mit den anderen Menschen auch als unheilen Menschen in einer
auch unheilen Welt wahrnimmt. Die Glaubensinhalte richten sich — so
ärgerlich das sein mag — an Traurige und Bedrängte, an Kranke und
Arme, an Sünder und Lebensunsichere. Solange der Mensch sich nicht
unter diesen findet — wenigstens in dem Sinne, daß die Trauer und Bedrohung, Krankheit und Armut, Sünde und Lebensunsicherheit der anderen auch ihn betreffen —, so lange können ihn die Glaubensinhalte
nicht angehen. Nicht einmal die oft beschworene Sinnfrage genügt als
Verstehenszusammenhang, wenn sie nur theoretisch behandelt wird und
nicht aus Erfahrungen aufsteigt, in denen erlitten wird, wie unsinnig wir
Menschen in unserer Lebenspraxis werden können und wie auch dem Leben, dem wir von Herzen Sinn wünschen, der Sinn bestritten werden
kann.

d) Ein Mißverständnis muß hier eigens abgewehrt werden. Es kann nicht
darum gehen, dem Menschen irgendein Elend künstlich auf- und einzu-
reden, damit er daraus nach „Heil von Gott" verlange. Der Mensch, dem
Unheil eingeredet wird, wendet sich mit besten Gründen ab. Wenn Glaubensinhalte Menschen wichtig werden sollen, muß gefragt werden, für
welche wirklich in ihnen wohnenden, vielleicht nicht bewußt wahrge-
nommenen, aber doch erlittenen Nöte sie unseren Gott als Heil bezeugen. Diese Nöte müssen zwar aufgedeckt werden; aber nicht um den
Menschen in sie hineinzustoßen, sondern damit er in ihnen Hilfe und
Aufrichtung erfahren kann. Auch bei Erfahrungen mit tiefer, das Leben
wirklich bewegender Freude kann der Weg beginnen oder beim Zulassen
unserer Sehnsüchte. Denn gerade auch in der Freude wird die Not erfahren, daß sie nicht alle und alles erfüllt; und unsere Sehnsüchte sind immer
davon bedroht, daß wir ihnen in den Gegenerfahrungen harter und begrenzter Wirklichkeit untreu werden und uns mit dem Habbaren und
Machbaren abzufinden suchen.

(2) Der Glaube an Jesus Christus als das wirksame Zeichen für den Willen Gottes, daß der Mensch leben soll

Das christliche Zeugnis von Gott gründet auf die Erfahrungen, die Menschen in der glaubenden Begegnung mit Jesus machten. Es sind Erfahrungen mit seiner Botschaft von Gott als Vater, die bei ihm verbunden war mit seiner die Menschen heilenden, aufrichtenden, zum Leben rufenden Praxis. Es sind Erfahrungen mit seinem Leiden und Sterben und mit seiner neuen Nähe, mit ihm also, der von den Toten auferstand bzw. vom Vater auferweckt wurde und nun neu mit den Seinen auf dem Wege ist. Durch diese Erfahrungen erhält der christliche Gottesglaube seine typische Struktur: Christen glauben Jesus (Dativ) seinen Vater; sie glauben dem Vater seinen Sohn. Ihr Gottesglaube ist Glaube an den Gott und Vater Jesu Christi. Dadurch erst geht ihnen auf, wie sehr Gott am Leben seiner Menschen liegt. Dadurch erst wird ihnen ganz eindeutig, daß sie, obwohl sie die Macht des Todes in seinen vielfältigen Formen bedrängend erfahren, leben sollen, weil ihr Gott ihr Leben mit seiner den Tod überwindenden Macht will. Der Gott der Christen ist der Vater, der die Welt so sehr liebt, daß er den Sohn gab. In ihm hält er nichts von sich zurück, um ganz bei seinen Menschen zu sein – in ihren Freuden und Leiden, in ihrer Schuld und ihrer Suche nach Einheit, in ihrem Sterben und, sie endgültig rettend, in ihrem Tod.

In diesem christlichen Gottesglauben ist Jesus Christus auf doppelte Weise der Mittler in der Beziehung der Christen zu ihrem Gott. In ihm gibt sich der Vater mit seiner heilenden und erneuernden Liebe den Menschen. Jesus Christus ist also der Weg, auf dem der Vater die Menschen sucht und ihnen erlösend nahe kommt. Und die an Jesus Christus Glaubenden erhalten Anteil an der vertrauenden und liebenden Beziehung Jesu Christi zu seinem Vater; sie dürfen sich seinem Gebet anschließen und seiner Praxis, den Willen des Vaters zu leben und sich ihm im Tod zu überantworten. Jesus Christus ist also der Weg, auf dem die Christen Zugang finden zu ihrem Gott und in ihm zu ihrem Leben. In beiden Linien wird die Erfahrung bezeugt, daß mit den Glaubenden wirklich etwas geschieht, daß also Botschaft und Praxis, Sterben und Auferstehen Jesu Christi ein wirksames Zeichen von Gott ist. Wer sich der darin den Menschen suchenden Liebe aussetzt, wird wirklich von ihr erreicht. Und dies wirkt sich darin aus, daß die Glaubenden eine neue Freiheit erfahren für ihren Weg in die Nachfolge. Dies wird noch als Geheimnis des Heiligen Geistes zu erläutern sein. Vorher sind wieder einige Konsequenzen aus der Bedeutung Jesu Christi für den christlichen Gottesglauben und seine Vermittlung zu ziehen.

a) Schon das Ineinander von „Wille Gottes" und „Heil des Menschen" hat eine religionskritische Dimension, weil darin nicht einfach allen religiösen Vorstellungen und Erwartungen recht gegeben wird. Noch deutlicher wird dies an Jesus Christus, wie er Religion nicht nur bestätigt, sondern auch kritisiert. Schließlich wird sein Todesurteil im Namen von Religion gefällt. Bei der Vermittlung christlicher Glaubensinhalte ist dann darauf zu achten, wie sie in dem Sinne parteilich sind, daß sie bestimmte Weisen, von Gott und vom Menschen zu denken und sich Gott und den Menschen gegenüber zu verhalten, stärken, ermutigen und trösten, daß sie aber zugleich damit anderen Weisen des Denkens und Tuns widersprechen und widerstehen. Es muß im Glaubensinhalt der Ruf aufgedeckt werden, der auf den Weg wahren Lebens führt und Umkehr von Irrwegen einschließt.

b) Der zentrale Inhalt des christlichen Gottesglaubens ist nicht zuerst ein Gefüge von lehrhaften Sätzen, sondern das Zeugnis von der Person Jesu Christi. Dabei ist die Botschaft Jesu (seine Lehre) nicht zu trennen von seiner Praxis und von seinem Weg durch den Tod in die Auferweckung. Wo Glaubensaussagen überliefert werden, in denen nicht ausdrücklich auf Jesus Christus Bezug genommen wird, muß diese Beziehung gesucht werden, damit sich diese Aussagen nicht verselbständigen und dann nicht mehr Evangelium Jesu Christi sind.

c) Die christlichen Glaubensinhalte sind Zeugnisse einer Beziehung, die die Christen zu Jesus Christus und durch ihn zu Gott als Vater und damit als Heil für den Menschen haben. Sie sind nicht objektive Feststellungen über Gott, sondern Ausdruck des Betroffenseins. Darum werden sie in Glaubensbekenntnissen zusammengefaßt: Ich glaube an Gott den Vater ... und an Jesus Christus seinen eingeborenen Sohn. Es wird nicht formuliert: Gott ist Vater, und Jesus Christus ist sein eingeborener Sohn. Zwar muß Gott Vater sein, damit ich an ihn als Vater glauben kann. Und Jesus Christus muß sein eingeborener Sohn sein, damit ich mich glaubend an ihn halten kann. Aber nicht das Sein Gottes steht im Mittelpunkt der christlichen Tradition, sondern wie Gott in Jesus Christus mit uns seine Geschichte haben will, wie der Vater im Sohn sich uns zusagt und gibt und auf welche Antwort des Lebens und Sterbens wir darin angesprochen sind. Es muß also bei der Vermittlung von Glaubensinhalten gefragt werden, in welche Beziehung sie den Menschen zu Gott hineinrufen und welchen Dialog zwischen dem Menschen und seinem Gott sie eröffnen bzw. weiterführen wollen.

d) Dies muß noch etwas weiter bedacht werden. Wenn Jesus Christus für uns Christen das Zeichen ist, in dem wir in der Liebe des Sohnes der Liebe des Vaters begegnen, müssen die Glaubensinhalte als Zeugnisse der liebenden Zuwendung Gottes zum Menschen und als Motive, diesen Gott zu lieben, erschlossen werden. Das heißt, sie werden „sachlich" unzutreffend vermittelt, wo sie nur kognitiv beanspruchend weitergegeben werden. Nur wo sie auch in ihrer emotionalen Dimension, in ihrer das innere Leben des Menschen in Bewegung bringenden Kraft eröffnet werden, kann sich christliche Tradition ereignen. Und da im christlichen Verständnis Gott seine Liebe zum Menschen in Jesus Christus praktisch gezeigt hat und der Mensch auf eine in seiner Praxis sich erweisende Liebe angesprochen wird, hängt damit unmittelbar die Frage nach der pragmatischen Dimension der Glaubensinhalte zusammen.

(3) Der Glaube an die Wirkkraft des Heiligen Geistes in den Gemeinden der Kirche

Das Zeugnis von Gott als Heil für den Menschen in Jesus Christus wird nicht nur als bloßes Wort weitergegeben, sondern im Zeugnis des Wortes und der Praxis wirkt eine Kraft, die zum Glauben, zur Hoffnung und zur Liebe aufruft. Diese Kraft des Heiligen Geistes ergreift seit der Auferweckung Jesu immer wieder Menschen und versammelt sie zu christlichen Gemeinden, die in ihrer Einheit die Kirche Jesu Christi sind. In dieser Kirche soll allen Menschen aller Zeiten die Botschaft nahekommen, daß Gott das Leben seiner Menschen und ihren Frieden will und wie dieser sein Wille in Jesus Christus sich endgültig zu verwirklichen begonnen hat. Diese fundamentale Überzeugung des christlichen Glaubens ist in einigen Elementen zu erläutern, die gleichzeitig wichtige didaktische Hinweise geben.

a) Der Glaube an die Kirche ist im Grunde der Glaube an den Heiligen Geist, durch den Gott seinem Neuen Bund in Jesus Christus treu bleibt. Dieser Glaube nimmt auch wahr, auf wie vielfältige Weise nicht nur einzelne Christen, sondern auch die Gemeinden und sogar weite Teile der Kirche ihrer Berufung und Sendung die Treue verweigerten und bis heute verweigern. Aber er bezeugt auch die geschichtliche Erfahrung, daß es in dieser Kirche der Sünder vom Christusereignis her eine Geschichte der Erinnerung an das Evangelium gibt und darin das Wunder der immer wieder von „oben" her angetriebenen Erneuerung. Diese Überzeugung ist nicht nur ein Inhalt des Glaubens neben anderen; sie betrifft vielmehr die „Straße", auf der uns heutigen Christen die ganze Überlieferung der Geschichte Jesu Christi erreicht. Alle Glaubensinhalte müssen also als von Christen vor uns geglaubte, ergriffene und gefeierte Inhalte vermittelt werden. Es muß an ihnen bewußt werden, daß das Zum-Glauben-Kommen das Eintreten in eine Geschichte ist und damit die Übernahme von Verantwortung für das Weitergehen dieser Geschichte. Und weil alle Glaubensinhalte von Christen vor uns geglaubte, von ihnen bedachte und mit ihren Erfahrungen verbundene Inhalte sind, räumen wir ihnen eine Mitsprache ein bei unserer Aufgabe, uns heute so vom Geheimnis Jesu Christi ergreifen zu lassen, daß unser Leben es bezeugen kann.

b) Die Weitergabe des Glaubens, also der Prozeß, in dem die Inhalte ihre Kraft erweisen, menschliches Leben aus dem Tod ins Leben zu rufen, ist selbst von allen Beteiligten als ein Teil der Geschichte der Kirche zu verstehen. Daß die überlieferten Überzeugungen in unsere heutigen Erfahrungen, Hoffnungen und Ängste hineinfinden, um in ihnen ihre Kraft, Leben aufzurichten, zu erweisen, kann nie allein Aufgabe der weitergebenden und ihrer didaktischen Mühe um Wege der Vermittlung sein. Es ist eine Gemeinschaftsaufgabe, bei der jeder auch zu seiner unverwechselbar eigenen Geschichte mit dem Gott seines Glaubens angerufen ist und seine Möglichkeiten des Ergriffenseins mit den anderen in der Gemeinschaft austauschen soll. Und wo die Weitergabe von Inhalten als lebendig geglaubten gelingt, ist sie ein geistliches Ereignis, das nicht immer und überall wie selbstverständlich zu erwarten ist, sondern vom Geist als Geschenk gewirkt wird.

c) In dieser Sicht erhält die oft nur didaktisch begründete Forderung nach der Vermittlung zwischen Tradition und Lebenswirklichkeit eine fundamentale theologische Bedeutung. Es handelt sich nicht nur darum, daß Menschen heute verstehen, worum es geht, sondern auch darum, daß dadurch in unseren heutigen Lebenszusammenhängen der Zuspruch und Anspruch des Glaubens gegenwärtig wird. An dieser Vergegenwärtigung sind die Weitergebenden wie die Aufnehmenden gemeinsam beteiligt. Sie stehen vor der Frage, wie die Inhalte so in unsere Sprache finden, so gottesdienstlich gefeiert werden und sich so lebenspraktisch auswirken können, daß dadurch heutigen Menschen die Botschaft vom nahegekommenen Frieden Gottes verkündet wird.

d) In Anknüpfung an die Aussagen (1) b), ist hier zu klären, daß Gottes Treue zu seinem Willen, den Menschen zu retten, sich überall und nicht nur in der Kirche durch das Wehen seines Geistes auswirkt. Dieses wahrzunehmen und dankbar zu preisen, gehört mit zur Sendung der Kirche. Durch die Kirche, ihre Gemeinden und die einzelnen Christen aber soll die eine Geschichte weitererzählt, gefeiert und gelebt werden, in der sich Gott als Vater in seinem Sohn Jesus Christus allen zugesagt und gegeben hat. Gottes liebende Zuwendung soll nicht nur namenlos die Geschichte führen und da und dort – unerkannt und dann auch ungefeiert – ihr Werk tun. Es soll auch der Name verkündet und gefeiert werden, in dem sie sichtbar und berührbar wurde. Und wo dies geschieht, hat die Kirche die Zusage des besonderen Beistandes des Geistes. Es muß also danach gesucht werden, wie an den Inhalten des Glaubens sowohl die Solidarität aller Menschen als auch christliche Identität gelernt werden kann.

(4) Der Glaube an die endzeitliche Vollendung der in der Zeit beginnenden Geschichte des Heils

Der Glaube an den Gott, der im Ende der Geschichte vollenden wird, was er in der Geschichte begonnen hat und beginnt, ist nicht ein Inhalt neben anderen, sondern eine Überzeugung, die das Verständnis aller Inhalte, ihre Feier und ihre Konsequenzen für die Lebenspraxis fundamental prägt. Alle überlieferten Erfahrungen mit Gott sind Erfahrungen damit, wie er mit dem Neuen beginnt. Sie bezeugen also die wirkliche Gegenwart (Realpräsenz) seines Heiles in unserer Zeit – vor allem in Jesus Christus, in seinem Wort und in den Zeichen seiner bleibenden Nähe. Sie sprechen von der Wirksamkeit des Geistes, der ewiges Leben schon vor dem Tode mitteilt. Aber dies alles – der Friede Gottes auf unserer Erde – wird in der Weise des Anfangs verkündet; eines Anfangs allerdings, der die Verheißung in sich birgt, in ein ganz Neues hineingerettet zu werden. Das entscheidende christliche Zeichen dafür ist die Auferweckung des Gekreuzigten aus dem Tode. Der christliche Glaube ist so fundamental gekennzeichnet durch die Spannung zwischen dem „Schon" und dem „Noch-nicht", zwischen der Freude an der helfenden, tröstenden und rettenden Nähe Gottes in Jesus Christus und dem sehnsüchtigen, klagenden und zugleich vorfreudigen Erwarten seiner Wiederkunft. Lebens- und kirchengeschichtlich kann die Nähe zu dem einen oder anderen Pol hin intensiver werden; immer aber muß durch die Kraft des anderen Poles das Leben in der Spannung der Wahrheit gehalten werden. Eine Freude

in der Zeit, die nicht mehr sehnsüchtig, sondern satt macht, ist ebenso-
wenig christlich wie eine nur in die Zukunft träumende und dadurch läh-
mende Verschlossenheit für Erfahrungen heute möglicher Aufbrüche
und heute beginnenden Trostes Gottes. Aus der fundamentalen Bedeutung dieser Spannung ergeben sich folgende Hinweise für die Vermittlung christlicher Glaubensinhalte:

a) Alle Glaubensinhalte – nicht nur die, die ausdrücklich von der Vollendung sprechen – sind als Verkündigung des Heiles von Gott in Jesus Christus im Spannungsfeld zwischen Anbruch und Vollendung zu verstehen.
Sie bezeugen Anfangserfahrungen mit Gott, die immer unter dem Vorbe-
halt stehen, daß die Glaubenden hineingehen in ein letztes Ereignis, in dem
sich Gott als Heil für seine Menschen endgültig rettend erweisen wird.
Darum sind auch alle Aussagen über Gott und seine Beziehung zu unserer
Geschichte und alle Aussagen über uns und unsere Beziehung zum Gott
unseres Glaubens Anfangsaussagen, die in ein vor uns bleibendes Geheimnis verweisen. Sie haben nicht die Aufgabe, uns alle möglichen Fragen zu
beantworten, sondern uns die Hoffnung zu geben für unseren Weg.

b) Bei der Vermittlung von Glaubensinhalten ist zu fragen, wie an ihnen
gelernt werden kann, sowohl helfende Nähe Gottes heute zu erwarten
und die heute von ihm eröffneten Schritte in seine Zukunft hinein zu tun
als auch auszuhalten, wenn Gottes Nähe verborgen bleibt und Erfahrungen mit dem noch wirksamen Unheil unserer Geschichte erlitten werden
müssen. An vielen Glaubensinhalten – besonders an der Geschichte Jesu
Christi, also dem eigentlichen Inhalt des christlichen Glaubens – ist zu
lernen, wie im Glauben sowohl die Fähigkeit zum tätigen Engagement in
der Geschichte gegeben wird als auch die Fähigkeit, an Widerständen
und Grenzen zu leiden und dann auch dieses Leiden noch als einen Weg
in der Hoffnung anzunehmen.

3.2 Die Vermittlung zwischen überlieferter Botschaft bzw. Glaubensinhalten einerseits und heutigen Lebenssituationen und Erfahrungen andererseits

(1) Lebenssituationen im Lichte des Evangeliums annehmen, gestalten, wahrnehmen

Bei den bisherigen Überlegungen standen jeweils die Glaubensinhalte im
Vordergrund, um sie in ihrer Bedeutung für Menschen zu bedenken, die

heute im Glauben leben lernen wollen. In der didaktischen Diskussion der letzten Jahre wurde ein Vorgehen, bei dem von überlieferten Bildungsinhalten (in der Katechese von Glaubensinhalten) ausgegangen wurde, um diese auf konkrete Lernende hin weiterzubedenken, grundsätzlich in Frage gestellt. Als Alternative wurde ein Weg vorgeschlagen, der zuerst an den Lernenden orientiert ist. Ihre gegenwärtigen und künftigen Lebenssituationen sollen den Ausgang bilden. Von diesen her ist zu fragen, was sie lernen müssen, um diesen Situationen gewachsen zu sein. Dabei können dann auch überlieferte Inhalte wichtig oder hilfreich werden. Für die Katechese läßt sich diese Alternative kurz so angeben: Nicht überlieferte Glaubensinhalte sind der eigentliche Inhalt der Katechese, sondern die Lebenssituationen der Menschen. Diese und die mit ihnen verbundenen Konflikte, Probleme und Fragen gilt es, im Lichte des Glaubens zu deuten und so eine Orientierung für ihre Bewältigung zu gewinnen. Dabei bleiben die überlieferten Glaubensinhalte nicht ausgeblendet; sie kommen allerdings von einer anderen Fragestellung her in den katechetischen Prozeß. Am Anfang steht die Beschreibung der Lebenssituationen, und dann ist zu fragen:

Welche überlieferten Glaubensinhalte haben Bedeutung für die Annahme und Bewältigung dieser Lebenssituation?

Bei diesem Vorgehen stehen die zu vermittelnden Glaubensinhalte nicht von vornherein fest; es müssen die für die Situation bedeutsamen Inhalte vielmehr von der Situation her ermittelt werden. Das setzt natürlich voraus, daß der so Fragende mit der Glaubenstradition umfassend vertraut ist, um sie überhaupt einbringen zu können. Andererseits gilt ähnlich, daß ein Reflexionsprozeß, der von den Glaubensinhalten ausgeht, um sie auf ihre Lebensbedeutung für Menschen hin zu bedenken, mit dem Leben dieser Menschen, näherhin mit ihren Lebenssituationen vertraut sein muß. Andernfalls kann er von den Glaubensinhalten gar nichts zu ihrer Lebensbedeutung für die Menschen finden. Es ist wohl nur von relativem Gewicht, wovon der Prozeß seinen Ausgang nimmt – von der Tradition oder von den Lebenssituationen –, in jedem Falle ist die entscheidende Frage die der Vermittlung. Und in jedem Falle ist für diese Vermittlung unverzichtbar eine Orientierung an der Überlieferung und eine Orientierung an heutigen Lebenssituationen der Menschen. Dies ist die spezifische Herausforderung katechetischen Denkens.

In diesem Zusammenhang ist wenigstens kurz auf eine Chance eines von der Tradition ausgehenden Fragens zu verweisen. Die Tradition ist grundsätzlich nicht nur als Antwort- und Deutungspotential für ohne diese Tradition bereits wahrgenommene Situationen, Probleme und Konflikte zu verstehen. Sie ist auch ein Erinnerungspotential, durch das erst offengelegt werden kann, in welchen Situationen wir leben und welches unsere wirklich wichtigen Probleme und Konflikte sind. Das von Gott geschenkte Wort ist nicht immer nur eine Deutung unserer Situation; es kann uns auch erst in die Situation bringen und die Situation entstehen lassen, in der uns wahres Leben eröffnet wird und wir angerufen sind, uns davon ergreifen zu lassen. Unter dieser Rücksicht kann auch gefragt werden:

In welche Situation bringt der zu vermittelnde Glaubensinhalt möglicherweise bestimmte Menschen? Wie wird durch ihn als Zuspruch und Anspruch die Situation bestimmter Menschen möglicherweise verändert?

(2) An der Geschichte der Erfahrungen mit Gott in Jesus Christus heute teilnehmen

Das Nachdenken über die vermittelnde Aufgabe der Katechese in der Weitergabe des Glaubens empfing aus der biblischen und systematischen Theologie die wichtige Einsicht, daß die Tradition als das Zeugnis von Erfahrungen zu verstehen ist, die Menschen in ihrer Geschichte mit dem Gott ihres Glaubens, ihrer Hoffnung und ihrer Liebe machten. In ihrer Gemeinschaft – des Volkes Israel und dann der Jünger Jesu in der Kirche mit ihren Gemeinden – tauschten sie ihre Erfahrungen aus, dachten sie darüber nach und hielten sie fest, wie sich ihnen ihr Gott mitteilte und sie in das wahre Leben führte. So gehen in der Theologie, also der Lehre von Gott, Erfahrungen Israels mit seinem Gott und Erfahrungen der Christen mit dem Gott und Vater Jesu Christi voraus. Im Prozeß des klärenden Nachdenkens über diese Erfahrungen entstanden die Glaubensaussagen. Die Überlieferung dieser Aussagen steht im Dienste der Geschichte, die Gott mit Israel und in Jesus Christus mit der neuen Gemeinschaft der Kirche aus vielen Völkern haben will – als Zeichen für alle Menschen und Völker. Das Ziel der Weitergabe des Glaubens besteht darin, Menschen in die Geschichte der Kirche als Geschichte der Erfahrungen mit Gott in Jesus Christus hineinzurufen. Das heißt einerseits: Erst das Zeugnis der Erfahrungen der Christen und ihrer Gemeinden vor uns eröffnet uns den Raum, in dem unsere Lebensgeschichte zur Geschichte der Erfahrungen mit Gott in Jesus Christus werden kann. Wir sind also auf Überlieferung angewiesen. Andererseits will uns diese Überlieferung nicht in die Geschichte von gestern zurückrufen; vielmehr sollen jetzt wir unsere Erfahrungen mit Gott in Jesus Christus machen. Die Geschichte soll weitergehen in die Zukunft Gottes.

Wenn die Geschichte, wie Christen vor uns ihren Gott erfahren haben, in den Glaubensaussagen ihren Ausdruck findet und wenn die Vermittlung dieser Geschichte an Menschen heute das Ziel hat, daß diese als Christen in ihren Gemeinden ihre Erfahrungen mit Gott machen können und so die Geschichte der Kirche als Zeichen der Hoffnung für alle Menschen auf dem Wege bleibt, dann braucht das katechetische Nachdenken über Glaubensinhalte zunächst Auskunft über die Frage:

Welche Erfahrungen von Christen in ihren Gemeinden vor uns haben in den Glaubensaussagen ihren klärenden und wegweisenden Ausdruck gefunden?

Und für den Vermittlungsprozeß ist dann zu fragen:

Welche Erfahrungen von heutigen Christen und ihren Gemeinden kann und soll das Zeugnis der Erfahrungen von Christen vor uns aufgreifen, klären oder auch erst ermöglichen?

In diesen Fragestellungen spielt das Stichwort „Erfahrung" eine wichtige Rolle. Ohne daß die mit der Erfahrungsthematik verbundenen Fragen hier näher aufgegriffen werden können, sind doch einige allgemeine Klärungen möglich und erforderlich. Sie nehmen die Überlegungen auf, die oben zu den für den christlichen Glauben an Gott typischen Grundüberzeugungen angestellt wurden.

a) Die *Lebenserfahrungen,* in deren Zusammenhang das Zeugnis der Christen vor uns Bedeutung gewinnen kann, sind die sogenannten Grunderfahrungen. Sie sind nicht nur in Grenzsituationen, sondern auch alltäglich möglich. Es sind dies z. B. Erfahrungen mit dem, was den Menschen hoffen oder verzweifeln läßt, was zutiefst froh oder traurig macht, wodurch das Leben zustimmungswürdig oder dem Verdacht der Sinnlosigkeit ausgesetzt wird, was befreit oder gefangen hält, was wirklich trägt oder in einen bodenlosen Abgrund zieht. Es ist nicht selbstverständlich, daß Menschen diese Erfahrungen zulassen und dadurch erst wirklich machen. Es kann naheliegen, ihnen auszuweichen, weil es Erfahrungen sind, in denen das Leben ausgespannt ist zwischen dem, was in der Überlieferung „Heil" und „Unheil" genannt wird. Die Angst vor der Erfahrung des Unheilseins kann Grund für eine Flucht in eine sehr viel weniger bedrängende Oberfläche des Lebens sein. Die Erfahrung der Christen vor uns kann ganz allgemein als Erfahrung gekennzeichnet werden, in der sich Gott in Jesus Christus als Heil für den Menschen mitteilt. Soll der Raum für diese Mitteilung geöffnet werden, so ist zu fragen:

Welche Grunderfahrungen mit ihrem Leben müssen bestimmte Menschen in der Katechese zulassen, damit bei ihnen das Zeugnis von Gottes heilender, rettender, erneuernder, befreiender Zuwendung wirksam werden kann?

b) Nicht erst in einer Geschichte des bewußten Glaubens an Gott in Jesus Christus bekommt der Mensch mit dem Gott seines Lebens zu tun. Nach christlicher Überzeugung hat Gott mit jedem Menschen und mit jeder menschlichen Gemeinschaft eine Geschichte. Darum sind auch vor dem Glauben an Gott in Jesus Christus jedem Menschen *Erfahrungen mit dem allgemeinen Heilswirken* Gottes möglich. Es sind Erfahrungen mit Licht und Hoffnung, mit Neuanfängen und sich öffnenden Wegen, mit der Anziehungskraft von Güte und Liebe, von Gerechtigkeit und Versöhnung. Und diese Erfahrungen sind zugleich Aufforderungen, sich darauf einzulassen, darauf zu vertrauen, sich dafür beanspruchen zu lassen. In ihren Erfahrungen mit Gott in Jesus Christus ging den Christen auf, wie ihr Gott sie und alle Menschen schon immer und überall suchte, wie aber nun im Glauben an Jesus Christus dieses Geheimnis ihres Lebens Sprache und Gestalt gewinnt, für sie anrufbar und greifbar wird, von ihnen bezeugt und gefeiert werden kann. Unter dieser Rücksicht ist zu fragen:

Welche Erfahrungen bestimmter Menschen mit dem allgemeinen Heilswirken Gottes kann die Katechese aufgreifen, um sie im Zeugnis von Gottes Heil in Jesus Christus aufzudecken, zu klären und in eine Beziehung des Glaubens an den Gott und Vater Jesu Christi einzubringen?

c) Die in den Glaubensaussagen überlieferten Erfahrungen sind *Glaubenserfahrungen,* also Erfahrungen, die Christen in ihren Gemeinden machten, wenn sie sich Jesus Christus als dem Weg anvertrauten, in dem sich das Geheimnis ihres Lebens ihnen als Liebe mitteilt und auf dem sie sich diesem Geheimnis in Liebe anheimgeben dürfen und sollen. Diese Glaubenserfahrungen zu machen, ist nicht eine Sonderberufung einiger weniger Mystiker, sondern das Geschenk jeder lebendigen Glaubensgeschichte. Es sind Erfahrungen damit, wie der christliche Glaube an Gott wirksam wird, also aufrichtet und stärkt, von Täuschungen befreit und aus Irrwegen zurückholt, Gemeinschaft zwischen Menschen stiftet und erneuert, in der Hoffnung tröstet und gespannt macht. Die allgemeine Erfahrung von Gottes Heil in Jesus Christus wird konkret in einem ganzen Spektrum von Glaubenserfahrungen. Nicht zu jeder Zeit und in jeder Situation wird das Heil auf die gleiche Weise erfahrbar. Dies wird schon in so unterschiedlichen Worten wie Errettung, Befreiung, Erneuerung, Versöhnung, Erlösung, Tröstung deutlich. Soll die Katechese durch die Weitergabe von Glaubenserfahrungen von Christen vor uns den Weg eigener Erfahrung des Glaubens an Jesus Christus eröffnen, und zwar als Weg konkreter Erfahrungen konkreter Menschen in konkreten Situationen, dann muß über die Frage nachgedacht werden:

Welche Erfahrungen, wie der christliche Glaube lebenswirksam wird, sind bestimmten Menschen in ihren gesellschaftlichen und privaten Lebenssituationen möglich, so daß sie ermutigt werden können, diese Glaubenserfahrungen selber zu machen?

Die Fragewege zur Vermittlung zwischen der Tradition und heutigen Situationen lassen sich zusammenfassend in den folgenden drei Skizzen typisieren:

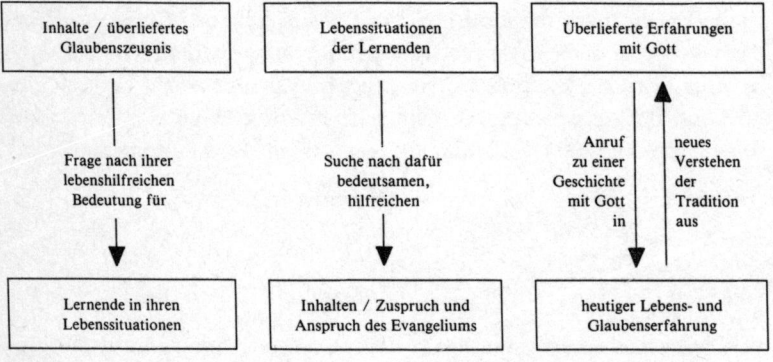

3.3 Die Berücksichtigung von Zugangsmöglichkeiten und Schwierigkeiten

Jedes Lernen ist wie ein Weg in ein noch nicht oder nur anfänglich vertrautes Gelände. Die Lernenden bringen an den Ausgangspunkt eine Reihe von Voraussetzungen für den Weg mit. Sie können aus ihrer bisherigen Lebens- und Glaubensgeschichte Einsichten, Haltungen und Erfahrungen haben, die ihnen den *Zugang* zu dem, was sie nun neu oder näher zu erkunden haben, eröffnen und erleichtern können. Es bedeutet für Lernende eine Hilfe, wenn diese ihre Möglichkeiten bewußt wahrnehmen und einsetzen. Darum ist die Frage wichtig:

Welchen Zugang können bestimmte Lernende aufgrund ihrer bisherigen Lebens- und Glaubensgeschichte zu dem zu vermittelnden Inhalt haben?

Bei dieser Frage kann im Anschluß an das zu den unterschiedlichen Dimensionen des Lernens Gesagte differenziert werden nach der Zugänglichkeit eines Inhaltes für bestimmte Menschen im kognitiven, im affektiven, im voluntativen oder pragmatischen Bereich. Immer geht die Frage von der Vermutung aus, daß den Lernenden in dem bevorstehenden Lernvorgang nicht alles ganz neu oder fremd sein wird. Sie können z. B. mehr oder minder bewußt eine wichtige Ausgangsfrage schon in sich tragen oder mit einigen Aspekten des Inhalts bereits anfänglich vertraut sein oder durch vergleichbare Lernerfahrungen auf den Lernvorgang vorbereitet sein.

Andererseits ist auch zu beachten, daß bestimmte Lernende mit einem Inhalt spezifische *Schwierigkeiten* (wieder in der kognitiven, affektiven, voluntativen oder pragmatischen Dimension) haben können. Eine Schwierigkeit kann z. B. ein sehr hoher Neuigkeitsgrad sein. Oder es müssen den Lernenden nicht unerhebliche Veränderungen in ihrem bisherigen Glaubensverständnis oder ihrer Praxis zugemutet werden. Dies kann mit Ängsten verbunden sein, wenn sie diese Zumutung als Bedrohung empfinden und nicht mit einer in anderen Lernerfahrungen erworbenen Gewißheit erwarten, für ihre Glaubensgeschichte hinzuzugewinnen. Wo Theologen bei ihrer Aufgabe der Kritik und der „Aufklärung" zuwenig sensibel für solche Ängste sind, lösen sie Abwehrhaltungen aus, die bis zur Theologiefeindlichkeit und zur mehr oder minder totalen Lernverweigerung gehen können. Auch Überforderungen im kognitiven Bereich können ähnliche Folgen haben, wenn sie den Eindruck erwecken, das Lernen im Glauben sei nur etwas für eine Minderheit von „Studierten". Nicht zuletzt aus diesen Gründen ist nicht nur nach positiven Zugangsmöglichkeiten eines Inhaltes für bestimmte Menschen zu fragen, sondern auch:

Welche Schwierigkeiten werden vermutlich bestimmte Lernende mit dem zu vermittelnden Inhalt des Lernens haben?

Wird beim Bedenken dieser Frage deutlich, daß mit großen Schwierigkeiten bei den Lernenden zu rechnen ist, kann es zu zwei unterschiedlichen Folgerungen kommen. Es kann für die Glaubensgeschichte der Lernenden so wichtig sein, ihren Zugang zu dem zu vermittelnden Inhalt zu finden, daß sie sich den Schwierigkeiten stellen müssen und die Katechese gezielte Hilfen zur Überwindung dieser Schwierigkeiten geben muß. Es kann aber auch sein, daß wegen großer oder sogar unüberwindlicher Schwierigkeiten auf die Vermittlung bestimmter Inhalte verzichtet werden kann oder sogar muß. Das, was für den christlichen Glauben an Gott grundlegend ist, kann möglicherweise an anderen Inhalten leichter und fruchtbarer gelernt werden. Es kann auch sein, daß die Vermittlung bestimmter inhaltlicher Aspekte des Glaubens bei bestimmten Menschen wegen des Wegcharakters ihrer Lebens- und Glaubensgeschichte noch nicht möglich ist und darum damit gewartet werden muß. Dies gilt insbesondere für Kinder und ihren Glaubensweg. Ihnen werden oft nur Anfänge zu vermitteln sein; aber Anfänge, die sie doch bereits ihr ganzes Vertrauen auf den Gott des christlichen Glaubens setzen und sie ganz an der Gemeinschaft der Kirche teilnehmen lassen.

3.4 Inhalte mit Zielen des Lernens verbinden

Mit dem Inhalt eines Lernvorgangs ist dieser nur teilweise beschrieben. Es muß auch angegeben werden, welches Ziel oder welche Ziele damit verbunden werden, daß sich Lernende mit einem Inhalt vertraut machen. Um die Frage möglicher Ziele bei der Vermittlung von Glaubensinhalten ging es bereits indirekt in den vorhergehenden Abschnitten, und zwar auf einer allgemein orientierenden Ebene. So lassen sich von den angestellten Überlegungen her z. B. folgende allgemeine Ziele formulieren:

– Die Lernenden sollen Inhalte des Glaubens als Zuspruch von Lebensmöglichkeiten wahrnehmen und als ihre Berufung zum wahren Leben aufnehmen.

– Die Lernenden sollen an den Inhalten des Glaubens Wege ausmachen, wie sie ihre Lebenssituation im Glauben annehmen oder verändern, wahrnehmen und gestalten können und sollen.

– Die Lernenden sollen durch das Zeugnis von Erfahrungen aus der Geschichte des Glaubens in ihre Lebensgeschichte als Geschichte des Glaubens hineinfinden.

– Die Lernenden sollen in der Vermittlung des Glaubens der Kirche Anteil erhalten an der Gemeinschaft des Glaubens.

Schon der Versuch solcher allgemeiner Zielformulierungen macht deutlich, daß in der Katechese der oben aufgezeigte Plural von Dimensionen des Lernens zu berücksichtigen ist. Wenn z. B. der eigentliche „Sitz im Leben" der zentralen Bekenntnisaussagen die Doxologie ist, also die dankbare Preisung Gottes, dann muß die Katechese anzielen, daß die Lernenden einstimmen können in den Dank der Kirche an Gott für das, was er getan hat, tut und vollendend tun will. Der dankbar feiernde Mitvollzug der Liturgie wird in dieser Sicht zum eigentlichen Ziel der Vermittlung von Glaubensinhalten. Dieses Ziel aber hat eine unleugbar emotionale Dimension: Menschen sollen durch die Vermittlung der Inhalte dankbarer und froher werden und Gründe zur Feier des Geheimnisses ihres Lebens erhalten. Oder wenn Glaubensinhalte dazu da sind, die Nachfolge Jesu als den Weg wahren Lebens auszuweisen, sind sie mit Lernzielen der voluntativen und pragmatischen Dimension zu verknüpfen: Menschen sollen durch die Inhalte zu der Entscheidung und Fähigkeit finden, gütig und ohne Gewalt, barmherzig und versöhnlich miteinander umzugehen, sich gegen lebensfeindliche Kräfte einzusetzen und am Widerstand der Geschichte gegen den guten Willen Gottes mit den Menschen zu leiden.

Steht also mit dem Inhalt des Lernens dessen Ziel noch nicht fest, so muß ein katechetisches Nachdenken über Glaubensinhalte auch fragen:

Welche Erkenntnisse und Einsichten können und sollen bestimmte Menschen an einem Inhalt gewinnen? Welche Einstellungen und Haltungen können und sollen sie mit seiner Hilfe aufbauen? Welche Entscheidungen und Fähigkeiten zu Verhaltensweisen sollen durch den Inhalt in ihnen geweckt, unterstützt und gefördert werden?

Die in der Katechese mit Inhalten zu verbindenden Ziele können zwar nicht wie in manchen anderen Lernprozessen so geplant werden, daß ihr Erreichen dadurch gesichert ist. Ob und wie ein Ziel erreicht wird, bleibt, wenn es um einen Weg in eine Glaubensgeschichte geht, immer als Geschenk des Wirkens des Geistes und als freies Eingehen der Lernenden auf ihre Berufung für den Katecheten unverfügbar. Dies aber schließt nicht aus, sondern erfordert sogar, daß Inhalte des Glaubens in ihrem Zusammenhang mit Zielen des Lernens bedacht werden; denn der Prozeß muß so angelegt sein, daß in ihm den Lernenden ein Weg in ihre Glaubensgeschichte eröffnet wird.

4. METHODEN UND MEDIEN DER KATECHESE

4.1 Zur gegenseitigen Abhängigkeit von Zielen, Inhalten, Methoden und Medien

Daß die Inhalte der Katechese sorgfältig bedacht werden, hat schon in der Katechismus-Tradition seinen festen Ort. Die Reflexion auf die Ziele ist von den verbreiteten Lerngewohnheiten an Schulen und Hochschulen her weniger selbstverständlich. Die Frage nach den Methoden und Medien katechetischen Lernens wird sehr oft als ein noch weiter nachzuordnendes Problem eingeschätzt. Dabei kann man für alle der folgenden konkurrierenden Thesen Gründe finden:

(1) Die inhaltlichen Aussagen der Glaubensüberlieferung haben Vorrang; von ihnen ausgehend, sind die Ziele, Methoden und Medien zu bestimmen.

(2) Beim katechetischen Lernen, das den Weg des Glaubens sucht, ist das Ziel der Bewegung – die Umkehr – entscheidend; von ihm her müssen die Inhalte, Methoden und Medien gesucht werden, die für das Erreichen des Zieles notwendig oder hilfreich sind.

(3) Da es vor allem darum geht, wie man lernt, das Geschenk des Glaubens zu ergreifen, haben in der Mitte der katechetischen Reflexion die Methoden und Medien zu stehen, die erst die Begegnung mit den Inhalten ermöglichen und die Ziele erreichen lassen.

Die wohl immer wieder aufbrechende Auseinandersetzung darüber, ob Inhalte, Ziele oder die Methoden und Medien im katechetischen Handeln den Vorrang haben sollen, sind weniger fruchtbar als die Einsicht, daß sie nicht nebeneinander stehen, sondern einen Zusammenhang bilden. Entscheidungen oder Vorgaben in dem einen Bereich wirken sich auf die anderen Bereiche aus bzw. müssen mit Entscheidungen und Vorgaben in den anderen Bereichen abgestimmt werden. Der gegenseitige Zusammenhang läßt sich in einer einfachen Skizze zusammenfassen:

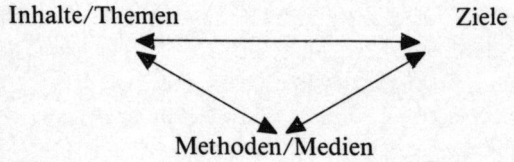

Einige Beispiele sollen diesen Zusammenhang veranschaulichen:

(1) Beispiele für den Zusammenhang zwischen Zielen und Methoden/
Medien

Ziele	*Methoden*
Information (z. B. über den Aufbau der Kindheitserzählung bei Lukas)	Darstellendes Referat/Skizzen, Stichworte, evtl. auch Bilder
Erfahrungsaustausch (z. B. über das Beten in der Familie)	Rundgespräch im kleinen Kreis, wobei wichtige Unterschiede und Übereinstimmungen festgehalten werden (z. B. an einer Tafel)
Symbolwahrnehmung (z. B. zur Bedeutung des Wassers)	Betrachtung von Bildern und deren Verknüpfung mit Lebenserfahrungen
Identifikation mit Personen einer Erzählung (z. B. einer biblischen Perikope)	Malen oder Spielen einer Szene
Mitvollzug der Liturgie (z. B. der Empfangsgeste bei der Kommunion)	Meditative Einübung von Haltungen und Gesten

(2) Beispiele für den Zusammenhang zwischen Inhalten und Methoden/
Medien

Inhalte	*Methoden/Medien*
Inhalte, die vor allem als Glaubenszeugnis vermittelt werden (z. B. die Beziehung der Christen zu Gott als „Vater")	Direkter Dialog mit einem Glaubenszeugen (z. B. dem Katecheten) oder erzählte Erfahrungen (auch von Christen vor uns)
Inhalte mit hohem Neuigkeitsgehalt (z. B. die Bedeutung des Heiligen Geistes für christlich gelebte Ehe)	Erschließende Darstellung von Hintergründen und Bedeutung des Inhalts mit Hilfe veranschaulichender Bilder, Strukturelemente, Stichworte
Inhalte von großer emotionaler Bedeutung für die Teilnehmer (z. B. Besprechung des Bußsakramentes unter Eltern)	Äußerung von Widerständen, Ängsten, Motiven der Auseinandersetzung, Erwartungen
Inhalte aus dem unmittelbaren Erfahrungsfeld der Teilnehmer (z. B. Probleme, die Kinder oder Jugendliche mit der Mitfeier des Sonntagsgottesdienstes haben)	Feststellung der gemeinsamen Erfahrungsgrundlage an einer Wandtafel; Angebot von Perspektiven für die Erfahrungsverarbeitung und gemeinsame Suche nach Problemlösungen mit Hilfe von Arbeitsblättern

Von zentraler Bedeutung ist die Einsicht, daß dem *Plural* von Zielen und Inhalten ein Plural von Methoden und Medien entsprechen muß. Wer sich auf nur sehr wenige Methoden (z. B. Erfahrungsaustausch in der Gruppe) und Medien (z. B. Texte) festlegt, muß sich dessen bewußt sein, daß er damit die Ziele der Katechese einschränkt, nur einigen Inhalten gerecht werden kann und die Möglichkeit der Methoden und Medien nur begrenzt ausschöpft. Wer akzentuiert bestimmte Methoden (z. B. das Ausfüllen sogenannter Arbeitsblätter) gegen andere bevorzugt, muß sich dessen bewußt sein, daß er damit auch Zielentscheidungen einschließt. Geht man davon aus, daß in der Katechese ein Plural von Zielen und Inhalten legitim und sogar notwendig ist, muß man auch grundsätzlich für einen Plural von Methoden und Medien offen und aufmerksam sein.

4.2 Berücksichtigung der Dimensionen des Lernens bei den Methoden und Medien

In katechetischen Prozessen geht es um Ziele, die nicht nur auf ein Bescheidwissen gerichtet sind, sondern auch emotionale Dimensionen (z. B. Betroffenheit) und praktisches Verhalten (z. B. Gesten) umgreifen. Dies gilt es in Methoden zu berücksichtigen, die geeignet sind, die emotionale Dimension einzubeziehen und praktisches Verhalten einzuüben. Dies soll an einigen Beispielen verdeutlicht werden.

(1) Wird in einer katechetischen Gruppe von Erwachsenen zum Inhalt „Tod" nicht nur ein Bescheidwissen über die Theologie des Todes angezielt, sondern eine christliche *Einstellungsbildung* zum eigenen Tod, so kann dies etwa durch folgende methodische Maßnahmen berücksichtigt werden:

– Die Teilnehmer werden gebeten, durch das Einsetzen eines Punktes innerhalb oder außerhalb eines Kreises, der das Feld ihrer Wünsche, Ängste und Überlegungen symbolisiert, auszudrücken, welche Bedeutung für sie das Denken an ihren eigenen Tod hat. In der Gruppe wird besprochen, warum die einzelnen ihren Punkt an dieser oder jener Stelle gesetzt haben. (Voraussetzung ist ein hochentwickeltes Vertrauen in der katechetischen Gruppe.)

– Die Teilnehmer werden nach einer theologischen Information gebeten, zu besprechen, welche Elemente der Information ihnen für ihre eigene Einstellung zu ihrem Tod besonders wichtig und hilfreich sind. (Die Alternative bei kognitiven Prozessen wäre die Frage nach dem Neuigkeitsgehalt und Schwierigkeiten der Information.)

– Den Teilnehmern werden verschiedene sogenannte Sterbebildchen ausgeteilt. Sie werden gebeten, eines herauszusuchen, das von seinem Stil und seinen Aussagen her ihre Beziehung zum Tod ihnen nahestehender Menschen oder zu ihrem eigenen Tod am ehesten ausdrückt. Begründungen für die geäußerten Meinungen wären auszutauschen, nicht eigentlich zu diskutieren.

– Die Teilnehmer werden gebeten, eine sogenannte Metapher-Meditation durchzuführen: „Sterben ist für mich wie ..." Der Austausch und die Besprechung der Ergebnisse kann je nach Lerngruppe anonym oder im persönlichen Austausch geschehen.

(2) In einer Elterngruppe sollen nicht nur Möglichkeiten des Betens mit Kindern erörtert, sondern auch das Beten mit Kindern *praktisch eingeübt* werden. Dies könnte in etwa folgenden methodischen Schritten erfolgen:

– Die Eltern erarbeiten in Einzel- und Gruppenarbeit freie Gebetsimpulse für ein Abendgebet mit den Kindern.

– Die Eltern suchen aus vorformulierten Abendgebeten mit Kindern eines heraus, das sie bevorzugen. Sie werden gebeten, dieses Gebet mit ihren Kindern bis zum nächsten Treffen zu beten, mit dem Kind darüber zu sprechen und beim nächsten Treffen von ihren Erfahrungen zu berichten.

– Die Eltern werden gebeten, aus einigen Bildern eines herauszusuchen, das ihrer Meinung nach geeignet ist, bei einem abendlichen Kontakt mit dem Kind über unser Vertrauen auf Gott zu sprechen und ein Gebet einzuleiten, in dem wir unsere Freude und unsere Not Gott zeigen. Sie werden wieder gebeten, beim nächsten Treffen über Erfahrungen zu berichten.

(3) Zur Liturgiekatechese gehört auch eine Leibeserziehung, die mit der eigenen Leibhaftigkeit und ihrer Symbolik vertraut macht und Bewegungen einübt. Dieser *psycho-motorischen* Lerndimension können z.B. folgende methodische Maßnahmen entsprechen:

– Die Kinder (oder auch Jugendliche und Erwachsene) vergegenwärtigen mit ihren Händen, wie Hände sprechen können (drohen, sich versöhnen, streicheln, schlagen, umarmen, an der Hand halten, bitten, an sich reißen, geben, teilen usw.) und welche Beziehungen zwischen Menschen Hände darstellen können (Zuwendung und Ablehnung, Versöhnung und Streit, Feindschaft und Freundschaft, Vertrauen und Mißtrauen).

– Die Gruppe schaut eine Kommunionschale an in ihrer Offenheit und Kostbarkeit und versucht, mit ihren eigenen Händen eine Schale zu formen und diese mit der anderen Hand zu tragen. Wiederholt sollten die Teilnehmer dabei auf die Schale schauen und sagen, wie ihnen deren Abbild in ihrer Hand gelingt oder mißlingt und wie sich die andere Hand fühlt beim Tragen der Schalenhand.

– Nicht weniger wichtig als die Hände sind die Arme. Sie sind nicht nur anatomisch die Träger der Hände und die Brücke zwischen dem ganzen Leib und den Händen. Es gibt Kinder und auch Erwachsene, die ihre Hände nicht ausstrecken, sondern fast ängstlich und verschlossen vor dem Leib halten. Darum gilt eine andere Übung den Armen. Wie hält jemand seine Hände hin, der sehr gerne empfangen möchte, was ihm gegeben wird? Wie machen die Arme eines Menschen mit seinen Händen, wenn er bittend nach etwas verlangt? Wie werden Hände von den Armen getragen, wenn sie Vertrauen haben? Die Antworten müssen mit Händen und Armen versucht werden.

– Bewegungsabläufe und Gesten bedürfen einer Einübung durch Wiederholung. Es ist also nicht damit getan, die angeregten Übungen nur einmal durchzuführen. Sie müssen wiederholt vollzogen werden, und Kinder tun dies auch gerne, wenn jeder Eindruck der Dressur vermieden wird.

(4) In einer *situationsorientierten* Katechese können etwa folgende Fragen anstehen: Was ist in einer Situation eine humane und christliche Lösung? Was bedeutet und verlangt Gerechtigkeit, Ehrlichkeit, Hilfsbereitschaft in den verschiedenen Situationen des Zusammenlebens? Wie können wir den Weisungen der Bergpredigt in konkreten Lebenssituationen entsprechen? Fragen dieser Art verlangen zwar auch die Kenntnis von Einstellungen und Lebensbedingungen anderer Personen; doch ist hier vor allem eine Kenntnis erforderlich, die durch Einfühlung und Nachempfinden erworben werden muß. Was in den an der Situation beteiligten Personen vorgeht, muß erlebt werden, damit man über die in Frage stehenden Werte und die richtigen Normen reflektieren kann. Eine wich-

tige Methode zu dieser innerlichen Art von Erforschung fremden und eigenen Erlebens und Handelns ist die Simulation von Situationen im Rollenspiel. Damit das Rollenspiel diese Ziele fördern kann, muß es freilich bewußt im entsprechenden Zusammenhang eingesetzt werden. Die Simulation einer Szene, d. h. eines Verhaltens (einer Rolle) in einer Situation, ist zunächst ein rein formales Mittel, das mit sehr unterschiedlicher Absicht und Wirkung eingesetzt werden kann.

4.3 Zum Zusammenhang zwischen den Methoden/Medien und der katechetischen Situation und den Voraussetzungen der Teilnehmer

Die Frage der Methoden und Medien kann nicht unabhängig von der Situation und den an ihr beteiligten Personen reflektiert und entschieden werden. Auch zu den Zielen und Inhalten stimmende Methoden und Medien können wirkungslos bleiben, wenn ihre Voraussetzungen in der Situation nicht gegeben sind oder die Teilnehmer sich nicht darauf einlassen können bzw. wollen. Andererseits ist es entlastend, daß manche verfehlte Entscheidung im Bereich der Methoden und Medien durch die entstehende Situation und das Engagement der Teilnehmer lebendig und fruchtbar aufgenommen werden kann. Diese Zusammenhänge seien in den für die Praxis wichtigsten Aspekten kurz verdeutlicht.

(1) Zum Lernort Gemeinde: Lernen an und mit Menschen

Bis in die Frage der Methoden und Medien hinein wirkt sich aus, wie die Gemeinde und ihre Mitarbeiter die Katechese verstehen und was die Teilnehmer von der Katechese in der Gemeinde erwarten. Von entscheidender Bedeutung ist dabei, ob von der Gemeinde her die Katechese als Chance angelegt wird, nicht nur Unterricht über den Glauben zu geben, sondern *Teilnahme am Glauben* der Gemeinde bzw. am Glauben von Bezugspersonen aus der Gemeinde zu ermöglichen, und ob die Teilnehmer sich darauf einlassen. In diesem Zusammenhang ist die verbreitete Praxis der sogenannten Arbeitsmappen in der Hinführung zu den Sakramenten kritisch zu bedenken. Es ist nicht immer leicht auszumachen, worin sich ihr methodisches Konzept vom schulischen Religionsunterricht unterscheidet. Vor allem bleibt meistens ungeklärt, wie die Materialien der Beziehung zwischen dem Katecheten und der Gruppe bzw. zwischen den

Gruppenmitgliedern dienen sollen. Wird die Gemeinde als Lernort verstanden, an dem Menschen miteinander und aneinander die Lebensmöglichkeiten des Glaubens wahrnehmen und ergreifen lernen, dann müssen Methoden gewählt werden, die entschieden auf *Dialog und Kommunikation* ausgerichtet sind. Und Medien müssen in den Dienst des Dialogs und der Kommunikation gestellt werden, bzw. das *personale Medium* muß Vorrang vor den sächlichen Medien haben.

Diese Perspektive tritt noch verstärkt hervor, wenn Glaubenswissen in der Katechese primär nicht als Sachwissen (Vertrautheit mit einer Sachkunde des Glaubens), sondern als Lebenswissen (Vertrautheit mit den Lebensmöglichkeiten des Glaubens) verstanden und vermittelt wird. Denn wie Lebenswissen nur in einer Gruppe mit gemeinsamen Grundüberzeugungen aufgebaut wird, so kann es auch nur in einer Teilnahme am Leben der Überzeugungs- bzw. Glaubensgemeinschaft übernommen und weiterentwickelt werden. Das heißt aber, daß in der Katechese die Methoden Vorrang haben müssen, die Lebensmitteilung ermöglichen. Da die katechetische Gruppe immer nur begrenzt Leben direkt miteinander teilen kann, wird sie die Aktionsform des *erzählten Lebens* brauchen. Hier sind noch entschiedener Anregungen der narrativen Theologie aufzunehmen. Lebensmitteilung geschieht nicht nur im Erzählen vom eigenen Leben, sondern auch in der Weitergabe überlieferter Erzählungen (aus der Bibel und Kirchengeschichte), wenn der Erzähler auch mitteilt und von der Gruppe annimmt, wie das vergegenwärtigte Leben von Christen vor uns (und auch gleichzeitig mit uns lebenden Christen) unser Leben kritisieren und ermutigen, verändern und trösten kann.

Ähnliche Konsequenzen im Bereich der Methoden und Medien hat es, wenn die Gemeinde ihre Katechese als Ort versteht, an dem nicht nur Gespräch über den Glauben möglich wird, sondern in der Gemeinschaft auch *Erfahrungen* des Glaubens gemacht werden. Das bedeutet z.B., daß nicht nur über das Gebet gesprochen, sondern auch gemeinsam gebetet wird. Es sind also Aktionsformen einzubeziehen, die gemeinsame Erfahrungen ermöglichen und ihren Austausch anregen.

(2) Raum und Zeit

Daß die Katechese bei der Realisierung dieser Vorstellungen auch von den äußeren Voraussetzungen der katechetischen Situation abhängig ist, ist unmittelbar einsichtig. Nicht jeder Raum ermöglicht jede Methode. Es gibt typische Unterrichtsräume, die unvermeidlich die Erwartung aufkommen lassen, hier gehe es um Unterricht. Andererseits gibt es Räume, die von ihrer Ausstattung und Anordnung der Stühle her anzeigen, daß man zu einem Austausch im Gespräch zusammengekommen ist. Noch etwas anderes sind Begegnungen, die in einer Wohnung stattfinden und schon dadurch den Lebensraum des Einladenden für die Teilnehmer öffnen. Ähnliches gilt für den Faktor Zeit. In 45 oder 60 Minuten ist methodisch weniger möglich als an einem halben Tag oder an einem Wochenende. Tägliche Treffen in einer sogenannten Glaubenswoche können einen anderen Verlauf nehmen als wöchentliche Treffen, die sich über sechs Wochen erstrecken. Der Elternabend nach einem für die meisten Eltern anstrengenden Arbeitstag ist eine qualitativ andere Zeit als ein Vormittagstreffen an einem freien Samstag.

(3) Voraussetzungen bei den Katecheten

So wichtig bei Entscheidungen im Feld der Frage der Methoden und Medien der Zusammenhang mit den Zielen und Inhalten ist, so wenig können diese Entscheidungen unabhängig von den Subjekten der Katechese objektiviert werden. Dies ist zunächst an den Katecheten zu erläutern. Katecheten können in die Situation nicht nur unterschiedliche Vorerfahrungen mit Methoden und Medien, sondern auch unterschiedliche Affinitäten zu ihnen einbringen. Dies hängt immer auch zusammen mit spezifischen Begabungen der Katecheten. Es sei nur an so einfache Beispiele erinnert, daß der eine gut singen oder ein Instrument spielen kann; ein anderer kann in besonderer Weise die Fähigkeit zum Erzählen haben; wieder ein anderer hat in darstellenden Aktionsformen besondere Übung; ein nächster kann mit technischen Medien so umgehen, daß ihr didaktisches Potential sich ungestört entfalten kann. Der Katechet wird zwar seine Entscheidungen immer auch an den Inhalten und Zielen der Katechese und an der katechetischen Gruppe ausrichten müssen; aber er kann nur im Rahmen seiner Möglichkeiten handeln, und er soll sich auch frei wissen, seine besondere Begabung einzusetzen, ohne damit einem methodischen Subjektivismus zu verfallen.

(4) Voraussetzungen bei den Teilnehmern

Für die Frage der Methoden und Medien haben nicht zuletzt Lernerfahrungen und Fähigkeiten Bedeutung, die die Teilnehmer in die Situation einbringen. Zu den Lernerfahrungen gehören auch Erfahrungen mit

Methoden und Medien des Lernens. So können z. B. Erwachsene mehr oder weniger Erfahrungen mit dem Lernen in Gruppen haben. Immer wieder gibt es Situationen, in denen ein Teil der Erwachsenen das Lernen in der Gruppe sucht, während sich ein anderer – z. T. angstvoll – dagegen wehrt. Kinder und Jugendliche verbinden mit bestimmten Aktionsformen unangenehme schulische Erfahrungen, die ihnen die Methode unangenehm macht bzw. einen Überdruß in ihnen auslöst. Es gibt Medien, die eine gewisse Geübtheit voraussetzen (z. B. Arbeit an einem Text oder an einem Kurzfilm), und dann nur für Geübte geeignet sind.

Damit ist bereits die Frage nach den *Fähigkeiten* der Teilnehmer angesprochen. So muß z. B. bei Erwachsenen berücksichtigt werden, wie weit sie sich ganz eigenständig sprachlich ausdrücken können oder Sprachhilfe brauchen. Spielerische Methoden können an der Tatsache scheitern, daß Erwachsene das Spielen verlernt haben und es nicht so schnell wieder lernen können. Oder auch ein nur bescheidener Gruppenauftrag, einen Satz zu schreiben, kann deswegen zu Blockaden führen, weil die Teilnehmer nicht gewohnt sind zu schreiben. Auch bei Kindern und Jugendlichen können die Aktionsformen des Malens oder Schreibens sehr unterschiedliche Reaktionen auslösen. Die Fähigkeit symbolischen Wahrnehmens oder leibhaftigen Ausdrucks können sehr unterschiedlich entwickelt sein und machen dann auch unterschiedliche methodische Maßnahmen erforderlich. Es gibt z. B. Kinder, die bei dem oben angeführten Beispiel der meditativen Einübung der Empfangsgeste zur Kommunion so behindert sind, daß der Katechet ihre Hände in einer direkten Zuwendung zum einzelnen Kind mit seinen Händen führen muß, bis sie zur eigenständigen Ausdruckshandlung fähig sind.

C

MITARBEITER
IN DEN KATECHETISCHEN DIENSTEN
DER GEMEINDE

1. MITARBEIT ALS WAHRNEHMUNG
CHRISTLICHER SENDUNG

1.1 Beauftragt durch Taufe und Firmung

Die im 2. Vatikanum wieder aufgegriffene Kennzeichnung der Kirche als „Volk Gottes" hat die Gemeinschaft und die Verantwortung aller getauften Christen, d. h. Laien und Priester, für die Lebensvollzüge der Kirche neu deutlich werden lassen. „Kraft der Taufe und Firmung wirken alle in ihrer Weise mit am Auftrag Christi, seine Botschaft zu verkünden, seine Gemeinde aufzubauen und sein Heil in der liturgischen Feier zu vergegenwärtigen und im Leben zu bezeugen"[37].

Das Apostolat der Laien ist Teilnahme an der Heilssendung der Kirche selbst. Zu diesem Apostolat werden alle vom Herrn selbst durch Taufe und Firmung bestellt[38]. Die Verantwortung der Laien in den verschiedensten Diensten ist somit nicht eine vom Amt des Priesters abgeleitete, sondern eine eigenständige[39]. Gerade darin aber steht sie in Zuordnung zum Dienstamt des Priesters und Bischofs.

Die Mitverantwortung aller Christen bezieht sich deshalb auf alle Grundvollzüge der Gemeinde, wenn auch in unterschiedlichem Maß „je nach den Gaben und Charismen, die jeder empfangen hat" (1 Petr 4, 10).

Aus diesem Verständnis der Kirche als einer füreinander und gemeinsam für andere verantwortlichen Gemeinschaft der von Christus zum Glauben Berufenen ergibt sich auch der spezifische Auftrag aller Christen für die Katechese in der Gemeinde.

117

„Träger des katechetischen Dienstes sind nicht nur die Inhaber bestimmter Ämter, sondern die Gläubigen in ihrer Gesamtheit! Dies gilt von der gesamten Kirche, wie auch von der einzelnen Gemeinde" (Das katechetische Wirken der Kirche A 4).

1.2 Ein Lernprozeß der Gemeinde

Zu lange hat man Kirche weitgehend als ein Gegenüber von Priester und Laien, von Lehrenden und Hörenden, von Subjekt und Objekt der Seelsorge gesehen und erlebt, als daß die gemeinsame Verantwortung der Gemeinde, als Konkretion der Kirche am Ort, heute selbstverständlich erkannt und wahrgenommen werden könnte. Hier hat erst ein allmählicher Prozeß der Umorientierung und des Miteinanders begonnen. Von Laien und Priestern werden dabei Verhaltensänderungen gefordert, die zunächst zu einer großen Rollenunsicherheit auf beiden Seiten führen können und nicht konfliktfrei zu bewältigen sind. Nur eine redliche, am Grundauftrag der Gemeinde orientierte Zusammenarbeit wird hier zur gemeinsamen Verantwortung gerade auch in der Katechese führen.

Solche Lernprozesse und Verhaltensänderungen werden jedoch kaum durch theoretische Informationen bzw. Auseinandersetzungen in Gang gesetzt werden, sondern vor allem durch die Initiierung einer reflektierten und verantworteten katechetischen Praxis in der Gemeinde. Je nach Vorerfahrung in der persönlichen und gemeindlichen Glaubens- und Verkündigungstradition, je nach Intensität noch vorhandener volkskirchlich gelebter Strukturen, wird man klug entscheiden müssen, wo sich dazu der günstigste Ansatzpunkt in der jeweiligen Gemeinde bietet. In vielen Gemeinden war und ist dies sicher die Vorbereitung auf die Sakramente der Firmung, der Eucharistie und der Buße. Hier und da wurden auch schon gute Erfahrungen in der Taufkatechese und der Ehevorbereitung gemacht. Junge Eltern bzw. Ehepaare stellen sich hier als Gesprächspartner zur Verfügung. Dabei ist es für den Prozeß der Bewußtseinsbildung und Verhaltensänderung der Gemeinde weniger wichtig, wo man ansetzt. Entscheidend ist vielmehr, daß ein Anlaß, z.B. die Firmvorbereitung, als Aufgabe der Gemeinde und der verschiedensten Begabungen und verantwortlichen Amtsträger in ihr erkannt und erlebt wird. Hierdurch wird ein Lernprozeß in Gang gebracht, der zunächst eine Reihe von Fragen auf seiten der Gemeinde, der möglichen katechetischen Mitarbeiter wie auch auf seiten der verantwortlichen Priester auslösen wird. Solche Fragen autoritär zu unterdrücken bzw. leichtfertig zu überspielen, könnte zu einem späteren Rückschlag im Lernprozeß führen, der nur schwer wieder aufzuholen ist. Es gilt deshalb, geeignete Formen zu finden, in denen die jeweils angestrebte bzw. vollzogene katechetische Praxis reflektiert und immer wieder neu begründet wird.

(1) Fragen in der Gemeinde

Diese werden nicht immer offen artikuliert, jedoch in privaten Kreisen und Gruppen häufig um so heftiger diskutiert. In jedem Fall kommen in ihnen vorhandene Einstellungen zur Sprache, deren Berücksichtigung wesentlich für den Prozeß der Bewußtseinsbildung ist.

Folgende Fragen können je nach Bewußtseinsstand der Gemeinde z. B. aus Anlaß der Eucharistiekatechese gestellt werden (analoge Fragen stellen sich auch bei anderen katechetischen Unternehmungen in der Gemeinde):

– *Warum hält der Pastor bzw. der Kaplan nicht mehr selbst den Kommunionunterricht? Früher bei einer wesentlich größeren Kinderzahl ging es doch auch?*

– *Wieso müssen die Eltern jetzt mitarbeiten? Religiöse Erziehung ist doch Sache der Kirche bzw. der Priester!*

– *Wie sollen die Kinder denn überhaupt noch mit dem Priester und der Kirche Kontakt bekommen, wenn der Priester nicht mehr den Kommunionunterricht hält?*

– *Wer hat denn die katechetischen Gruppenleiter ausgesucht? Kann denn jeder mitmachen, auch ohne Ausbildung?*

Manche dieser Fragen beruhen auf einer unzureichenden Information der Gemeinde über die Aufgabe der Mitarbeiter und den Verlauf z. B. des Projekts der Eucharistiekatechese. Deshalb muß dies rechtzeitig und übersichtlich in Predigt, Pfarrnachrichten usw. erfolgen. Es bedarf jedoch noch mehr der bewußten Auseinandersetzung mit diesen vorhandenen Einstellungen im Kreise der Verantwortlichen, z. B. dem Pfarrgemeinderat und den verschiedensten Gruppen und Kreisen in den Gemeinden (z. B. Verbände, Familienkreise, Altenclub, Kirchenchor). Mit ihnen müssen Formen und Wege des Gesprächs gesucht werden, die ihnen eine Verstehenshilfe bieten und eine allmähliche Einstellungsveränderung in Gang setzen.

(2) Fragen der Priester

Die Unsicherheit vieler Priester gegenüber der Mitarbeit von Laien als Katecheten in der Gemeinde hat mehrere Ursachen. Viele sehen in der Verkündigung und gerade auch in der Katechese aufgrund des tradierten Amts- und Kirchenverständnisses eine ausschließliche Aufgabe des Amtsträgers. Darüber hinaus betrachteten sie gerade die Sakramentenkatechese mit den Kindern als eine ihrer erfreulichsten Tätigkeiten, nicht zuletzt deshalb, weil sie dadurch mit vielen Kindern in persönlichen Kontakt kamen. Andererseits befällt viele auch Unsicherheit und Angst, wenn sie sich auf ein offenes und redliches Glaubensgespräch mit den Eltern bzw. Mitarbeitern einlassen. Diese und weitere Sorgen können sich dann in Fragen artikulieren wie:

– *Verliere ich nicht den persönlichen Kontakt vor allem zu den Kindern der Gemeinde?*
– *Wer garantiert, daß die katechetischen Mitarbeiter überall den rechten und vollständigen Glauben verkündigen?*
– *Finde ich in meiner Gemeinde überhaupt genügend fähige Mitarbeiter?*
– *Wie müssen sie vorbereitet und ausgebildet werden?*
– *Kommt dadurch nicht auf mich selber doch mehr Arbeit zu, wo ich mich ohnehin bereits überfordert fühle?*

Viele Priester erleben diese Probleme um so schmerzlicher, wenn sie gerade in der Einführungsphase solch katechetischer Arbeit erfahren, daß sie sich gleichzeitig Anforderungen gegenübersehen, die weder den Erwartungen der Eltern noch ihrer bisherigen katechetischen Praxis bzw. ihren Möglichkeiten und Fähigkeiten entsprechen. In dieser Unsicherheit fühlen sie sich der Aufgabe nicht gewachsen, den Eltern und Mitarbeitern Mut und Sicherheit für diese katechetische Mitarbeit zu geben.

(3) Fragen der evtl. betroffenen Erzieher bzw. Mitarbeiter, z. B. Eltern, Großeltern und Lehrer

Diese Fragen sind z. T. deckungsgleich mit denen in der Gemeinde überhaupt. Als unmittelbar bzw. mittelbar Betroffene reagieren und äußern sie sich jedoch oft emotionaler und artikulieren sich frontal, z. B. auf Elternversammlungen oder bei privaten Gesprächen:

– *Warum hält der Priester nicht den „Unterricht"? Das ist doch seine Sache! Was tut er denn überhaupt noch? Wofür wird er denn schließlich bezahlt?*

– *Warum sollen die Eltern denn hier mitarbeiten und zu den vielen Elterngesprächen kommen? Sollen wir oder die Kinder Kommunionunterricht bekommen?*

– *Woher haben denn die katechetischen Gruppenleiter das notwendige Wissen? Soll ich mein Kind von irgendwem unterrichten lassen?*

– *Als Lehrer hat man schließlich Theologie und Pädagogik studiert und eine Menge Erfahrung in der Gemeindekatechese, kann jetzt jeder Christ ohne Ausbildung und kirchliche Beauftragung (Missio) mitarbeiten?*

Bisher konnten Eltern die bewußt religiöse Erziehung ihrer Kinder mit Eintritt in die Schule weitgehend an Lehrer und Priester delegieren. Zwar waren sie schon immer – wenn auch viel selbstverständlicher als heute und deshalb oft unbewußt – die ersten und prägenden Erzieher im Glauben. Durch ihre Zuwendung und ihr Vertrauen, durch ihre Liebe und Vergebungsbereitschaft ihrem Kind gegenüber waren sie die ersten, die ihren Kindern die Wirklichkeit Gottes erschlossen und erfahrbar gemacht haben. Durch ihr Gebet mit den Kindern und die Mitnahme zum Gottesdienst gaben sie dieser ihrer Haltung bewußten gläubigen Ausdruck. Dennoch haben viele von ihnen das Gefühl, die eigentlich religiöse Erziehung sei doch Aufgabe der hierzu speziell beauftragten und ausgebildeten Priester und Lehrer. Diese Einstellung wird um so fordernder, je weniger sich die Eltern selbst in der Lage sehen, ihr Kind in selbstverständlicher Weise einzuführen in die Vollzüge der Glaubensfeier durch Gottesdienst und Gebet, der Glaubensverkündigung durch ihr Erzählen von Jesus Christus und seiner Bedeutung für uns und in die Glaubenstat durch ihre praktizierte Hinwendung zum Nächsten.

Für manche Religionslehrer in der Gemeinde stellt sich zusätzlich das Problem, inwieweit durch diese Form der Katechese die hinreichende Vermittlung des notwendigen Glaubenswissens gesichert und garantiert werden kann. Der eine oder andere sieht in den katechetischen Aktivitäten der Gemeinde auch einen unverantwortlichen Rückzug und eine gleichzeitige Entwertung des Religionsunterrichts in der Schule. Es wird darauf ankommen, redlich auf die Fragen und Probleme der Eltern und Lehrer einzugehen. Wir werden versuchen müssen, zusammen mit den Eltern zu überlegen.

– Welches Ziel verfolgen wir eigentlich mit der Katechese?
– Warum wollen wir eigentlich, daß unsere Kinder glauben und in die Gemeinschaft der Kirche eingeführt werden?
– Was bedeutet uns selbst diese Gemeinschaft?
– Wodurch sind wir persönlich in diese Gemeinschaft eingeführt worden und zum Glauben gekommen? Vor allem durch die Vermittlung eines bestimmten Glaubenswissens?
– Welche Bedeutung hatte die Beziehung zu einem glaubwürdigen Christen, den eigenen Eltern, einem Verwandten, einem Lehrer usw., für meinen Glaubensweg?
– Welche Bedeutung kommt dem Glaubenswissen zu?
– Welcher Zusammenhang besteht zwischen Glaubenswissen und Glaubenserfahrung?
– Welches Maß an Glaubenswissen ist notwendig für den glaubenden Christen als Kind, als Erwachsener, als älterer Mensch usw. je nach seiner Lebens- und Glaubenssituation?

Im Gespräch über diese Fragen wird man eine allmähliche Offenheit und Bereitschaft erreichen und sich auf diesen neuen intensiveren Weg der Glaubensführung und -bestärkung einlassen. Erst der konkrete katechetische Prozeß mit Eltern, Lehrern und Kindern wird die berechtigten Fragen überzeugender beantworten können.

(4) Fragen möglicher katechetischer Mitarbeiter

Sie fühlen sich meist erst herausgefordert, wenn sie konkret um ihre Mitarbeit in der Katechese gebeten werden. Auch hier liegt es an dem allgemeinen Bewußtseinsstand hinsichtlich der Mitverantwortung erwachsener Christen in der Gemeinde, welche Probleme und Fragen sich in welcher Intensität stellen. Ein entscheidender Faktor ist auch die Dichte der sozialen Bindung sowie der dadurch möglicherweise gegebene Sozialdruck z. B. in relativ geschlossenen Landgemeinden. Je intensiver und vielfältiger die bekannt- und verwandtschaftlichen Beziehungen sind, um so schwieriger ist oft die Übernahme eines besonderen Dienstes, da hiermit immer auch eine gewisse Exponierung gegeben ist. Dies aber wird von der sozialen Bezugsgruppe entweder gestützt, geduldet oder verhindert.
Je nach Situation können sich folgende Fragen ergeben:

– *Können wir in der Katechese ohne vorgängige gründliche theologische Ausbildung mitarbeiten?*
– *Können wir verantworten, als Katecheten mitzuarbeiten, wenn wir selber so viele Fragen und Unsicherheiten im Glauben haben?*
– *Was denken die anderen in der Gemeinde von uns?*
– *Sezt man sich nicht zu sehr der Kritik der anderen aus?*
– *Sind wir vom Pastor nur geduldete „Notstopfen", oder will er wirklich unsere Mitarbeit?*

Auf die notwendigen Voraussetzungen bzw. noch zu erwerbenden Befähigungen wird im folgenden noch ausführlich einzugehen sein.

1.3 Verschiedene Verantwortungsbereiche in der Gemeindekatechese

Die Verantwortung der ganzen Gemeinde für die Katechese kann sicher nicht eine katechetische Totalaktivierung aller Gemeindemitglieder bedeuten. Es wäre jedoch auch zuwenig, würde die Gemeinde selbst sich dieser ihrer Verantwortung durch die Beauftragung oder gar Anstellung einzelner befähigter Gemeindemitglieder für die Katechese entledigen. Vielmehr wird man hier die Verschiedenartigkeit und die Ergänzungsbedürftigkeit der jeweiligen Verantwortungsbereiche klar erkennen müssen.

Wenn Katechese vorrangig in die Grundvollzüge der Gemeinde, in Martyria, Liturgia und Diakonia, einführen und darin bestärken will, so wird es für die jeweils verschiedenen Adressaten direkte katechetische Begleiter geben müssen, die mit den Erwachsenen, den Kindern, den Jugendlichen oder auch älteren Menschen den Weg der Einführung und Begleitung gehen. Hier kommt den Eltern als primären und ersten Begleitern ihrer Kinder auch für die Hin- und Einführung in das Glaubensleben eine hervorragende katechetische Möglichkeit und Verantwortung zu. Andererseits läßt sich im familiären Verband der Weg in die Glaubensgemeinschaft der Christen nur zeitweise und bedingt gehen. Das Kind und vor allen Dingen der Heranwachsende brauchen bald die größere Gruppe außerhalb der Familie, wo er als Gleicher unter Gleichen den Weg des Glaubens miteinander und selbstverantwortlicher lernen und gehen kann. Auch hier kommt er jedoch nicht ohne Begleitung und Orientierung aus. Nun werden neben den Eltern andere glaubwürdige erwachsene Christen aus der Gemeinde zu neuen Wegbegleitern im Glauben, die weiter in die Lebensvollzüge der christlichen Gemeinde einführen.

Auch als erwachsene Christen bedürfen wir der weiteren Bestärkung im Glauben, der Deutung bestimmter Lebenserfahrungen und Lebenssituationen aus dem Glauben. Hierzu brauchen wir in der Gruppe Gleichgesinnter hin und wieder einen Gesprächspartner, der einer Gruppe von Erwachsenen helfen kann, miteinander über die Fragen und Probleme ihres Lebens und Glaubens ins Gespräch zu kommen und sich dadurch gegenseitig zu helfen.

Das katechetische Wirken der Gemeinde wird immer auch all jene betreffen, die die verschiedensten Grunddienste in der Gemeinde tragen und verantworten.

Die Katechese wird dabei immer wieder neu eine kritische Anfrage an die Wirklichkeit und Glaubwürdigkeit dieser gemeindlichen Vollzüge. Sind die Gottesdienste so vorbereitet und gestaltet, daß man in ihnen wirklich die Feier unseres Glaubens erlebt? Sind die diakonischen Aktivitäten so situations-, zeit- und menschengerecht, daß sie wirklich zu einem menschenwürdigen Leben verhelfen? Ist unser Glaubenszeugnis als Christen im privaten, kirchlichen und öffentlichen Bereich so, daß es authentisch und glaubwürdig wirkt?

Hier mag deutlich werden, wie Katechese in der Gemeinde eine Aufforderung an Christen in den verschiedensten Bereichen des gemeindlichen Lebens darstellt und das Verantwortungsbewußtsein aller für die Dienste einer christlichen Gemeinde fördern kann.

2. DER KATECHET ALS GLAUBENSBEGLEITER

2.1 Katechetisches Lernen in der Begegnung

Schon früher wurde aufgezeigt, daß die Vorbereitung auf die Sakramente nur in wenigen Fällen als Katechese im strengen Sinne betrachtet werden kann, d.h. als systematische Vertiefung einer schon gelebten Christusbeziehung. Vielfach sind es heute die Anlässe, bei denen Erstverkündigung und Katechese im Sinne der Evangelisierung untrennbar miteinander verwoben sind. Oft genug befinden sich dabei die einzelnen Mitglieder einer katechetischen Gruppe auf sehr unterschiedlichen Etappen ihres Glaubensweges, was vom Katecheten unter Umständen eine recht differenzierte Aufmerksamkeit erfordert. Wenn Glaube auch Lebenskunde ist, eine Wahrheit im Sinne von Lebensweisheit, die zu einer bestimmten Lebensart führen soll, so drängt sich auch die Frage auf, wie solche Lebenskunde überhaupt vermittelt, d.h. weitergegeben und erworben werden kann. Bedeutsam ist dann nicht nur die Frage, was zu glauben ist, sondern wie man zum Leben aus dem Glauben gelangt. Es geht eben um die Möglichkeit faktischer Glaubenserfahrung. Christliches Leben ergibt sich nicht schon aus der Summe erlernter Glaubenswahrheiten, sondern durch Einführung und Teilhabe an einer christlichen Lebensart. Diese aber wird vor allem in *Begegnung mit Christen* erlebt und erfahren. Die Person des Vermittlers wird somit bedeutsam.

Im Folgenden soll daher bedacht werden, wie solche Begegnung geschieht[40]. Es geht also um die Relation zwischen den Partnern auf dem Weg zum Christsein. Dabei wird deutlich, daß die Art und Weise dieser Begegnung selber noch einmal von entscheidender theologischer Bedeutung ist oder, schärfer formuliert, daß die eigentliche „Wahrheit" des Glaubens in einer bestimmten Art der Begegnung erlebt und erfahren wird. Geht es doch im Glauben, d.h. in der christlichen Lebensart, um eine bestimmte Art gelebter und zu lebender Beziehungen zwischen Gott und Mensch sowie unter den Menschen.

Im Folgenden wird exemplarisch ein solches Beziehungsgeschehen in der Glaubensvermittlung vorgelegt. Es ist dem Bereich der Firmkatechese entnommen. Diese Aufzeichnungen sollen anschließend ein wenig systematisch reflektiert werden, um die Eigenart der unterschiedlichen Etappen auf dem Glaubensweg sowie die theologische Bedeutung des Katecheten als Glaubensbegleiter aufzuzeigen.

2.2 Aufzeichnungen einer Firmkatechetin

Frau B., Hausfrau und Mutter von 5 Kindern, die ihre Erfahrungen, Bemühungen und Erlebnisse mit einer Gruppe von 7 Jungen im Alter von 13 Jahren bei der Vorbereitung auf das Sakrament der Firmung festgehalten hat. Sie selbst merkt zu diesen Aufzeichnungen an: „Manches ging meinem Gedächtnis verloren, einiges blieb besser ungeschrieben. Die Namen der Jungen habe ich verändert, damit sie sich nicht bloßgestellt und in ihrem Vertrauen mißbraucht fühlen."

Freitag, den 16. 2.
Großes Kennenlernen ringsum.
Offensichtlich kennen sich alle untereinander. Die Jungen machen einen aufgeweckten und intelligenten Eindruck auf mich. Sie gehen höflich auf jedes Thema ein, aber besonders interessiert wirken sie nicht – eher höflich.
Pit hat Geburtstag. Ich schenke ihm „Jugend vor Gott". Es wird geflachst: Och, kannst du denn schon lesen?
Ich hoffe sehr, daß er lesen kann und es auch tut.

Freitag, 2. 3.
Heute bin ich ganz schön reingefallen!
Große Aktion stand obenan:
Thema: Wie leben meine Nachbarn rechts und links?
Kassetten-Recorder stand bereit – Interviews sollten gemacht werden in der Nachbarschaft?
Aus irgendeinem Grund war ich überzeugt, daß das den Jungen Spaß macht. Aber weit gefehlt! Keiner wollte losziehen und schon gar nicht mit Recorder. Außerdem ist ihnen egal, wie die anderen leben! Es interessiert sie nicht und hat für ihr Leben keine Bedeutung. Was hat denn Bedeutung für ihr Leben? – Och – keine Antwort –
Ist die Zeit nicht bald um?
Ich habe wohl so ziemlich alles falsch gemacht heute! Ich lasse sie gehen. Gebe ihnen noch eine Collage auf für zu Hause.
Später telefoniere ich mit Pfr. S. und beschreibe die Runde.
Wie soll ich weitermachen?
Die Mappe nicht betonen – etwas freier arbeiten.

Freitag, 9. 3.
Fast ohne Konzept gehe ich in die Runde. Zwei Jungen sind krank. Die anderen haben tatsächlich ihre Collage gemacht! Pit erscheint zu früh, ich bin noch beim Spülen. Bereitwillig trocknet er ab. Geschichte und Erdkunde sind seine Lieblingsfächer (meine auch!). Er will nicht glauben, daß ich zur Zeit Italienisch lerne. Er trägt die Kirchenzeitung aus mit ein paar Freunden. – Das haben wir beim Spülen voneinander erfahren!
Aber zu den Collagen zurück: Es wurden besonders wichtige Zeitungsartikel zusammengestellt. Sofort gingen die Gespräche hin und her. Karneval neben Krieg in Vietnam. Kann man Karneval feiern, wenn woanders Krieg ist?
Kann man 20,— DM Taschengeld verpulvern, wenn für 40,— DM im Monat ein Kind in Andheri/Indien zu essen hat?
Sie sind alle dabei und keiner „mauert". Sie können nicht glauben, was sie hören!
Wir betrachten Darstellungen von Jesus (2 × Hungertuch, 1 × Chagall). Wie stellt sich ihnen Jesus Christus dar?
Zum nächsten Mal sollen sie eine Collage machen, wie sie Jesus Christus heute erfahren können.
So geht es aufwärts! Ich bin sehr froh.

126

Freitag, 16. 3.

Wie soll ich diese Stunde beschreiben? Nichts hat gestimmt! Kein Thema war interessant, kein Bild, kein Text fand Gnade! Die Firmmappe ist „kalter Kaffee", da ist nichts drin, was die Sieben interessiert. Aber jedes vorbeiziehende Flugzug wird besprochen. An jedem Satz ist was zu lachen oder wenigstens zu kichern. Bestenfalls schweigt man gelangweilt!

Eine halbe Stunde kämpfe ich gegen Albernheit, Desinteresse und Langeweile. Schließlich platzt mir der Kragen: ‚Sie kommen nicht, weil ich Zuhörer brauche, sondern weil sie etwas von mir wollen. Wenn sie nichts von mir wollen, sollen sie aufstehen und gehen! Ich wüßte recht gut, was ich lieber machen würde!'

Großes, betretenes Schweigen! Zwei sagen: „Wir müssen ja kommen, unsere Eltern würden das sonst nicht verstehen." Ich biete an, mit den Eltern zu sprechen. – Nein, nein, lieber nicht! Sie reden selbst noch einmal mit ihnen. Und die andern?

– Ich rede nicht über Sachen, die sie interessieren. – Worüber soll ich reden? – Lange nichts. – Über Fußball? – Am liebsten ja. – Betretenes Schweigen! Keiner soll beim nächsten Mal erscheinen, ohne zu wissen, was er will! Albern sein können wir auch, aber alles zu seiner Zeit!

(Ob ich sie einmal zwischendurch einlade?)

Später –

Woher nehme ich bloß den Mut, eine Gruppe von Jugendlichen auf die Firmung vorzubereiten! Ich bin nicht nur ratlos, sondern ich zweifle sehr an meiner Befähigung für die Aufgabe! Ich muß mit jemand darüber sprechen.

Beim zweiten Versuch treffe ich auf Frau A., die auch eine Gruppe leitet. Sie ist voller Geduld und hat auch Probleme mit ihrer Gruppe. Nach dem Gespräch geht es mir besser. Zumindest sieht nicht mehr alles so trostlos aus.

Montag, 19. 3.

Heute habe ich alle Sieben angerufen und für Mittwoch zur „außergewöhnlichen Firmrunde" eingeladen. Außer Timo hat niemand gefragt: „Warum?". Timo habe ich gesagt: „Zum Kuchen essen!"

Mittwoch, 21. 3.

Außer Robert sind alle gekommen. Großes „Hallo" beim Anblick der Kuchenplatten. Timo: „Die hat wirklich Kuchen gebacken!" – Pit: „Paßt auf, jetzt mästet sie uns und dann werden wir geschlachtet!"

In der ersten Viertelstunde wird zwar unruhig, aber sehr eifrig Kuchen gegessen und Fanta-Cola getrunken.

So langsam frage ich mich ran: Warum sind sie heute gekommen?
– Haben sie sich genau überlegt, was sie wollen?
– Was stellen sie sich darunter vor: gefirmt sein?
Sie sind sehr aufmerksam, sie erklären mir:
– sie wollen etwas über ihren Glauben lernen,
– wollen wissen, wie andere nach der Firmung leben (anders als vorher?),
– können sich nicht denken, was nach der Firmung anders sein soll.

Timo: „Nach der Beichte war ich so ein bißchen erleichtert, spüre ich nach der Firmung auch etwas?"

Simon will unbedingt ins Kinderdorf. Er weiß noch nicht, warum: er finde das einfach interessant.

Ja, stimmt! Der 1. FC ist auch interessant, sollen wir da auch hingehen? – Nein, so doch nicht! – Er will sehen, wie man ohne Familie lebt. „Ist doch toll, wenn da Schwestern für fremde Kinder sorgen und so."

Ich atme auf: Jetzt habe ich sie!

Doch da will Pit: „Schwester Gerda soll kommen! Nein, besser wir gehen dahin, ich wollte doch schon immer mal Strafgefangene sehen!"

(Warum habe ich mich bloß auf diese Gruppe eingelassen!)

Volker will eigentlich immer noch nicht so richtig. Aber er will auch kein Theater machen. Schließlich ist es doch egal mit der Firmung – oder?

„Wenn man mal mit einem sprechen könnte, der auch gefirmt ist!" (Keinem fällt ein, daß ich ja gefirmt bin!)

Können wir einmal jemanden einladen, der im vorigen Jahr gefirmt wurde? Aber nicht hier aus der Siedlung!

(Hilfe, wo nehme ich den denn her?)

Inzwischen kreist die Fanta-Flasche und der Kuchenteller. Pit: „Denken macht mich immer so hungrig!"

Ich lese aus dem „Kleinen Prinzen" vor: es geht um Affenbrotbäume und Vulkane. Ich soll noch mehr vorlesen, aber ich lasse mich reichlich bitten. Außerdem kann ich nur leise sprechen – mein Hals ... (Sieh mal an, wie ruhig die sein können!). Schließlich eröffne ich die Quizrunde. Davon können sie nicht genug haben. Um 18.00 Uhr schiebe ich sachte einen nach dem andern raus (so nette Jungs kann man ja nicht rauswerfen!).

Freitag, 23. 3.

Für eine Überraschung sind meine Sieben immer gut: also nun wollen sie einen Brief an den Papst schreiben!

Aber alles der Reihe nach.

Wir begannen mit einer Bildbetrachtung von Zacharias: „Die Geistsendung". Alle waren bei der Sache. Schließlich habe ich den Text dazu vorgelesen und sie waren sichtlich beeindruckt: so also war das mit Petrus! Aber das ist doch ziemlich lange her. Und wie ist das heute? Warum kommt eigentlich der Bischof zur Firmung? Warum kann das nicht jeder Priester? Wenn der Bischof uns unbedingt firmen will, dann fragen wir ihn eben, was nach der Firmung anders ist. Oder den Papst? Na klar, wir fragen den Papst! Seltene Einmütigkeit herrschte in dieser Frage. Ein Brief wird aufgesetzt, und ich soll ihn tippen. Kennt einer die Adresse?

In der letzten Viertelstunde betrachten wir 12 Dias über das äthiopische Hungertuch. Der Text dazu beeindruckt sogar meine eigenen Söhne, die sich still dazugeschmuggelt haben. Keiner will gehen. Sie reden leise miteinander. Ich achte nicht darauf. Schließlich steht einer auf; er muß zu den Pfadfindern.

Als ich nach einer weiteren Viertelstunde vor die Tür trete, toben sie draußen mit meinen Söhnen wie die Wilden herum. Es ist schwer auszumachen, wer mehr Spaß hat!

Freitag, 30. 3.
Heute soll als Hauptthema „Buße" besprochen werden.

Ich habe Photos auf dem Tisch verteilt, und sie sollen unter bestimmten Gesichtspunkten Bilder heraussuchen: „Verantwortung" – „Vergebung" – „Versöhnung".

Sie sind ganz bei der Sache, und das Gespräch läuft gut an.

„Sich verantwortlich fühlen für etwas, für andere".

Sie sind sehr nachdenklich. Eigentlich haben sie das bisher nicht so gesehen. Bisher waren immer andere für sie verantwortlich.

Bei „Vergebung" stockt es. – „Nein, Vergebung, das ist nicht so einfach, wie ich mir das denn vorstellte! Sich nicht wehren, dem Gegner auch noch auf die Schulter klopfen, alles o. k. – nein, das ist so eine Sache."

Bei dem Stichwort „Versöhnung" ist die Konzentration weg. Mit Mühe bringe ich noch an, daß jede Versöhnung ein Zeichen, eine Geste braucht, um verstanden zu werden.

Sie werden unruhig und wollen über die kommenden Tage in Merten reden. Ob ich nicht doch mitfahren könne? Simon erklärt, dann fährt er auch nicht mit, oder ob seine Mutter kommen soll, meine Kinder versorgen, damit ich mitfahren kann. Die andern maulen rum und überlegen Albernes, um mich zu überreden. Sie glauben, ich brauchte nur zu wollen, dann ginge das alles. Aber ich bin ganz betroffen: so wichtig bin ich für sie geworden und habe nichts davon gemerkt!

Mittwoch, 25. 4.
Das erste Treffen nach Ostern und nach Merten. Sie erzählen: Lustiges, Kritisches, Albernes, aber da war ein Gespräch mit Pfr. B. Ja, stimmt, das war gut! Überhaupt, mit dem kann man reden.

Ich will wissen, ob sie nun etwas mehr über ihren Glauben erfahren haben. Glauben? Nein, sie wissen ja gar nicht, was das heißt: „glauben".

Ich erkläre ihnen, daß „glauben" auf deutsch übersetzt heißt: „sich festmachen".

Sie probieren dann aus: statt „glauben" sagen sie „festmachen": ich glaube an Gott – ich mache mich an Gott fest.

Ja aber, woher wissen sie denn, daß Gott sie auch annimmt? Vielleicht gibt es Zeichen. – Ja, Sakramente! Wieder übersetze ich: Sakrament heißt: „Gott erfahren". Im Sakrament will Gott zeigen, wer er für uns ist. Im Sakrament erfahren wir die Liebe Gottes.

Sie zählen eifrig die „Sieben Sakramente" auf. Aber wer ist denn bloß der „Heilige Geist"?

Ich lasse sie anders fragen: sie fragen auch nicht, wer ist der Wind, sondern was bewirkt der Wind? Also sollen sie fragen: „Was bewirkt der Heilige Geist?"

Mit der Frage will ich aufhören. Aber sie sind nicht zufrieden. Ob ich nicht noch etwas mehr über den „Geist" sagen könne? Ich versuche es: im Geist teilt

Gott sich uns mit. Auch der Mensch benutzt seinen „Geist" oder „Verstand", um sich mitzuteilen. Wir reden etwas darüber, wie das möglich ist.

Plötzlich sagt Helmut – und man hört ihm die Erleichterung richtig an: „Jetzt verstehe ich es! Die Firmung ist also ein Zeichen, daß Gott durch seinen Geist mit uns spricht."

Heftiges Nicken ringsum.

Ich bin ganz still. Ob ich jetzt alles richtig gesagt habe? Jetzt habe ich zumindest mein eigenes Verstehen von diesen Dingen mitgeteilt, und die Jungen haben mich verstanden! Auch ist mir klar, daß es noch viele Aspekte gibt, die ich nicht angesprochen habe, obwohl sie wichtig sind. Es ist sicher nur ein winziges Teilchen, das sie erkennen, aber sie verstehen es! Ob ein Diplom-Theologe jetzt Einwände gegen meine Argumentation hätte – woher soll ich das wissen! Ich kann nur meinen Glauben mit meinen Mitteln weitergeben!

Als die Jungen nach Hause gegangen waren, war ich naß vor Anspannung. Nach meiner Meinung könnten sie jetzt gefirmt werden.

Am Abend

Ich bin sehr unruhig. Ob ich nicht versäumt habe, ihnen Wesentliches mitzuteilen? In der Firmmappe sind noch eine Reihe von Themen, über die ich hätte sprechen müssen. Ich habe die meiste Zeit damit zugebracht, das Vertrauen der Jungen zu gewinnen. Die Zeit ist zu kurz! Jetzt könnten wir noch vieles gut besprechen. Aber die Zeit ist bald um. Nur noch dreimal habe ich Gelegenheit mit ihnen zu sprechen. Das ist viel zuwenig. Ich möchte die Eltern kennenlernen, mit den Eltern ins Gespräch kommen. Das hätte ich zu Beginn machen sollen. Warum fällt mir das so spät ein!

Mittwoch, 2. 5.

Schlechte Voraussetzungen: schwüles Wetter, unruhige Jungen knuffen sich und juxen herum.

Ich lasse sie in Ruhe, und sie erzählen Erlebtes aus der Schule, vom 1. Mai.

Mein Vorschlag, die Eltern einzuladen, stößt zunächst auf Ablehnung. Sie befürchten, daß ich aus der Runde zuviel erzähle. – Ob sie mir das wirklich zutrauen? –

Etwas verlegen: nein, eigentlich nicht.

Sie lassen sich erklären, warum ich die Eltern einladen will, und sind schließlich einverstanden. Wir einigen uns auf Dienstag, den 8. 5., 20.00 Uhr.

Allmählich kommen wir ins Gespräch. Sie erzählen, was sie von der letzten Woche noch wissen: glauben – sich festmachen, Sakrament – Gott erfahren.

Heiliger Geist – wirkt.

Wie ist das nun bei der Firmung? Was macht der Bischof? Was sagt er? Was sagen wir? Was machen die Paten? Warum eigentlich Paten?

Schließlich schreiben sie ihre Anmeldung für die Firmung. Die Stunde ist lange um, aber sie wollen nicht gehen. Ich soll noch Spiele machen – Quiz oder so.

Ich habe an das Beispiel der geschäftigen Martha gedacht, die wegen ihrer Geschäftigkeit getadelt wurde, und habe meine Arbeit weiterhin Arbeit sein lassen und Quiz gespielt ...

130

Dienstag, den 8. 5. – 20.00 Uhr
Die Eltern kamen alle – nur 2 Väter ließen sich entschuldigen – und kannten sich alle untereinander. Mich kannten alle vom Sehen: Ach, Sie sind das! Großes Gemurmel, jeder sprach mit jedem, und schließlich kamen wir zur Sache. Ich erläuterte, warum ich ohne Mappe arbeite. Herr K. will wissen, ob dann nicht das Wissen der Jungen zu kurz komme? Ja, gebe ich zu, das kann sein. Aber ob er mir sagen könne, war er noch von seiner eigenen Firmvorbereitung wisse. – Da ist nichts mehr, antwortet er mir.

Nun ja, sein Sohn weiß dann mit Sicherheit mehr! Ich will ihm damit zeigen, daß es bei meinen Bemühungen nicht in erster Linie um „Wissensvermittlung", sondern um Glaubenserfahrung geht. Die andern stimmen mir zu – wenn auch zögernd. Schließlich sollen die Kinder doch auch Wissen vermittelt bekommen, oder? Sollte man die Mappe vielleicht zu Hause mit ihnen nacharbeiten? Ich bezweifele, ob das sinnvoll ist. Besser ist es, die eigenen Kinder an der eigenen Glaubensausübung teilnehmen und sie davon erfahren lassen. Dann wollen sie schließlich von alleine mehr über den Glauben wissen, der für ihre Eltern so wichtig ist. Und dann haben sie ihre Mappe usw.

Ob ich ihnen etwas über das Verhalten der Kinder berichten könne? Nein, kann ich nicht, ich würde sofort das mühsam erworbene Vertrauen der Jungen aufs Spiel setzen.

Schade – sichtlich möchten alle Eltern über ihre Kinder sprechen. Ich höre zu und bedaure, das alles erst heute zu erfahren. Manches kann ich nun besser verstehen.

Freitag, 11. 5.
Ohne Konzept gehe ich in die Runde. Die Jungen erzählen von der Schule. Berichten über Verhaltensformen. Wollen von mir hören: Ist das in Ordnung? Warum ist das so nicht in Ordnung? Unmerklich sind wir in einem „Bußvorbereitungs-Gespräch". Bis plötzlich einer – etwas verlegen – sagt: „Eigentlich sprechen wir über so was nur beim Beichten. Ob ich das überhaupt noch kann?" Können wir darüber noch einmal ausführlich sprechen? Wir können.

Schließlich komme ich noch auf das Paten-Thema. Was erwarten sie von ihrem Paten?

Volker sammelt alle Argumente in großer Schrift auf einem Poster. Alles gut – aber: warum brauchen wir überhaupt Paten? Großes Schweigen ringsum.

Schließlich kommt ganz gelassen von Volker: „Sie haben einmal gesagt, alleine kann keiner zum Glauben finden. Also brauchen wir dazu einen Paten."

Es ist das erste Mal, daß Volker von sich aus etwas sagt. Aber er sagt es gleich so, daß mir nichts mehr zu sagen bleibt.

Freitag, den 18. 5.
Heute haben alle von mir ein kleines Gebetbuch als „Firmgeschenk" bekommen. Ich schenke es ihnen heute, weil ich mit ihnen über „beten" sprechen will. Und es geht wunderbar. Alle reden mit, berichten von ihren Erfahrungen, ihren Schwierigkeiten dabei. Sie wissen nicht so recht, wie sie es in ihren Tag einbauen können. Wir sprechen über die Voraussetzungen: Ruhe – Zeit – gute Texte usw.

131

Ich erkläre, wie man schrittweise zum guten, frei geformten Gebet kommen kann. Sie probieren vor sich hin und wollen wissen, ob ich eigentlich den Rosenkranz beten würde. Etwas zögere ich mit der Antwort, dann hole ich meinen Rosenkranz aus Rom. Erkläre Herkunft, Material – versuche Interesse am Gegenstand zu erwecken. Als ich sage, daß ich ihn an den Domitilla-Katakomben gekauft habe, sind sie „gefangen"! Katakomben – das ist das Zauberwort, und sie fragen mein ganzes Wissen darüber ab. Was ich nicht mehr weiß, ersetze ich mühelos durch Fantasie!

Schließlich landet unser Gespräch wieder bei dem Rosenkranz auf dem Tisch. Ich vergleiche ihn mit den immer gleichen Bitten der Kinder an ihre Mütter, die schließlich auch zum „Erfolg" führen; ich erinnere an die Mittlerrolle der Mütter zwischen Kindern und Vätern, Kindern und Lehrern usw.

Sie reichen den Rosenkranz herum und können jetzt verstehen, warum „alte Frauen" so was beten – und dabei sehen sie mich feixend an.

Zum Schluß blättern wir noch im NT, aber es geht nichts mehr. Sie sind alle Sieben abgespannt und, ich gebe zu, ich auch!

Mittwoch, 23. 5.

Heute habe ich die Aufforderung „endlich einmal genug Waffeln zu backen" in die Tat umgesetzt und Unmengen Waffeln gebacken. Eine Duftwolke umschwebte unser Haus und zog nicht nur die Sieben an. Zwischen den Waffeln haben wir dann über den Samstag-Ausflug nach St. Augustin gesprochen. Aber es war wohl nicht sehr eindrucksvoll für sie gewesen. Sie zählten dies und das auf – warum hat der Bischof nicht was von seinen Heiden erzählt? – und im übrigen da fanden sie, „eigentlich können Weiber ja nicht Auto fahren, aber ich sei ja wohl eine Ausnahme ..."

Dann wollen sie noch einmal wissen, wie man das „beim Beichten" macht. Und ob sie alle vor der Firmung beichten müssen? Sichtlich kommen sie nicht ganz klar damit: Und wieder wird das Thema Buße überhaupt und Beichte im besonderen besprochen. Sie haben alle seit dem letzten Mal darüber nachgedacht und wollen ergänzen und wiederholen.

Endlich gehen sie heim:

Pits Kommentar: „Bauch voll – Kopp leer", gibt mir zu denken. Ob es zuviel Waffeln gab ...?

Freitag, 25. 5.

Heute nun zum letzten Mal.

Ich will von den Jungen wissen: Habt ihr nun etwas über euren Glauben erfahren in den letzten vier Monaten? Was fällt euch spontan ein?

Spontan? – Na klar? Sie sind die beste Waffelbäckerin der Stadt! Dann eben nicht spontan; sondern erst einmal nachgedacht:

Ich weiß jetzt, was Sakramente sind –

Ich weiß jetzt, was Glauben heißt –

Ich kann mir jetzt etwas unter dem Heiligen Geist vorstellen – ich auch – ich auch –

Von allen diesen Dingen wissen sie also etwas. Ich versuche, ihnen klarzumachen, daß ihr Wissen von den Dingen, nur ein „Anfangswissen" sein kann und daß sie sich immer wieder und immer weiter um ein tieferes und größeres Verständnis bemühen müssen.

Wissen sie nun auch, was nach der Firmung anders sein wird? – Jaaaa, gar nichts wird anders! Es soll ja gar nichts anders werden! Wir sollen ja nur erfahren, daß Gott bei uns ist und mit uns, durch seinen Geist spricht. – Hätte ich nun mehr erreichen können? Die Frage ist müßig, unsere Zeit ist um. Wie wichtig diese Zeit für die sieben Jungen auch immer war, für mich selbst war sie von großer Bedeutung. Und wenn ich mir über den „Erfolg" meiner Bemühungen klarwerden will, darf ich diese Bedeutung für mich nicht unterschlagen. Durch mein Bemühen, meinen Glauben für die Jungen begreifbar zu machen, war ich gezwungen „Stellung" zu beziehen, wo ich vorher mühelos vorbeigedacht habe oder einfach nur „stillgehalten" habe. Außerdem haben die Katechetentreffen Anregungen und Denkanstöße gebracht, die nicht ohne Folgen blieben.

Den Jungen habe ich versucht klarzustellen, daß mein Glauben nicht „sonntags in der Kirche stattfindet", sondern daß er alle meine Lebensbereiche durchzieht. Vielleicht haben sie mich verstanden, und vielleicht können sie es für ihr eigenes Leben als Hilfe annehmen.

Aber schließlich will ich mich nicht so wichtig nehmen und glauben, daß sie nur durch mich zum Glauben finden können. Sie haben viele Möglichkeiten dazu, und ich war eine davon.

P.S. Der Brief an den Papst wurde in der folgenden Stunde neu überdacht, für schlecht befunden und nicht mehr weiterbetrieben.

2.3 Etappen auf dem Glaubensweg

Aus dem vorliegenden Verlauf einer Firmkatechese lassen sich einzelne Etappen deutlich unterscheiden.

(1) Die Sache an sich wie auch die Lebensart anderer findet wenig Interesse

Nach einer ersten Runde des Kennenlernens kommt Frau B. mit keinem Thema an. Auch die Lebensart anderer Leute interessiert die Jungen nicht. Nach einem kurz durch Collagenarbeit geweckten Interesse schwindet dieses wieder völlig. Keine Frage des Glaubens, kein Thema aus der Arbeitsmappe zur Firmvorbereitung interessiert die Jungen. Vier Runden sind schon vergangen. Erst ein ziemlich emotionaler Ausbruch von Frau B. und die außergewöhnliche fünfte Runde bei Kuchen und Cola eröffnet eine neue Phase der Beziehung.

133

(2) Suche nach Menschen, denen die Firmung etwas bedeutet

Nicht die Firmung an sich interessiert die Jungen, sondern ihre Bedeutung für das Leben bzw. ihre verändernde Kraft im Leben bestimmter Menschen. Frau B. als Gruppenleiterin ist dabei zunächst noch nicht im Blickpunkt. Möglicherweise wird sie unbewußt von den Jungen noch als befangen abgelehnt. Schließlich ist ihnen ihre Absicht zu offenkundig, daß sie auf die Firmung vorbereiten soll. So suchen die Jungen zunächst nach neutralen Personen (z. B. Mitarbeiterinnen im Kinderdorf, in der Strafgefangenenhilfe) und in der sechsten Runde nach kirchenamtlichen Personen wie Bischof und Papst. Nur so scheint ihnen der Weg zur Firmung plausibel werden zu können. Sie wollen konkret erleben, was die Firmung bei Menschen bewirkt, und möchten gleichzeitig diese Wirkung bzw. Lebensart kirchenamtlich identifiziert wissen.

Erst allmählich wenden die Jungen ihr Interesse Frau B. zu und nehmen sie als bedeutsam wahr.

(3) Frau B. wird bedeutsam

Ein Wochenende mit den Firmvorbereitungsgruppen ist geplant. Die Jungen legen in der siebten Runde großen Wert darauf, daß Frau B. mitfährt. Frau B. ist einigermaßen betroffen: „So wichtig bin ich für sie geworden und habe nichts davon gemerkt." Hier wurde eine entscheidende Etappe erreicht. Frau B. ist für die Jungen bedeutsam geworden – sicher aufgrund ihres Verhaltens in den ersten sieben Runden. Von jetzt an kann sie mit der Gruppe auch darüber reden, was Glaube, Heiliger Geist und Firmung bedeuten.

(4) Sie beginnen voneinander zu erzählen

In der neunten und zehnten Runde erzählen die Jungen von Erlebnissen und Begebenheiten in der Schule. Sie fragen nach möglichen und richtigen Verhaltensweisen. In der elften Runde teilen sie ihre Erfahrungen mit dem Beten mit. Frau B. erzählt etwas über den Rosenkranz. Aus der Gruppe wird eine kleine Erzählgemeinschaft.

(5) Glaubensinhalte werden „bedacht"

Schließlich in der 13. Runde gelingt es auch, noch einmal bewußt einige Glaubensinhalte zu bedenken. Auf den ersten Blick erscheint es recht wenig: etwas über Sakramente, über Glauben, Heiligen Geist und Firmung zu erfahren.

2.4 Die Bedeutung des Glaubensbegleiters

Am dargestellten Erlebnisbericht können einige Erkenntnis-Schritte identifiziert werden, wie sie vor allem innerhalb der Wissenssoziologie erarbeitet wurden[41]. Sie gibt uns wichtige Hinweise, wie jede Art von Lebenswissen vermittelt und übernommen wird und somit auch bedeutsam sein kann für die Vermittlung des Glaubens als einer Lebenskunde und Lebensmöglichkeit. Die Bedeutung der personalen Beziehung für die Primär- und Sekundär-Sozialisation des Menschen im Kindesalter ist schon längst von der Religionspädagogik aufgenommen und in entsprechende didaktische Konzepte umgesetzt worden. Christ-werden in einer sich fortwährend noch säkularisierenden und pluralisierenden Gesellschaft ist jedoch keineswegs mit der sekundären Sozialisation im Kindesalter abgeschlossen. Vielmehr muß eine immer wieder neue Hinwendung bzw. Bestärkung oder gar Umkehr zur christlichen Lebensart erfolgen. Dies gilt im besonderen Maße für entscheidende Lebensphasen, so z. B. für die Phase der Pubertät, in der vom Heranwachsenden die bisher durch die Eltern weitgehend bestimmte Lebensart in Frage gestellt und überprüft wird und ein eigenes Lebenswissen erworben werden muß, das entweder das Bisherige übernimmt und diesem handelnd zustimmt oder es auch verändert[42]. Nach P. L. Berger lassen sich solche Entwicklungen als Vorgänge von resozialisierender Natur kennzeichnen. Welche Faktoren bestimmen bzw. lösen solche Vorgänge aus? Es sind annähernd die gleichen, wie sie in den übrigen Sozialisationsvorgängen der Primär- und Sekundär-Sozialisation von Bedeutung sind:

1. Es muß eine besonders affektgeladene Identifikation mit sozialisierendem „Personal", wie sie für die Kindheit charakteristisch ist, noch einmal durchgemacht werden.

2. Dies gelingt nur, wenn ich einem signifikant anderen begegne, der die christliche Lebensart erkennbar lebt (äußere Plausibilität = praktische Korrelation) und gleichzeitig diese auch als sinnvoll ausweisen kann (innere Plausibilität = theoretische Korrelation)[43].

Im dargestellten Fallbeispiel der Firmvorbereitung lassen sich wesentliche Faktoren und Etappen einer solchen Begegnung einer christlichen Resozialisierung aufzeigen. Es sind im wesentlichen 5 Etappen:

135

1) Die Jungen sind in Frau B. jemandem begegnet, der ihnen gut war, für sie da war, sie erst einmal so annahm, wie sie waren (liebende, zuwendende Begegnung: affektgeladene Begegnung aus Anlaß der Firmvorbereitung; die Person ist noch nicht signifikant).

2) Frau B. wird für sie bedeutsam (signifikant) aufgrund dieses ihres Verhaltens. Ihr Verhalten macht ihre Glaubensaussage (soweit diese überhaupt begrifflich gefaßt wird) äußerlich plausibel.

3) Die Jungen erzählen aus ihrem Alltagsleben (Schule, Gebetspraxis) und überprüfen so angesichts der Einstellung und Verhaltensweise von Frau B. ihre eigene Lebensart. Eine ansatzhafte Reflexion, in der sich die innere Plausibilität christlicher Lebensart erweisen soll.

Zwei weitere notwendige Schritte, die erst die christliche Lebensart lebend, handelnd und bedenkend einlassen müssen.

4) Die Jungen werden sich auf diese christliche Lebensart lebend, handelnd und bedenkend einlassen müssen.

5) Sie bedarf der Stabilisierung durch gelebte Beziehungen in Gruppen der christlichen Gemeinde.

Wenn hierüber der Bericht selber auch nichts mehr aussagt, so liegt doch gerade hier eines der wesentlichsten Ziele der Gemeindekatechese. Sie hat die Absicht, in die Gemeinde als einer Stützgemeinschaft im Glauben und in der christlichen Lebensart einzuführen. Hier können anfanghaft erlebte christusähnliche Beziehungen jeweils wieder neu erlebt, stabilisiert werden.

Damit geht das Ziel der Gemeindekatechese weit über die Organisation und Durchführung der unmittelbaren Katecheserunden hinaus. Organisiert werden muß die heute nicht mehr selbstverständliche Begegnung mit signifikant christlichen Personen. Sicherlich drängt sich nun die Frage auf, ob diese Betonung der Beziehungen und Begegnungen nicht einen unverhältnismäßig hohen Stellenwert bekommt gegenüber dem gerade auch im angeführten Beispiel relativ geringen Maß der Vermittlung von Glaubenswahrheiten. Ist Glaubenswahrheit wirklich in erster Linie Begegnung bzw. Leben in bestimmter Beziehung?

2.5 Versuch einer theologischen Verantwortung

Auch der Glaubensbegleiter in unserem Fallbeispiel war sich seiner Vorgehensweise keineswegs immer sicher. So fragte er in der 8. Runde: „Ob ein Diplom-Theologe jetzt Einwände gegen meine Argumentation hätte?"

... „Ob ich nicht versäumt habe, ihnen Wesentliches mitzuteilen? ... In der Firmmappe sind noch eine Reihe von Themen, über die ich hätte sprechen müssen. Ich habe die meiste Zeit damit zugebracht, das Vertrauen der Jungen zu gewinnen ... Hätte ich nun mehr erreichen können?"

Nach dem Neuen Testament heißt „Glauben": die *Beziehung, in die Gott zum Menschen tritt, zu erkennen und anzunehmen*[44]. Erkennen und annehmen von Beziehung heißt hier dann konkret, sich auf die Beziehung Gottes zu uns Menschen ganz und gar einlassen. Mit allem Denken und Fühlen und in jeder Lebenssituation. Die dogmatische Konstitution über die göttliche Offenbarung des 2. Vatikanischen Konzils spricht von einer Selbstkommunikation Gottes, in der es Gott gefallen hat, sich selbst zu offenbaren und das Geheimnis seines Willens kundzutun (vgl. Eph 1,9) als einen Austausch (vgl. Bar 3,38), die Menschen zur „Gemeinschaft mit sich einzuladen und sie darin aufzunehmen" (Nr. 2). Wenn es also um Vermittlung von solcher Offenbarung und Hinführung zu diesem Glauben geht, dann doch wohl darum, diese Einladung Gottes personal erfahrbar werden zu lassen und so in seine Beziehung hineinzuführen.

In der Geschichte der Menschheit selber können wir die Erfahrung dieses „beziehungswilligen Gottes" (H. Stenger) machen, von Abraham bis Jesus, vom Bundesvolk bis zur Kirche.

Diese göttliche Beziehungsgeschichte läßt sich in folgender Weise kurz umschreiben:

– Der *Gott des Volkes Israel* offenbart sich durch die Art und Weise seiner Beziehungsaufnahme zu diesem Volk. Er ist ein Gott des Bundes, *ein beziehungswilliger Gott,* der sein Bundesangebot nicht zurücknimmt. Seine Namenskundgabe ist geradezu Ausdruck seines Wesens: Ich bin, der ich da (-zwischen) sein werde / Jahwe (Gen 3,13ff.). Noch jedoch ist die Art und Weise der Beziehungsaufnahme Gottes uneindeutig: vergebende und zürnende Zuwendung zum Menschen, gütige und harte, ermutigende und drohende usw.

– *Jesus Christus offenbart diesen Gott durch die Art und Weise seiner Beziehungsaufnahme zu den Menschen in endgültiger und unwiderruflicher, d.h. eindeutiger Weise:* eine liebende, vergebende und heilende Beziehung. So versucht er die Menschen mit Gott in Beziehung zu bringen, sie einzuladen, sich auf diese Beziehung einzulassen (vgl. Phil 2,5ff.).

– Dieser Jesus Christus ist uns in dieser Art und Weise heute nicht mehr unmittelbar zugänglich. Vielmehr ist die *Kirche die von Jesus Christus gewollte Beziehungsgemeinschaft* in der heute dieser beziehungswillige Gott positiv erfahrbar und zugänglich gemacht wird. Dies gilt unabhängig davon, ob Gott seine einladenden Beziehungen auch auf andere Art und Weise dem Menschen zukommen läßt.

Hiermit kommt dem *Glaubensbegleiter* eine hervorragende Bedeutung in der Glaubensvermittlung, d. h. in der göttlichen Beziehungsaufnahme, zu. Er selber muß in einer Art und Weise zunächst *christusähnliche Beziehungen* (liebende, vergebende, geduldige) zu denen aufnehmen, mit denen er sich auf den Weg macht. Die Art und Weise dieser Beziehung selber ist damit bereits elementare Glaubensvermittlung. Erst im weiteren Vollzug wird sie auch reflektiert und begründet werden müssen (innere Plausibilität).

Wo jedoch heilende, vergebende, vertrauende, helfende, geduldige Beziehungen nicht erlebt werden, können diese auch nicht als christlich identifiziert bzw. interpretiert, begriffen und auf den *theologischen Begriff* gebracht werden. Darin besteht eben die „Revolution" des christlichen Gottesbildes, wie Klaus Hemmerle sagt, die durch den Glauben an den personhaften Heiligen Geist und damit durch den Glauben an den dreieinigen Gott in der Menschheitsgeschichte eingesetzt hat: „Er gibt *sich*, indem er seinen Sohn für uns hingibt – er gibt *sich*, indem der Sohn uns seinen Geist sendet. Und indem uns der Geist Gottes Beziehung zu uns und unsere Beziehung zu Gott zeigt, zeigt er uns eben das Geheimnis Gottes selbst ... In dieser sich verschenkenden Beziehung zu uns, geht er auf als jener, der in sich selber Sich-Verschenken, gegenseitige Liebe ist ... Daß Gott ganz und gar Mitteilung, sich verströmendes Leben, daß er in sich geschlossene Seligkeit als lautere gegenseitige Hingabe ist, das dreht nicht nur das menschliche Bild von Gott um; es betrifft auch unser Selbstverständnis, unser Verständnis der Welt. Sein und Leben können auch für uns nur noch heißen: „füreinander und miteinander sein"[45].

An diesem kurzen Extrakt wird erkennbar, wie auch eine Trinitätstheologie nur richtig verstanden werden kann als ein Begreifen jener geschichtlichen Erfahrung des beziehungswilligen Gottes. Unter dieser Rücksicht läßt sich die Frage des Glaubensbegleiters, ob er wirklich genug erreicht hat, sicher positiv beantworten. Frau B. hat durch ihre Beziehung des Vertrauens, durch das Erzählen ihrer eigenen Lebensart und der Möglichkeit, daß die ihr anvertrauten Jungen ihre Lebensart aufgrund der erlebten Beziehungen hinterfragen konnten, christusähnliche Beziehung wachsen lassen. Sicherlich handelt es sich hierbei um eine selektive Glaubenserfahrung. Aber auch die Tradition ist immer selektiv gewesen.

Frau B. als Glaubensbegleiter wäre hoffnungslos überfordert, wenn sie allein stünde. Doch ist diese Aufgabe ihr nicht allein anvertraut. Vielmehr bedarf es in diesem Vorgang der Glaubensvermittlung der *Kirche bzw. Gemeinde als dauernder Stützgemeinschaft*. Sie ist die von Jesus Christus gewollte Beziehungsgemeinschaft, in der dieser beziehungswillige Gott erfahrbar und positiv zugänglich wird. Wer dieser Gott ist, auf den ich mich einlassen soll, kann ich positiv (nicht exklusiv) in der Kirche bzw. Gemeinde erfahren. Auf dem Weg des Christwerdens muß man deshalb vertraut gemacht werden mit der Kirche als dieser Beziehungsgemeinschaft. Dabei darf Kirche nicht auf die gegenwärtig in und von ihr gelebten Beziehungen eingeengt werden, sondern sie umfaßt auch die vergangenen uns noch im Zeugnis des Wortes (Hl. Schrift), des Bekenntnisses, der Dogmen, Gebete, des Kultes und des Bildes übermittelten Beziehungsgestalten. In ihnen ist die Art der göttlichen Beziehung ein Stück weit „konserviert". Allerdings wird es entscheidend sein, auf welche Art und Weise auch solch „konservierte" göttliche Beziehungen heute zugänglich gemacht werden können. Sie lassen sich kaum als objektivierte, sozusagen „eingefrorene" oder „konservierte" Erfahrungen vermitteln. Erfahrungen als solche sind nicht zu vermitteln. Vielmehr kann man heute nur erzählen, wie solche Erfahrungen gemacht wurden. Von daher kommt auch dem erzählenden Zeugnis von Christen in der Geschichte der Kirche (Heilige) besondere Bedeutung zu.

2.6 Der Katechet – *ein* Begleiter auf dem Weg des Glaubens

Die Unmittelbarkeit der Begegnung in kleinen Runden offenbart auch deutlich die unterschiedliche Lebens- und Glaubensgeschichte der einzelnen Kinder bzw. Jugendlichen. Bei der Erstkommunionvorbereitung ist es keine Seltenheit, daß Kinder nicht einmal das Kreuzzeichen machen können. Firmbewerber wissen von Jesus Christus oft nicht mehr, als daß er gelebt hat, ein guter Mensch war und gekreuzigt wurde. Daneben gibt es jedoch immer auch einen kleineren Teil von Kindern und Jugendlichen, die aufgrund ihres Elternhauses, der Verwandtschaft und Freunde wie auch durch einen gelungenen Religionsunterricht mit einer ihrem Alter entsprechenden christlichen Lebensart vertraut sind. Für sie ist Gebet und Gottesdienst selbstverständliche Glaubenspraxis. Sie erwarten von der Katechetengruppe eine weitere Vertiefung und die Möglichkeit der Auseinandersetzung mit dem Glauben außerhalb der Familie und Schule.

Zwei Aspekte sind hier zu bedenken:

1. Der Katechet muß seine Gruppe geduldig auf dem Stück des Lebens- und Glaubensweges begleiten, auf dem sie sich gerade befindet. Dies wird von Gruppe zu Gruppe, aber auch innerhalb einer Gruppe unterschiedlich sein. Einerseits könnten diejenigen, die schon etwas weiter sind, ein wenig in die Mitverantwortung für die anderen in der Gruppe einbezogen werden, andererseits könnten einzelne Runden oder ein Teil einer Runde zeitweise die einen oder anderen ansprechen. Zunehmend wird der Katechet lernen, hier zu differenzieren. Doch darf er auch darauf vertrauen, daß Kinder und Jugendliche ihrerseits differenziert lernen und wahrnehmen. Die einen werden vornehmlich von der Haltung des Katecheten, seiner Geduld, seiner Freundlichkeit, seiner Redlichkeit, seiner Echtheit oder Zuwendung christusähnliches Leben lernen, die anderen mehr im Gespräch und Bedenken biblischer Texte oder Lebenszeugnisse von Christen. In jedem Falle aber braucht der Katechet die Ermutigung, nicht ein bestimmtes Programm durchnehmen zu müssen, sondern den seiner Gruppe gemäßen Weg zu gehen, auch wenn dadurch die Wege der einzelnen Gruppen recht unterschiedlich verlaufen.

Solch differenzierte, an konkreten menschlichen Lebenssituationen orientierte Vorgehensweise ist die Chance der Gemeindekatechese in kleinen Gruppen. Sicherlich zeigt sich hier eine gewisse Problematik, wenn andererseits alle aufgrund der bisher noch jahrgangsweisen Erfassung, trotz unterschiedlicher persönlicher Lebens- und Glaubensgeschichte, im gleichen Zeitraum auf bestimmte Sakramente vorbereitet werden sollen. Für alle steht dann am Ende der Vorbereitungszeit der Empfang des jeweiligen Sakramentes der Erstkommunion, der Buße oder auch der Firmung, unabhängig davon, welche Etappen des Weges sie bisher zurücklegen konnten. Wenn keine Einsicht zu vermitteln ist, daß es für manche wahrhaftiger wäre, mit dem Sakrament noch zu warten, können wir nur darauf vertrauen, daß dies dann − ähnlich wie bei der Kindertaufe − ein Sakrament, das heißt ein Zeichen der immer doch zuvorkommenden

Güte und Zuwendung Gottes ist, die hoffentlich im weiteren Verlauf des Lebens bewußter erfahren und beantwortet werden kann.

2. Der Katechet muß sich darüber klar sein, daß er nur ein Glaubensbegleiter auf einer kurzen Etappe des Lebens- und Glaubensweges der Jungen und Mädchen ist. Die verschiedentlichen Treffen über einige Wochen oder Monate hinweg müssen daher in ihrer Wirkung realistisch eingeschätzt werden. Bisherige Erfahrungen der Jungen und Mädchen zu Hause, in der Nachbarschaft, im Freundeskreis, in der Schule und auch im christlichen Gemeindeleben sind oft viel prägender. Dies gilt sowohl in positiver als auch in negativer Hinsicht. Der Katechet kann nur von der Hoffnung und aus dem Vertrauen leben, daß auch diese Begegnungen in der Katechesegruppe entweder erstmalig oder erneut ein wenig mit christlicher Lebensart vertrauter gemacht haben. Um so mehr stellt sich die Frage, wie die Lebenswelt der Kinder und Jugendlichen so beeinflußt und gestaltet werden kann, daß christliches Leben auf Dauer ermöglicht wird.

Dies wird in einer plural geprägten Gesellschaft sicher nur in gewissen Grenzen möglich sein, doch haben wir die Notwendigkeit und die Chance des Aufbaus einer christlichen Subkultur in Familie und Gemeinde sicher noch nicht hinreichend erkannt und genutzt.

Nicht der weitere methodische und didaktische Ausbau der Kinderkatechese wird zu größerem Erfolg führen, sondern die Gestaltung eines christlichen Lebensraums in Familie und Gemeinde. Sonst wächst die Gefahr, daß noch so gute katechetische Bemühungen verdunsten. Katechese allein reicht nicht zur Stabilisierung eines christlichen Lebens aus; dazu bedarf es eben der Kultur christlichen Lebens in Familie und Gemeinde.

3. QUALIFIKATIONEN

3.1 Grundqualifikationen

Im folgenden soll über die notwendigen Qualifikationen sowie die Wege der Qualifizierung der direkten katechetischen Mitarbeiter gesprochen werden, die als Leiter und Begleiter von didaktisch geplanten und organisierten Katechesegruppen bei Erwachsenen, Jugendlichen und Kindern tätig werden sollen.

Hinsichtlich der vorhandenen Begabungen wie auch der noch zu erwerbenden Fähigkeiten und Wege der Befähigung ergeben sich einige Fragenkomplexe:

– Welche Grundhaltungen sind von den Mitarbeitern in einer didaktisch verantworteten Katechese zu erwarten? Welche müssen vorausgesetzt, welche können im Verlauf des katechetischen Prozesses erworben werden?
– Welche Zielgruppe bzw. projektspezifischen, funktionalen Qualifikationen müssen vorhanden sein bzw. können erworben werden?
– Welche Wege der Qualifizierung sind notwendig und anzustreben?

Wie bei jedem didaktisch verantworteten Lernprozeß ist auch bei Wegen der Befähigung zur Katechese die Interdependenz zwischen vorhandenen Lernvoraussetzungen und den angestrebten Qualifikationen zu beachten. Hieraus ergeben sich entsprechende Konsequenzen für die Lehr- und Lernform bei der Qualifikation der Katecheten.

Es wird im Einzelfall schwer zu entscheiden sein, welche Qualifikationen grundsätzlicher oder spezifischer Art erforderlich sind. Die Zahl der Bedingungsfaktoren für die Katechese in der Gemeinde (z.B. Sozialstruktur der Gemeinde, Intensität des Gemeindelebens, Erwartungen und Voraussetzungen der jeweiligen Katechesegruppe, Einstellung und Haltung des verantwortlichen Gemeindeleiters usw.) sind zu vielfältig, um hier einen allgemeingültigen, differenzierten Katalog von katechetischen Qualifikationen vorlegen zu können.

Eine katechetische Erzählung im Neuen Testament, die Emmaus-Perikope (Lk 24, 13 – 35), nennt einige grundlegende Eigenschaften und Verhaltensweisen. Hier ist Jesus selber in der Rolle des Glaubensbegleiters. Seine Eigenschaften und Verhaltensweisen sind durchgängig für den Glaubensbegleiter auch heute gültig:
– er kommt dazu – er geht mit – er fragt, was bedrückt bzw. verunsichert – er erzählt, was über ihn in der Schrift geschrieben steht – er drängt sich nicht auf – er nimmt die Einladung zum Essen an – ißt schließlich mit ihnen zusammen.

Hieraus und aus den konkreten Anforderungen des katechetischen Dienstes heute lassen sich folgende Grundqualifikationen ableiten:

– ein Bemühen, sein Leben aus dem Glauben in der Gemeinschaft der Kirche zu gestalten;

– Bereitschaft, sich mit anderen auf einen authentischen Weg zum Glaubensleben, zum Glaubenszeugnis und zur Glaubensfeier einzulassen und dabei auch von seinem eigenen Lebens- und Glaubensweg zu erzählen;

– Interesse, Neigung und Zeit (unter Berücksichtigung der familiären und beruflichen Situation) für den jeweiligen katechetischen Dienst in der Gemeinde;

– eine Bereitschaft, mit dem jeweils Verantwortlichen für die Katechese in der Gemeinde wie auch mit den übrigen katechetischen Mitarbeitern zusammenzuarbeiten und das eigene Tun vor diesem Kreis zu verantworten;

– eine menschliche Reife, die erwarten läßt, daß man nicht indiskret und unverantwortlich eigene Probleme an Kinder und Jugendliche heranträgt.

3.2 Funktionale Qualifikationen und Wege der Qualifizierung aufgrund unterschiedlicher katechetischer Verantwortung

Aufgrund der bisherigen Entwicklung katechetischer Dienste in der Gemeinde lassen sich derzeit drei Gruppen von Mitarbeitern in der Gemeindekatechese unterscheiden, denen entsprechend Qualifikationen und Wege der Qualifizierung zuzuordnen wären.

– Katechetische Mitarbeiter für projektbezogene, zeitlich begrenzte Katechesen, z. B. in der Sakramentenkatechese mit Kindern und Jugendlichen;

– Katecheten für differenzierte Zielgruppen bzw. im längerfristigen Einsatz, z. B. in der Elternkatechese, der Tauf- und ehevorbereitenden Katechese sowie auch als Begleiter der katechetischen Mitarbeiter in der Kinder- und Jugendkatechese;

– Pfarrer oder der von ihm speziell Beauftragte (Kaplan, Diakon, Gemeinde- bzw. Pastoralreferent[in] als Erstverantwortlicher für die Katechese in der Gemeinde.

Diesen verschiedenen Funktionen müssen auch die Voraussetzungen bzw. die Wege einer weiteren Befähigung entsprechen. Dabei sind die verschiedenen Funktionen in der konkreten katechetischen Arbeit nicht ausschließlich zu verstehen. Viel grundsätzlicher wird sich oft z. B. die

Mitarbeit des hauptamtlich tätigen Gemeindereferenten von einem ehrenamtlichen Mitarbeiter allein aufgrund seiner zeitlichen Beanspruchung unterscheiden.

Auch kann und sollten der Pfarrer und andere hauptamtliche pastorale Mitarbeiter neben ihrer begleitenden Tätigkeit hin und wieder auch
selber eine Kinder- und Jugendgruppe in der Sakramentenkatechese
übernehmen. Dies gilt in jedem Fall für die verschiedensten Zielgruppen
in der Erwachsenenkatechese. Entscheidend ist hier allein das Miteinander aller und nicht eine ausschließliche Aufgabenzuteilung.

*(1) Katechetische Mitarbeiter für projektbezogene, zeitlich begrenzte
Katechesen*

Qualifikationen
Die katechetische Verantwortung in der Gemeinde wächst nicht zuletzt
dadurch, daß eine möglichst große Zahl von erwachsenen Christen mit in
die direkten katechetischen Dienste einbezogen wird. In unserer derzeiti-
gen kirchlichen Situation in Deutschland ergibt sich aus Anlaß der Sakramentenkatechese mit den Kindern die Möglichkeit, Eltern und andere erwachsene Christen für solch einen zeitlich begrenzten katechetischen
Einsatz zu motivieren.

Neben den bereits erwähnten Grundvoraussetzungen wäre von ihnen
zu erwarten:

– ein pädagogisches Geschick im Umgang mit Kindern und Jugendlichen bzw. der jeweiligen Zielgruppe;
– eine Fähigkeit, Fragen und Probleme der Gruppe aufzugreifen, zur
Sprache bringen zu können;
– eine grundlegende didaktische Kompetenz hinsichtlich des Umgangs
mit der Gruppe und der verwendeten Arbeitshilfen.

Wege der Qualifizierung
Für diese Gruppe der Mitarbeiter ist eine Einführung als „Starthilfe" auf
pfarrlicher oder überpfarrlicher Ebene angebracht. Sie müssen Mut bekommen, mit der katechetischen Arbeit zu beginnen, und Sicherheit gewonnen haben, ihre eigenen Fragen und Probleme jeweils im Kreis der
Katecheten selbst zur Sprache bringen zu können. Nach einer entsprechenden Einführung grundsätzlicher theologischer und didaktischer Art
in die Ziele, die in der jeweiligen Katechesegruppe angestrebt werden,

können die weiteren notwendigen Qualifikationen durch eine intensive Begleitung erworben werden. Die Reflexion ihres Tuns selbst und dessen theologische, didaktische und pastorale Verantwortung läßt die katechetischen Mitarbeiter im Verlauf ihres Dienstes selbst entsprechende Fähigkeiten erwerben.

Bei jährlich wechselnden Mitarbeitern in der Sakramentenkatechese werden immer mehr zur Auseinandersetzung mit ihrem persönlichen Glaubensleben herausgefordert, sie lernen von ihrem christlichen Leben zu erzählen und bekommen die Möglichkeit des kritischen Austauschs im Kreis der Katecheten. Nicht selten erfahren sie auch z. B. durch die katechetische Arbeit mit heranwachsenden Firmbewerbern eine Bestätigung ihrer eigenen Erziehungsfähigkeit, an der sie vielleicht hin und wieder gezweifelt haben, wenn sie mit den eigenen Kindern im gleichen Alter nicht mehr zurechtkamen. Sie spüren, daß sie in der Rolle als Katecheten mit anderen Kindern gleichen Alters sehr gut umgehen können. Nicht zuletzt wächst durch die Beteiligung möglichst vieler ein katechetisches Klima in der Gemeinde, in dem viele Verantwortliche und Gruppen erfahren, daß nur im solidarischen Handeln die missionarische Verantwortung in der Katechese gelingen kann.

Hierbei wird deutlich, daß die katechetischen Mitarbeiter selbst eine entscheidende Zielgruppe des katechetischen Dienstes auch in der Kinder- bzw. Jugendkatechese sind. Eine projektbezogene und projektbegleitende Qualifizierung ist auch deshalb angezeigt, da die notwendige Sicherheit gerade im Umgang mit Kindern und Jugendlichen oft schon durch die eigene Erfahrung in der Kindererziehung gewonnen wurde.

(2) Katecheten als Erwachsenenkatecheten und Praxisbegleiter für Mitarbeiter in projektbezogener, zeitlich begrenzter Kinder- bzw. Jugendkatechese

Qualifikationen

Diese Gruppe von Mitarbeitern erweist sich als notwendig einerseits für die vielfältigen Formen der noch recht „unterentwickelten" Erwachsenenkatechese wie auch zur Begleitung der möglichst häufig wechselnden katechetischen Mitarbeiter in der Kinder- und Jugendkatechese. Vorrangig werden hier in Zukunft sicher Mitarbeiter notwendig sein für die Elternkatechese, die Ehe- und Taufkatechese sowie die Altenkatechese. Zwar werden diese Aufgaben oft aus zeitlichen Gründen den hauptamtlichen Gemeinde- oder Pastoralreferenten(-tinnen) zugewiesen. Doch

145

dürfte gerade in diesen katechetischen Feldern auch das glaubwürdige Zeugnis erwachsener Christen nicht fehlen, die im nicht hauptamtlichen Verkündigungsdienst stehen. Katechetische Mitarbeiter, die zusammen mit dem Pfarrer diese verschiedensten katechetischen Dienste einer Gemeinde verantworten, können erfahrungsgemäß vor allem aus den Kreisen gewonnen werden, die zunächst in konkreten Projekten der Kinder- oder Jugendkatechese mitgewirkt und entsprechende Qualifikationen erworben haben. Auch Religionslehrer, die in der Gemeinde wohnen, lassen sich für diese Aufgabe ansprechen. Hierzu benötigen sie neben den oben bereits genannten Qualifikationen als weitere Befähigungen:

– eine theologische, lern- und sozialpsychologische sowie didaktische Kompetenz hinsichtlich der Zielgruppe „Erwachsene" (Eltern, junge Erwachsene, Alte usw.);
– Fähigkeiten, die konkreten direkten katechetischen Dienste im Zusammenhang mit den übrigen Lebensvollzügen zu sehen und darin zu integrieren;
– Kenntnis von Kriterien zur Beurteilung katechetischer Modelle und Arbeitshilfen sowie die Fähigkeit, diese auch zu verändern bzw. zu ergänzen;
– Fähigkeit, katechetische Mitarbeiter für die Kinderkatechese zu gewinnen, einzuführen und in ihrer Arbeit zu begleiten;
– Fähigkeit, andere zu kritischer Praxisreflexion anzuleiten.

Wege der Qualifizierung

Einen eindeutigen Weg der Qualifizierung vorzulegen ist recht schwierig. Einerseits können die notwendigen Fähigkeiten durch eine mehrjährige reflektierte Praxis im katechetischen Dienst erworben werden, andererseits zeigt es sich jedoch, daß gerade hinsichtlich der katechetischen Arbeit mit Erwachsenen manche Unsicherheit und Hemmung besteht, die zum größten Teil in mangelnder vorgängiger Erfahrung des lernenden Umgangs mit Erwachsenen begründet ist.

Von daher würde sich möglicherweise im Unterschied zur Qualifizierung der ersten Gruppe katechetischer Mitarbeiter hier eine längerfristige vorausgehende Qualifizierung anbieten. Diese soll keineswegs ausschließlich einer intensiveren Wissensvermittlung dienen, sondern vorrangig die didaktische Kompetenz hinsichtlich des Umgangs mit Erwachsenen fördern. Dies bedeutet, daß die Ausbildung selbst nach katechetischen und erwachsenenbildnerischen Gesichtspunkten zu konzipieren ist.

Hierzu können entsprechende Ausbildungsangebote auf regionaler bzw. diözesaner Ebene eingerichtet werden. In jedem Fall sollten die Interessenten für solch eine Ausbildung bereits persönliche Erfahrungen in einer projektbezogenen katechetischen Arbeit gesammelt haben. Nur so kann eine falsche Lernperspektive vermieden werden. Die Ausbildungsgruppe wird dabei im Verlauf des Kurses selbst zu einer Katechesegruppe werden. Sie wird selber vollziehen und praktizieren, was die einzelnen später mit anderen Gruppen von Erwachsenen tun können und sollen.

Dabei wäre es günstig, wenn an solch einer Ausbildung jeweils mehrere Mitglieder einer Gemeinde gleichzeitig teilnähmen, damit der zukünftige Erfahrungsaustausch garantiert, die Motivation gestärkt und die konkrete Übertragung in die pastorale Situation der entsprechenden Gemeinde erleichtert wird. Der jeweilige Pfarrer muß die Ausbildung wollen und unterstützen.

Für die Aufgaben können vor allem auch Religionslehrer und Schulkatecheten angesprochen werden. Auch sie bedürfen jedoch einer zusätzlichen Qualifikation, da sich Lernziele und Lernort von ihrem schulischen Arbeitsfeld unterscheiden. Andererseits könnten gerade durch die Einbeziehung der Religionslehrer in die Gemeindekatechese diese ihren pastoralen Ort im Leben der Gemeinde finden.

(3) Der Pfarrer bzw. der von ihm Beauftragte als Erstverantwortlicher für die katechetischen Dienste in der Gemeinde

Qualifikationen

Als Gemeindeleiter ist der Pfarrer (bzw. der von ihm beauftragte Kaplan, Diakon, Gemeindereferent/in, Pastoralreferent/in, Religionslehrer, Katechet usw.) *erst*verantwortlich für alle katechetischen Dienste. Daraus darf keine *Allein*verantwortung abgeleitet werden. Er trägt vielmehr die Verantwortung dafür, daß die Gemeinde ihre katechetischen Dienste wahrnimmt.

Dazu bedarf er bzw. der jeweils Verantwortliche zu seiner theologischen und pastoralen Ausbildung einer entsprechenden Fortbildung, um katechetische Prozesse in der Gemeinde zu initiieren und kritisch begleiten zu können. Zusätzlich zu den von den übrigen Mitarbeitern erwarteten Fähigkeiten wird von ihm noch folgendes verlangt werden müssen:

— *Ziele der Katechese von der Gesamtsituation der Gemeinde her zu reflektieren und handelnd anzugehen;*

– *Zusammenhänge zwischen den Zielen der Gemeindekatechese und anderen pastoralen Aufgaben zu sehen und herzustellen;*
– *das Aufgabenfeld der Katechese zu übersehen und unter Berücksichtigung der konkreten pastoralen Situation entsprechende Prioritäten zu setzen;*
– *andere haupt-, neben-, ehrenamtliche katechetische Mitarbeiter zu gewinnen, einzuführen und zu begleiten.*

Wege der Qualifizierung
Diese Qualifikationen können durch einen geplanten Erfahrungsaustausch auf Dekanats- bzw. regionaler Ebene sowie in speziellen Fortbildungsangeboten erworben werden. Sie gehören jedoch ebenso bereits mit in die pastoraltheologische Grundausbildung.

4. ARBEIT MIT MITARBEITERN

4.1 Katechetische Mitarbeiter gewinnen

Der Glaube an die von Jesus Christus gewollte Kirche läßt uns sicher sein, daß der Geist Gottes auch heute jeder Gemeinde die Gaben und Charismen schenkt, die sie zu ihrem Aufbau und zur Erfüllung ihrer Sendung notwendig braucht. Eine Aussage wie: „In meiner Gemeinde gibt es keine Frauen und Männer, die für die katechetischen Dienste geeignet sind!" wird sich daher gegenüber einem in Jesus Christus begründeten und gesicherten Vertrauen auf die durchtragende Existenz der Kirche verantworten müssen.

Meist verbirgt sich allerdings hinter einer solch pauschalen Feststellung auch die Schwierigkeit, entsprechende katechetische Mitarbeiter zu entdecken, anzusprechen und zu motivieren. Zum anderen befällt manchen Pfarrer Unsicherheit und Angst vor dem konkreten Umgang und der Zusammenarbeit mit solchen erwachsenen Mitarbeitern.

Die Chance, entsprechend begabte Mitarbeiter für die Katechese zu finden, hängt vor allem von dem Bemühen des Pfarrers und anderer Verantwortlicher in der Gemeinde ab, konkrete Personen ausfindig zu machen und persönlich anzusprechen. Andererseits zeigen sich entsprechende Begabungen in einer Gemeinde um so eher, je anziehender, offener und verantwortlicher das ganze Leben der Gemeinde von möglichst vielen Christen gestaltet wird. Je glaubwürdiger eine Gemeinde in all ihren Vollzügen ist, um so eher ist jemand bereit und interessiert, auch seine Fähigkeit in den Dienst am weiteren Aufbau der Gemeinde zu stellen. Gerade diese Absicht erweist ja eine Begabung als echt und vom Geist Gottes geschenkt.

(1) Werbung

Wenig Erfolg haben allgemeine Einladungen und Aufrufe über Kanzel, Pfarrbrief und Drucksachen. Wer um seine Mitarbeit gebeten wird, muß den Eindruck gewinnen können, daß er persönlich mit *seiner* Fähigkeit gewollt ist. Folgende Voraussetzungen und Informationen sind bei der konkreten Ansprache wichtig:

— *Die konkrete katechetische Aufgabe muß in ihrer Wichtigkeit einsichtig gemacht werden.*
— *Die Aufgabe muß so realistisch angesetzt sein, daß sie mit den vorhandenen Möglichkeiten und Mitarbeitern durchzuführen ist.*
— *Die Aufgabe muß sachlich und zeitlich klar umschrieben und begrenzt sein.*
— *Der Angesprochene muß sicher sein, daß er sich nach Beendigung dieses Dienstes mit Anstand wieder zurückziehen kann.*
— *Er muß das Gefühl haben, daß diese Aufgabe ihm selbst einen Gewinn bringt.*
— *Er muß sicher sein, daß er bei der entsprechenden katechetischen Aufgabe nicht allein gelassen, sondern vorbereitet und begleitet wird.*
— *Die Gemeindeleitung muß wollen, daß er diese Aufgabe übernimmt, und muß dazu entsprechende Öffentlichkeitsarbeit treiben.*

(2) Motivierung

Die anfängliche Bereitschaft zur verantwortlichen Mitarbeit in der Katechese wird in dem Maße positiv verstärkt wie folgende Verhaltensweisen beachtet und gefördert werden:

— *Beteiligung der zukünftigen Mitarbeiter an der konkreten Planung des katechetischen Projektes;*
— *Sicherung eines gleichen Informationsstandes aller Mitarbeiter, um eine verantwortliche Mitentscheidung zu ermöglichen;*

– Übertragung konkreter Einzelverantwortung bei gleichzeitigem Bewußtsein, in einem Team von Mitarbeitern am gleichen Projekt Aufgeschlossenheit und Verständnis füreinander zu finden;
– Vorbereitungen und Einführungen, die eine notwendige Sicherheit für den Beginn vermitteln;
– realistische Zielsetzung, die auch Erfolgserlebnisse ermöglicht;
– regelmäßiger Erfahrungsaustausch, der einerseits Erfolge bewußtmachen kann, andererseits Schwierigkeiten überwinden helfen kann.

Günstige Zielgruppen für eine direkte Mitarbeiterwerbung im Bereich der Katechese sind:

– Eltern, deren Kinder auf die Sakramente der Firmung, Eucharistie, Buße vorbereitet werden,
– Kindergärtnerinnen und Erzieherinnen,
– Mitglieder, Mitarbeiter in den Verbänden (Frauengemeinschaften, KAB, Kolping, BDKJ usw.),
– Familienkreise,
– Jugendgruppenleiter,
– andere religionspädagogisch begabte Erwachsene bzw. ältere Jugendliche.

4.2 Der ehrenamtliche Katechet in seiner Familie und im Berufsleben

Mitarbeiter in der Sakramentenkatechese erzählen, wie ihre Arbeit auch einen erheblichen Einfluß auf das Familienleben hat. Oft sind die Erlebnisse der Katecheserunden Gesprächsthema in der Familie. Ehepartner und Kinder interessieren sich, was denn in den Runden gemacht wird, zumal wenn diese in der Wohnung der Familie stattfinden. Themen des Glaubens und Probleme christlichen Lebens werden so auch selbstverständlich Inhalte familiärer Gespräche und führen nicht selten zu einer Art Familienkatechese.

Der Katechet selber wird dazu veranlaßt, in seiner eigenen Familie zu verantworten, was er in der Katecheserunde tut und sagt. Vielleicht ergibt sich daraus auch ein Anstoß für das Gebets- und Glaubensleben der Familie. Dabei zieht das Gespräch häufig weitere Kreise über die Familie hinaus zu Verwandten und Freunden, die davon hören, daß man eine Erstkommunion- oder Firmgruppe leitet. Themen und Probleme des

Glaubens werden wieder gesprächsfähig in Kreisen und Zeiten, in denen diese oft als Privatangelegenheit oder gar als Tabu galten, über die man mit anderen nicht spricht. Hin und wieder geht dies sogar bis ins Berufsleben hinein. Durch Zufall erfährt ein Kollege oder eine Kollegin, daß man in der Gemeindekatechese mitmacht. Bald ist ein Gespräch im Gang, dem oft auch andere Berufskollegen interessiert folgen. Auch hier lernt der einzelne Mitarbeiter sein Tun zu verantworten und ist oft erstaunt, welch reges Interesse Kollegen an religiösen Fragen und Themen haben. Diese Auswirkungen der katechetischen Arbeit in Familie und Berufsleben hinein sind mindestens ebenso bedeutsam wie die unmittelbare Katechese selber. Sie schaffen allmählich ein Klima christlicher Erzählgemeinschaft und befreien so von einer lange kultivierten Scham, über Glauben und persönliches Leben mit anderen zu sprechen.

Ein besonderes Problem stellt sich häufig dadurch, daß vor allem Ehefrauen in der Katechese mitarbeiten. Wenn sie bisher vor allem als Hausfrau und Mutter tätig waren, eröffnet die Mitarbeit in der Katechese oft ein neues Feld, in dem sie ihre Fähigkeiten einsetzen können und auch entsprechende Anerkennung über die Familie hinaus finden.

Doch beeinflußt solch eine Mitarbeit das Familienleben und hier noch einmal besonders die Beziehung zum Ehepartner. Da ist zunächst die zeitliche Beanspruchung. Die Ehefrau ist häufig nicht zu Hause, wenn z. B. abends die Katechetenrunden stattfinden und der Ehemann bisher gewohnt war, seine Frau am Abend regelmäßig zu Hause anzutreffen. Bedeutsamer ist noch, daß sich für die Ehefrau – die bisher auf Haus und Familie verwiesen war – die Kontakte in der Gemeinde vervielfältigen. Sie wird angerufen, von vielen gekannt und gegrüßt und ist bald mehr in die Gemeinde integriert als der Ehemann. Dies zeigt sich leicht beim sonntäglichen Gottesdienstbesuch oder bei Gemeindeveranstaltungen, wo sich der Ehemann nun häufiger als „Außenseiter" oder gar als „Anhang" seiner Frau vorkommt, während es bisher von ihm her umgekehrt erlebt wurde, wenn er seine Frau irgendwohin mitnahm.

Verschärft wird dieses Problem noch, wenn diese katechetische Mitarbeit und ihre Folgen in einer Phase der Ehe beginnt, wo das eheliche Leben selber in eine neue Situation kommt. Dies ist der Fall, wenn die Kinder in einem Alter sind, in dem die Eltern, und vor allem die Mutter, nicht mehr so sehr beansprucht werden und Vater und Mutter wieder zunehmend auf ihre Rolle als Ehepartner verwiesen sind. Diese Umstellung ist für die Hausfrau oft schwieriger als für die berufstätige Frau. Sie sucht nach einer neuen Rolle als Frau sowie nach einer entsprechenden

Aufgabe und Anerkennung. Von daher überlegt sie häufig, in dieser Zeit wieder oder erstmalig einen Beruf zu ergreifen.

Solche Lernprozesse in Ehe und Familie sind sicherlich nicht leicht. Sind sie jedoch als Probleme bewußt, wird ein offenes Gespräch darüber weiterhelfen. Es ist deshalb wichtig, daß die Katechetenrunden hin und wieder auch gemeinsam mit den Ehepartnern stattfinden, wo solche Fragen offen angesprochen werden können. So kann die katechetische Mitarbeit selber auch eine Hilfe für ein weiter gelingendes Eheleben sein. Eine besonders ideale Möglichkeit ist natürlich gegeben, wenn ein Ehepaar sich entschließt, gemeinsam z.B. eine Firmrunde zu begleiten, Taufgespräche zu führen oder in der Ehevorbereitung mitzuwirken. Dies kann der ehelichen Beziehung selber eine neue Intensität im Glauben geben.

4.3 Zusammenarbeit ehren-, neben- und hauptamtlicher Mitarbeiter

Ehrenamtliche katechetische Mitarbeiter ersetzen keine fehlenden hauptamtlichen Pastoralkräfte! Ihr Einsatz bestimmt sich von ihrem Selbstverständnis als Christen her und nicht vom Notstand hauptamtlicher Mitarbeiter. Man wird geradezu sagen können, daß eine große Zahl spezialisierter hauptamtlicher Mitarbeiter eher die Entdeckung und Aktivierung vorhandener katechetischer Begabungen in der Gemeinde verhindern als fördern wird, da entsprechend begabte Christen in der Gemeinde sich ungefordert sehen und deshalb unentdeckt bleiben. Andererseits wäre es jedoch auch ein Trugschluß zu meinen, eine große Zahl ehrenamtlicher Kräfte in der Katechese mache alle hauptamtlichen Kräfte in diesem Bereich überflüssig. Vielmehr erfordert gerade eine große Zahl ehrenamtlicher Mitarbeiter auch in der Katechese die neben- bzw. hauptamtlichen geistlichen Inspiratoren und Koordinatoren als Kristallisationspunkte. Ihre Funktion wird vor allem aufgrund des erforderlichen Zeitaufwandes – weniger aufgrund der hierzu notwendigen Qualifikation, die auch bei den ehrenamtlich Tätigen gegeben sein muß – kaum von einem ehrenamtlichen Mitarbeiter wahrgenommen werden können.

Gerade auf der zweiten Ebene der Mitarbeiter, die als Multiplikatoren die jeweiligen projektbezogenen katechetischen Helfer einführen und begleiten, stellt sich deshalb das Problem der Zusammenarbeit von neben- und ehrenamtlichen Katecheten. Hier ist eine nicht zu übersehende Gefahr der Professionalisierung der Gemeindekatechese von vornherein klar in den Blick zu nehmen. Dieser Entwicklung kann wohl am ehesten dadurch begegnet werden, daß erst dort die Anstellung von neben- bzw. hauptamtlichen Mitarbeitern für den katechetischen Bereich erwogen wird, wo eine entsprechend große Anzahl ehrenamtlich Tätiger dies erforderlich macht. Der umgekehrte Weg, daß neben- bzw. hauptamtlich angestellte Katecheten erst die entsprechenden ehrenamtlichen Mitarbeiter in einer Gemeinde gewinnen und motivieren sollen, wird wesentlich schwieriger sein.

Weiterhin ist zu beachten, daß auch die ehrenamtlich beauftragten katechetischen Mitarbeiter vor allem in der Kinder- und Jugendkatechese nicht vorschnell die Eltern von der ihnen primär zustehenden und zukommenden katechetischen Verantwortung entlasten. Sie werden deshalb diese mit in ihre Arbeit einzubeziehen haben und entsprechend befähigen müssen. Die Zusammenarbeit aller in der Katechese wird in dem Maße gelingen und glaubwürdig, wie sich der Kreis der Katecheten selber als eine Katechesegruppe versteht, in der alle ehren-, neben- und hauptamtlich Tätigen sich als Gebende und Nehmende, d. h. als Partner auf dem Weg des Glaubens, verstehen. Der Umfang des zeitlichen Einsatzes, Art und Weise der Anstellung, der Grad der Verantwortung rechtfertigen sich immer nur im Blick auf den gemeinsamen katechetischen Dienst.

Mit zunehmender Anzahl erwachsener Christen, die solche Erfahrungen in der Katechese gemacht haben, steigt auch das Bewußtsein einer gemeinsamen Verantwortung für die Ermöglichung des Christseins in unserer Zeit. Gemeinsam Verantwortung tragen kann man jedoch nur, wenn Gemeinsamkeit im gleichen Anliegen gespürt und gesucht wird. Ein gegenseitiges Beklagen oder Vorwerfen, Elternhaus, Religionsunterricht oder Gemeinde versagten in der religiösen Erziehung, helfen kaum weiter. Oft wird die Erfahrung der eigenen Lebens- und Glaubensgeschichte schnell erkennen lassen, daß die Verantwortung für die Weitergabe des Glaubens nicht einer Instanz allein zugewiesen werden kann. Christliches Leben lernt man im Umgang mit vielen. Es muß erlebt, erfahren, bedacht und gefeiert werden, zu Hause, im Freundeskreis, in der Schule und in der christlichen Gemeinde.

Wie kann solch gemeinsame Verantwortung aus gemeindekatechetischer Perspektive gelernt werden? Wichtig ist zunächst sicher die Erzählgemeinschaft der Katecheten untereinander. Frohmachendes und Enttäuschendes wird mitgeteilt und miteinander geteilt. Katechetische Erfahrungen sollten thematisiert und erzählt werden. Hin und wieder im sonntäglichen Gottesdienst, dann aber vor allem auch im Pfarrgemeinderat, im Pfarrbesuchsdienst, im Seniorenclub, der Frauengemeinschaft, der Leiterrunde der Jugend, im Kreis der Religionslehrer und nicht zuletzt eben mit Eltern und Großeltern. Hier geht es nicht um indiskrete Weitergabe vertrauter Gespräche in den Katecheserunden. Vielmehr um ein Mitteilen und gemeinsames Bedenken weiterer Erfahrungsmöglichkeiten christlichen Lebens über die Katecheserunde hinaus.

In einem solch katechetischen Klima wird hoffentlich auch in Zukunft die Eltern- und Erwachsenenkatechese selbstverständlicher wachsen, nicht als Pflicht, sondern aus Interesse. Die Gremien und Gruppen der Gemeinde werden durch ein wachsendes katechetisches Klima zu den wesentlichen Aufgaben christlichen Gemeindelebens durchstoßen und sich verstärkt in ihrer Sorge dem Aufbau einer Gemeinde widmen, die ein lebendiges Zeichen der Einheit und des Friedens in unserer Zeit ist, eine Erzähl- und Lebensgemeinschaft gelingenden Lebens, die sich immer wieder neu dem Anspruch und Zuspruch Jesu Christi stellt.

D

KATECHETISCHE HANDLUNGSFELDER

1. DIE KATECHESE ALS EIGENES HANDLUNGS-
FELD UND DIE KATECHETISCHE DIMENSION
ALLER CHRISTLICH-GEMEINDLICHEN PRAXIS

In allen neueren Dokumenten wird unter Katechese nicht nur die erste
Einführung in den Glauben verstanden. Katechese hat demnach nicht
nur in den Glauben einführende, sondern auch im Glauben weiterfüh-
rende und den Glauben zur Entfaltung bringende Prozesse zu begleiten.
In dieser Grundentscheidung wird der Wegcharakter des Glaubens ernst-
genommen. Der Christ bleibt Schüler des Evangeliums; er hat nie aus-
gelernt angesichts der Geheimnisse seines Glaubens; er hat nie endgültig
gefunden, wie die Botschaft heute zu leben ist. Und das gilt auch von der
Gemeinschaft des Glaubens. Darum ist die christliche Gemeinde nicht
nur Lernort für die, die anfangen, mit der Gemeinde zu glauben, zu
feiern und zu leben; sie ist auch Ort gemeinsamen Lernens für die, die
bereits zur Gemeinde gehören und ihre Glaubensgeschichte mit ihrem
Gott haben.

Würde man alles, wodurch die Christen in ihrem Glauben lernen, Katechese nennen, dann würde Katechese zum Kennwort für das ganze
christliche Leben und für alles pastorale Handeln. Denn in ihrer Liturgie
lernen die Christen, wie sie auch durch den Vollzug der Diakonie tiefer in
ihren Auftrag hineinfinden. Viele Predigten oder Gespräche in den bera-
tenden Diensten sind ohnehin darauf angelegt, Lernhilfen im Glauben zu
geben. Damit hier das Wort Katechese nicht eine zu weite Bedeutung bekommt, ist es hilfreich, einerseits die katechetische Dimension aller

christlich-gemeindlichen Praxis zu sehen, davon aber andererseits die Katechese als eigenes Handlungsfeld abzusetzen. Das heißt dann für den Plural der pastoralen Dienste, daß sie zwar alle teilhaben an der katechetischen Aufgabe, daß sie damit aber nicht alle einfachhin zur Katechese werden. Konkret kann dies z. B. Konsequenzen haben, wenn die Verantwortlichen für ein „Referat Gemeindekatechese" in einem Bistum oder einem Pfarrverband sowohl spezifisch katechetische Dienste anstoßen und begleiten als auch den anderen pastoralen Diensten Hilfe in der Wahrnehmung der katechetischen Dimension ihrer Aufgabe geben.

Zum Handlungsfeld der Katechese gehört bei dieser Orientierung alles, was in einer Gemeinde primär unter der *Zielsetzung des Lernens im Glauben* steht und deshalb auch primär unter didaktischer Rücksicht zu verantworten ist. Dieses Verständnis schließt nicht aus, daß es in der Katechese auch zu liturgischen oder diakonischen Vollzügen kommt, wenn diese für die vorgenommenen Ziele des Lernens angezeigt oder sogar erforderlich sind. Liturgie und Diakonie gehören aber nicht zum Handlungsfeld der Katechese, weil sie primär auf die Feier Gottes bzw. auf den Dienst am Nächsten ausgerichtet sind, auch wenn eben darin ein Lernen im Glauben geschieht.

Eine eigene Beachtung verdienen in diesem Zusammenhang die *Gruppen von Christen,* die sich zwar nicht primär oder gar ausschließlich als katechetische Gruppen verstehen, die aber als eine ihrer dauernden Zielsetzungen oder als ein Ziel bestimmter Zusammenkünfte durchaus das gemeinsame Lernen im Glauben verfolgen. Dazu gehören z. B. fast alle verbandlichen Gruppen. Diese können nicht einfach der Katechese zugeordnet werden. Wohl aber gehören sie zu den Lernorten, an denen u. a. auch Katechese verwirklicht werden kann und soll[46].

2. DIE FAMILIE – LEBENS- UND LERNORT DES GLAUBENS

2.1 Zur Glaubenssituation in den Familien

Umfragen bestätigen, was viele aus eigener Erfahrung beobachten oder wissen. Die religiöse Praxis in den Familien scheint noch schneller zu schwinden als z. B. der prozentuale Anteil der Gottesdienstbesucher unter den Katholiken. Nur noch 18% aller katholischen Eltern beten mit ihren Kindern. In Großstädten geht dieser Anteil sogar auf 6% zurück (Emnid-Untersuchung 1977). Mehr oder weniger hilflos werden dort die Feste des Kirchenjahres wie Weihnachten und Ostern begangen, wenn man ihnen nicht schon durch eine Urlaubsreise ausweicht. Der Sonntag hat weitgehend seine christliche Prägung verloren. Relativ hoch ist dagegen noch das Interesse daran, sein Kind taufen und zur Erstkommunion gehen zu lassen. Für viele gehört es einfach dazu, und schaden kann es schließlich nicht. Auch das Interesse an einer religiösen Erziehung scheint relativ stabil zu sein. 60% der katholischen Eltern halten eine solche für wichtig[47]. Diese glauben viele jedoch in der Familie nicht mehr leisten zu können. Deshalb schickt man sein Kind in einen katholischen Kindergarten und delegiert damit diese Aufgabe gern an die Erzieherinnen, den Kindergarten oder Hort und später in der Sakramentenvorbereitung an den Pfarrer und den Religionsunterricht.

2.2 Familie als „Hauskirche"?

Verfolgt man die kirchlichen Dokumente der letzten Jahrzehnte, so wird gerade in der Folge des II. Vatikanischen Konzils der Familie eine besondere Aufmerksamkeit geschenkt. Einerseits wird ihre Bedeutung im Sinne einer „Hauskirche" herausgestellt, andererseits wird sie auf ihre hervorragende Verantwortung für die Weitergabe des Glaubens aufmerksam gemacht. Die Rede von der Familie als „Hauskirche" wird vor allen Dingen belegt durch eine Predigt des hl. Johannes Chrysostomus gegen Ende des 4. Jahrhunderts, in der er die christliche Familie eine „Kirche" nannte[48]. In dieser Predigt sagt er: „Wenn ihr heimkommt, so deckt nicht nur den irdischen, sondern auch den geistigen Tisch. Der Mann soll von dem erzählen, was hier gesagt wurde. Die Frau soll aufpassen, die Kinder sollen es lernen und auch die Hausgenossen, und so werde Euer Haus zur Kirche."[49] Ein anderes Mal rief Chrysostomus den Eltern und besonders dem Vater zu: „Mach dein Haus zu einer Kirche!, denn du mußt einst über das ewige Heil deiner Kinder und Knechte Rechenschaft ablegen."[50] Tags darauf kam der Heilige auf sein Anliegen zurück. „Gestern habe ich euch eindringlich ermahnt, daß ihr das behaltet, was ich hier sage, und daß ihr abends einen doppelten Tisch deckt: einen mit den Speisen, den anderen mit der Predigt. Nun, habt ihr es getan? Habt ihr den doppelten Tisch gedeckt? ... Ich weiß schon, daß ihr auch den zweiten Tisch gedeckt habt, nicht etwa, weil ich euren Diener oder Knecht ausgefragt hätte, sondern auf eine viel sicherere Weise. Woher nämlich? Aus dem Beifall, den ihr meinen Worten gespendet habt, und aus dem Lob, mit dem ihr meine Predigt geehrt habt. Als ich nämlich gestern sagte, jeder solle sein Haus zu einer Kirche machen, habt ihr mir mit lauter Stimme zugerufen und eure Freude über dieses Wort mir kundgetan. Wer aber eine Anregung so froh aufnimmt, der zeigt damit, daß er auch bereit ist, sie durchzuführen. Deshalb bin ich heute noch viel lieber zur Predigt gekommen."[51] Bei einer anderen Gelegenheit sagt der hl. Chrysostomus: „Ich bin nur einmal oder ein paarmal in der Woche unter euch. Du aber hast ständig Schüler um dich zwischen deinen vier Wänden: Abends und bei Tisch und während des ganzen Tages kannst du deine Frau, deine Kinder und deine Knechte unterrichten."[52] Das II. Vatikanische Konzil hat die Rede des hl. Johannes Chrysostomus aufgegriffen und der Familie die Namen „Häusliches Heiligtum der Kirche" (Ap. Act. 11) und „Hauskirche" gegeben, in der die Eltern „durch Wort und Beispiel für ihre Kinder die ersten Glaubensboten" sein sollen (LG 11).

Die Erlösung und Befreiung, die sie durch den Glauben erfahren können, sollen sie in der Familie weitergeben. Das Apostolische Schreiben „Familiaris consortio" greift diesen Grundgedanken auf und verbindet ihn mit der Theologie der Gemeinde, mit den drei Grundfunktionen, die die Gemeinde bestimmen: Glaubensverkündigung, Glaubensfeier, Glaubensleben. So soll auch die Familie (1) eine „glaubende und verkündende Gemeinschaft", (2) eine „Gemeinschaft im Gespräch mit Gott" und (3) eine „Gemeinschaft im Dienst am Menschen" sein (Nr. 53, 57, 63). Was sie glaubt und in Gebet und Liturgie feiert, soll sie „im praktischen Leben nach dem neuen Gebot und Geschenk der Liebe verkünden". So ist sie „aufnahmebereit, ehrfurchtsvoll und hilfreich gegenüber jedem Menschen, den sie immer in seiner Würde als Person und als Kind Gottes sieht".

Nicht erst die faktische Situation einer heute weitverbreiteten Familiendiaspora, in der ein ausdrückliches Bekenntnis zum Glauben keineswegs mehr für alle Familienmitglieder selbstverständlich ist, läßt solch unvermittelte Rede von der „Hauskirche" problematisch erscheinen. Auch eine pastoraltheologische Reflexion wird kritisch zu prüfen haben, inwieweit die heutige Lebensgestalt der Familie auch unter theologischer bzw. katechetischer Rücksicht den Vorstellungen einer Hauskirche im Sinne des hl. Chrysostomus entsprechen kann. Zunächst muß schon die besondere Struktur der Familie in der Antike kritisch aufmerken lassen. Die orientalische und griechische Welt, in der auch das Christentum beheimatet ist, kennt für das Wort „Familie" keinen äquivalenten Begriff. Der Begriff der „Familie" kommt erst in der römischen Rechtssprache auf. Im Neuen Testament ist wie im übrigen Kulturraum immer vom „Haus" die Rede. Wer zu einem solchen „Haus" gehört, wird deutlich an den Personen bzw. Personengruppen, die hier jeweils aufgezählt werden, z. B. Mk 10,29: „Jeder, der um meinetwillen oder um des Evangeliums willen Haus oder Brüder, Schwestern, Mutter, Vater, Kinder oder Äcker verlassen hat ..." Immer gehören zum Haus auch Besitz, Sklaven und Freie. Der römische Rechtsbegriff „Familie" bezeichnet dann auch „alles, was unter der Verfügungsgewalt des pater familias, des Familienoberhauptes, stand"[53]. Wenn nun im Neuen Testament von der „Hauskirche" die Rede ist, so muß diese doch deutlich im Unterschied zu unserem heutigen Familienverständnis gesehen werden (1 Kor 3,9; 1 Tim 3,15; Röm 16,5.11). „Geschlossene christliche Familien gab es wohl nur wenige; die meisten Christen lebten in ihren eigenen Familien als Außenseiter. Die wenigen tragfähigen Familien bestimmten nicht allein den personalen Wir-Raum der damaligen Kirche."[54].

Die Familie im biologischen Sinne einer verwandtschaftlichen Beziehung ist somit am Anfang des Christentums keineswegs die Zelle der Gemeinde oder der Kirche. Es muß demgegenüber sogar deutlich gesehen werden, daß die Berufung in die Nachfolge durchaus eine die Familie relativierende Tendenz kennt. *Einzelne* bzw. Brüder werden in die Nachfolge, in das Volk Gottes, d. h. die Kirche berufen. Von daher dürfte die „Familiendiaspora" geradezu ein typisches Kennzeichen der apostolischen und nachapostolischen Kirche gewesen sein.

Ein Blick in die Geschichte der Pastoral wird angesichts einer unvermittelten Rede von der hervorragenden Bedeutung der Familie in und für die Kirche in den jüngsten Dokumenten erkennen lassen, daß die Kirche in der nachkonstantinischen Zeit bis hin zur beginnenden Aufklärung der Familie als Raum christlichen Lebens kaum eine besondere Sorge widmen mußte. In einer mehr oder weniger christentümlichen Gesellschaft konzentrischer Lebensräume war das „christliche Haus" selbstverständlicher Raum hinlänglich christlichen Lebens. Auch mit Entstehen der Kleinfamilie zu Beginn der Industrialisierung richtet sich die pastorale Sorge der Kirche nicht auf die Familie, sondern auf die sog. Naturstände: Frauen, Männer, Jungen und Mädchen. Erst in dem Maße, wie einerseits die Kleinfamilie als Lebensraum gefährdet und andererseits ihre katechetische Bedeutung für die Weitergabe des Glaubens erkannt wird, richtet sich das besondere Augenmerk der Pastoral auf die Familie. Dies wird nicht zuletzt markiert durch die Einführung des Festes der Heiligen Familie im Jahre 1921. Seither begegnen viele dem Thema Familie am jährlichen Familiensonntag. Auch wenn es seit Jahren dazu bedachte Materialien gibt, bleibt eine Tradition spürbar, in der z.T. vom gesellschaftlichen System erwünschte familiäre Rollen von gestern als Ideal festgeschrieben werden. Das Vorbild der Heiligen Familie mit dem gern, genau und geschwind gehorchenden Jesuskind, der in Demut der Familie dienenden Mutter Gottes und dem fürsorglich-fleißigen Nährvater Josef löst heute eher Verlegenheit aus, als daß es faszinierende Anziehungskraft ausübt.

Will man das Verhältnis von Familie und Gemeinde heute ernsthaft und verantwortlich bedenken und daraus entsprechende pastorale Konsequenzen ziehen, so muß ein Dreifaches berücksichtigt werden:

1. Die heutige Kleinfamilie kann weder theologisch noch soziologisch unvermittelt mit dem Etikett der „Hauskirche" belegt werden. Sehr scharf formuliert dies Roman Bleistein: „Man soll in den kirchlichen Kreisen endlich aufhören, immer noch die Familie als ‚kleine Kirche' und eigentlichen Ort der christlichen Erziehung unkritisch zu bezeichnen und auf diesem Irrtum dann eine pastorale Strategie aufzubauen. Die moderne christliche Familie ist, soweit sie noch von bürgerlichen Strukturen geprägt ist, in einem solchen Umbruch begriffen, daß sie eher skeptisch der Kirche gegenübersteht, die im Umgang mit ihr immer eher das ihre als das Glück der Familie gesucht hat. Es wird für die Kirche nicht leicht sein, eine neue Glaubwürdigkeit in diesem Lebensbereich zu finden. Daß dies allein durch die nicht zu unterschätzenden Beratungen (in Ehekrisen, in Erziehungs- und Schulfragen) geschehen kann, scheint mir zweifelhaft. Die bisherige Allianz von Kirche und Familie ist auf jeden Fall zu Ende."[55]

2. Zu keiner Zeit der Kirche war die Familie im heutigen Sinne der eigentliche Ort oder gar der einzige und hervorragende Ort der Glaubensweitergabe. Immer wurde der Glaube vor allem durch ein die Familie umgreifendes Milieu der christlichen Gemeinde und einer christentümlichen Gesellschaft getragen und weitergegeben. Werden heute Familien in unserer pluralistischen Gesellschaft auf ihre besondere Verantwortung für die Glaubensweitergabe verwiesen, so kann dies nicht selten zu unberechtigten Schuldkomplexen führen, wie dies Otto Betz formuliert: „Mit einem riesigen Aufwand versuchen wir, aus unseren Kindern Christen zu machen ... und oft erleben wir dann eine Enttäuschung nach der ande-

ren. Kaum sind die Kinder unserer Behütung und unserer Einflußnahme entronnen, so werfen sie das beiseite, was hier sorgsam und mühevoll in ihnen grundgelegt wurde. Sie wollen von den frommen Gewöhnungen nichts mehr wissen, sie empfinden das übermittelte Wissen als toten Ballast. Vor einer engen Bindung an die Kirche schaudert es ihnen, die Bibel ist ihnen möglicherweise ein verleidetes, ein langweiliges Buch, und jedes Beten wird geradezu als eine Zumutung empfunden. Es scheint gar nicht selten vorzukommen, daß sich eine intensive religiöse Erziehung als eine Erziehung zum Unglauben entpuppt. Das Gegenteil wird erreicht von dem, was man sich vorgenommen hatte."[56]

3. Es muß klar gesehen werden, daß wir es bei den meisten Familien keineswegs mehr mit selbstverständlich christlichen Familien zu tun haben. „Wir müssen uns mit diesem Schicksal der Familiendiaspora innerlich vertraut machen. Es wird in absehbarer Zeit keine Periode kommen, wo wirklich wieder etwas damit gesagt wäre, daß der ‚Gotha' bei einer Familie die Konfession der ganzen Familie vermerkt. Natürlich können und sollen wir kämpfen für die Glaubenseinheit unserer Familien. Aber wir leben in Zeiten, in denen wir kaum mehr erwarten können, daß sie auch tatsächlich das Normale und das im Durchschnitt Erreichbare ist. Wir werden mehr als früher Fremdlinge sein, selbst unter denen, die wir lieben. Die Worte des Evangeliums vom Zwiespalt, den Christus in die Familien selbst hineinbringt (Mt 10,21f.34ff), von der Entscheidung für ihn gegen seine eigene Sippe (Mt 10,37) erhalten heute wieder ihren harten Klang und ihre praktische Bedeutung, ohne daß man solchen Worten erst noch einen übertragenen Sinn abgewinnen müßte."[57]

2.3 Veränderte Familienkultur

Die beschreibbaren Veränderungen in der Familienkultur können soziologisch und religionspädagogisch aufgenommen werden. In der familial strukturierten Gesellschaft bildete die Familie einen Lebensraum, in dem Arbeit und Broterwerb, die Erziehung der Kinder und die Gestaltung der Freizeit (sofern es diese gab) weitgehend zusammengehörten. Oft handelte es sich auch hier um Familien, die aus einer oder mehreren Kernfamilien bestanden und zu der auch die beschäftigten Dienstleute gehörten. Die immer weitergreifende Industrialisierung führte zu der Ausbildung von gesellschaftlichen Teilsystemen, zu denen u.a. auch die Kernfamilien zu rechnen sind. Die Mitglieder der Kernfamilie gehören verschiedenen Teilsystemen/Subkulturen an:

Der Lebensbereich Arbeit ist in den Betrieb hinein verlagert, die Erziehung der Kinder findet nicht nur in der Familie, sondern auch im Kindergarten, in der Schule und in der Jugendarbeit statt; auch in der Freizeit halten sich die Familienangehörigen oft außerhalb des familiären Lebensraumes auf (Sportverein, Partei, Kirche). Während also früher die Familie mit ihrem Lebensraum zwischen dem einzelnen und der großen Gesellschaft vermittelte, haben wir heute die Situation, daß der einzelne darüber entscheidet, wieviel er sich in der Familie bzw. in den anderen gesellschaftlichen Gruppen und Teilsystemen aufhält.

Ein neuer Familienzyklus

Familienzyklen sind bestimmte Zeiträume im Leben der Familie, die von einer ganz bestimmten Familiensituation und Familienstruktur bestimmt sind. So gibt es im Familienzyklus den Zeitraum, in dem die Gatten alleine zusammenleben (Gattenfamilie) und den Zeitraum, in dem Kinder in der Familie leben und erzogen werden (Vollfamilie). Heute haben wir oft noch eine vorgeschaltete Phase der Gattenfamilie, weil viele Ehepaare die Geburt der Kinder Jahre nach der Eheschließung planen und andere Paare die Form einer offenen Lebensgemeinschaft praktizieren, bevor sie sich zur Eheschließung entscheiden. Von dieser neueren Entwicklung einmal abgesehen, kann der neue Familienzyklus wie folgt beschrieben werden: Früher dauerte die Phase der Vollfamilie ca. 32 Jahre und die Zeit, in der die Eheleute nach dem Weggang der Kinder alleine lebten dauerte ca. 4 Jahre. Heute haben wir die Situation, daß die Phase der Vollfamilie ca. 20 Jahre dauert und die Zeit der Ehe, nachdem in der die Kinder das Haus verlassen haben und die Ehepartner allein miteinander leben, nicht mehr ca. 4, sondern auch ca. 20 Jahre dauert. Diese Phase beginnt für die Ehepartner in der Zeit der eigenen Lebensmitte. Nicht zuletzt ist diese Zeit des Übergangs eine Krisenzeit für die Ehepartner, weil sie ihre Rollen ganz neu bestimmen müssen und die Identität, die Selbstwertschätzung der Frau, die sich weitgehend auf die erfolgreiche Erziehung der Kinder bezog, auf eine neue Grundlage gestellt werden muß. Diese Phase, die im Durchschnitt über 20 Jahre dauert, wird so zu einem anspruchsvollen Experiment der Ehepartner[58].

Eheverlauf — statistisch gesehen

	Heirat	Geburt des ersten Kindes	Auszug der Kinder	Tod
Mann ca. 25 Jahre		ca. 28 Jahre	ca. 48 Jahre	des Mannes ca. 69 Jahre
Partner-findung	Die Ehe beginnt	. . . wird Familie	. . . bleibt Ehe	Alleinsein
	3—4 Jahre	20 Jahre	20 Jahre	Tod
Frau ca. 22 Jahre		ca. 25 Jahre	ca. 45 Jahre	der Frau ca. 75 Jahre

Reduktion auf die Kernfamilie

Im Rahmen der familial strukturierten Gesellschaft bildete die Familie einen Lebenszusammenhang, in dem für mehrere Familien und Generationen Platz war. Die Gründung einer neuen Familie geschah in der Regel als Erweiterung einer Großfamilie durch ein junges Paar. Das brachte manche Schwierigkeiten des Zusammenlebens mit sich, hatte jedoch den Vorteil, daß die junge Familie im Rahmen der Großfamilie eine Stütze fand. Familien, die heute gegründet werden, finden viel weniger Abstützung durch ihre Umwelt. Junge Paare heiraten heute nicht mehr in eine Familie hinein, sondern als einzelne heiraten sie aus zwei Familien heraus und gründen eine neue Familie, die meist nur noch zwei Generationen, eben Eltern und Kinder, umfaßt (Kernfamilie). Oft kommen die Partner aus unterschiedlichen Familienkulturen und stehen so vor der Aufgabe, ihre eigene Familienkultur zu entwickeln. Dies ist mit vielen Unsicherheiten verbunden und läßt die Ehe und Familie oft zu einem langwierigen Experiment werden. Aufgrund dieser Situation wird eben auch die christliche Familienkultur nicht mehr wie von selbst tradiert, sondern bedarf einer bewußten Gestaltung. Aufgrund des partnerschaftlichen Verständnisses von Ehe muß es darüber hinaus zu einer Reihe von Konflikten kommen, die nicht ausschließlich an den einzelnen Personen festzumachen sind, sondern damit zu tun haben, daß die jungen Ehepartner ihr Zusammenleben, ihr Sprechen und Handeln ständig neu diskutieren müssen. Hier ist vor allem die Konflikt- und die Aussprachefähigkeit von Mann und Frau gefragt, die jedoch oft gar nicht eingeübt sind, weil in der Ursprungsfamilie dafür keine Vorbilder vorhanden waren. Die Fä-

higkeit, Konflikte zu durchleben und diese Konflikte auch zu besprechen, die Ehe – und wenn Kinder erzogen werden auch die Familie –
also als ein Dauerexperiment zu begreifen, ist für das Gelingen von Ehen
und Familien also von fundamentaler Bedeutung.

Reduktion auf die Kleinfamilie

In einer Familie mit mehreren Geschwistern war die Glaubenstradition in
besonderer Weise garantiert durch die häufig erlebten Feste des Glaubens wie Taufe, Erstkommunion, Firmung und Eheschließung. Bei einer
durchschnittlichen Kinderzahl von ein bis zwei Kindern in der Bundesre-
publik werden solche Feste, die auch das Glaubensleben festmachen, zu
singulären Ereignissen. Sie prägen kaum noch das Familienleben. Auch
die Gestaltung der Feste des Kirchenjahres, wie Weihnachten und
Ostern, oder der Advents- und Fastenzeit oder auch des Sonntags berei-
ten in einer Kleinfamilie mehr Schwierigkeiten als in größeren Familien.

Privatisierung der Familie

Durch die Ausdifferenzierung unseres Lebens, z.B. in je eigene Lebensbereiche der Arbeit, der Wirtschaft, der Politik, der Erziehung, der Bildung, des Gesundheitswesens usw. mit ihren eigenen Gesetzmäßigkeiten
und jeweiligen Ansprüchen wird die Familie zunehmend zu einem Raum
des Rückzugs ins Private. Diese kleine Welt der Familien mit den wenigen ihr noch gegebenen Funktionen wird nach außen hin abgeschirmt
und geschützt. In der Familie wird noch der Raum der personalen Begegnung gesucht. Hier möchte jeder der sein, der er wirklich ist. Hier möchte jeder einmal zu sich kommen, zu Hause sein, etwas gelten unabhängig
von seiner Leistung. Hier ist der Ort, wo der einzelne noch seinen Namen
hat, seine Freiheit finden und gestalten kann. Nicht selten wird die
gegenwärtige Kleinfamilie jedoch mit diesen Erwartungen heillos überfordert. Es kommt zu massiven Konflikten und Auseinandersetzungen,
weil dieser kleine Kreis von drei oder vier Personen all diesen Erwartungen kaum zu entsprechen vermag. Nicht selten brechen Jugendliche und
Ehepartner aus jener kleinen Welt der Familie aus, um in einer anderen
Partnerbeziehung diese ihre Grundsehnsüchte nach Anerkennung und
Freiheit angesichts einer weitgehend funktionalen Welt zu finden.
  Parallel zu diesem Prozeß der Abschottung nach außen verläuft die
Auflösung der vielleicht einmal gegebenen geistigen Geschlossenheit der

Familie. Für die christliche Familie bedeutet dies weitgehend die Gefährdung ihrer christlichen Lebensart. Bei Familien, die sich weitgehend nur noch als eine Freizeit-, Eß- und Schlafgemeinschaft verstehen können, sind die Chancen der Ausprägung eines christlichen Lebensstils recht gering. Der Lebensraum Familie steht in harter Konkurrenz zu den übrigen Lebensbereichen mit ihren eigenen Gesetzmäßigkeiten und Lebensstilen. Christliche Lebensart ist keineswegs mehr Maßstab für das Berufsleben, für das Verhältnis zur Nachbarschaft, für Erziehungs- und Bildungswesen usw.

Es wäre geradezu eine unverantwortliche Fehleinschätzung, wollte man von der Familie erwarten, daß sie *allein* oder zumindest vorrangig angesichts vielfältiger anderer Überzeugungen und Lebensstile den christlichen Glauben leben bzw. weitergeben kann. Dies gelingt um so weniger, wenn die Eltern selber hier unterschiedlicher Überzeugung sind.

Familie, ein Ort der Glaubensweitergabe

Es stellt sich die Frage, ob es unter diesen Bedingungen überhaupt noch eine Chance für die Familie gibt, den Glauben zu leben und weiterzugeben. Oder müßte die Sorge um die Weitergabe des Glaubens nicht voll verantwortlich wieder von der christlichen Gemeinde und ihren Verkündigern übernommen werden, wie es schon einmal nach der Aufklärung geschah?

2.4 Familie als Erfahrungsraum des beziehungswilligen Gottes

Trotz ihrer unterschiedlichen kulturellen Ausprägungen ist die Bedeutung des Hauses bzw. der Familie für die Geschichte Gottes mit den Menschen unübersehbar[59]. In der Heilsgeschichte wird Gott vor allen Dingen in diesen engsten und lebensnotwendigsten Beziehungsstrukturen des mehr oder weniger großen Hauses bzw. der Familie erfahren. Der Gott der Beziehungen, der Gott des Bundes, Jahwe, der ein unbedingtes Interesse am Menschen hat, kann am ehesten, am intensivsten eben in solchen Beziehungen erfahren werden, wo Menschen ein unbedingtes Interesse aneinander haben. Nur in solch personalen Lebensräumen und nicht in Institutionen ist die erste Chance gegeben, diesem Gott zu begegnen. In dieser heilsgeschichtlichen Sicht, die ihre theologische Grundlegung in der Schöpfungs- und Inkarnationstheologie hat, wird man auch heute nach den Chancen der Gotteserfahrung in unseren Kleinfamilien fragen können, selbst dann, wenn nicht alle Familienmitglieder sich ausdrücklich zu diesem Gott bekennen, der sich uns in der Beziehungsaufnahme Jesu Christi zu den Menschen in endgültiger und eindeutiger Weise geoffenbart hat. Auch unsere gegenwärtige Kleinfamilie, gerade in ihrer veränderten Beziehungsstruktur, lebt in entscheidender Weise von Beziehungen, in denen Gott selbst erfahren werden kann, selbst dann, wenn diese Beziehungen nicht mit seinem Namen benannt werden. Hier geschieht eine grundlegende christliche Lebensgestaltung, und dies in unseren heutigen Familienstrukturen vielleicht noch intensiver als in früheren. Leben doch unsere gegenwärtigen Familien bei all ihren Gefährdungen gerade von der Kraft und Gestalt dieser ihrer Beziehung. Der Wegfall struktureller gesellschaftlicher Stützen der Familie mag zu bedauern sein. Er eröffnet andererseits aber auch die Chance, die Bedeutung solch personaler Beziehungen neu zu entdecken und zu pflegen. Nicht zufällig lesen wir im Alten und Neuen Testament, daß Gott immer wieder eheliche und familiäre Beziehungsstrukturen als Bild und Erfahrungsraum seiner Beziehung zu den Menschen vorstellt. Es sind zumindest drei Grundbeziehungsstrukturen, die solche Gotteserfahrungen ermöglichen.

Partnerschaftliche Beziehungen

Da ist erstens die Beziehung von Mann und Frau zueinander. Zunehmend wird diese nicht als eine Beziehung der Über- und Unterordnung entdeckt und erfahren, sondern als eine Beziehung der Partnerschaft. Auf der Suche nach Anerkennung erfährt der einzelne hier, es ist gut, daß es dich gibt – eine Anerkennung, die den Menschen um seiner selbst willen meint, und sich nicht nur aus seinen positiven Eigenschaften und Leistungen aufbaut. Wirklich angenommen ist der Mensch nur dort, wo jemand ihn auch in seiner Hinfälligkeit und Schwäche und mit allen Belastungen annimmt, die ihm im Laufe seines Lebens, mit oder ohne eigene Schuld, zugewachsen sind. In der Ehe kann diese unbedingte Annahme umfassend und einzigartig verwirklicht werden. Sie wird damit Zeichen der unbedingten Annahme Gottes. Diese unbedingte Annahme des anderen Menschen wird existentielle Wirklichkeit in der Treue. In der Treue gewinnt die Liebe Dauer und wird somit zu einem Abbild der unbedingten Treue Gottes zu uns Menschen, jener Liebe Christi, von der uns nichts scheiden kann (Röm 8,35). Der eine ist für den anderen da.

Gemeinsam sind sie zu einem Leben in Frieden berufen. Auch für die Kinder ist es bedeutsam, welche Erfahrungen mit gelebter Partnerschaft sie bei ihren Eltern machen.

Väterlich-mütterliche Beziehungen

Da ist zweitens die Beziehung der Kinder zu Vater und Mutter. Es ist für uns zu selbstverständlich geworden, daß und wie Jesus von Gott als seinem *Vater* spricht, den auch wir mit ihm unseren Vater nennen dürfen. Zunehmend ist uns auch bewußt geworden, wie sehr in dieser Vater-Beziehung auch immer jene mütterliche Beziehung mit enthalten ist. Jesus greift das Bildwort vom Vater auf – und dies gilt sicherlich in analoger Weise auch von der Mutter –, obwohl es sicher auch damals viele gebrochene Erfahrungen mit despotischen, launischen, versagenden Vätern gegeben hat. Er tut dies, weil er den Menschen am Gleichnis ihrer tiefreichenden Vatererfahrungen ausrichten will, wie es mit ihnen und dem Gott ihres Lebens ist. Nicht nur an positiven Vatererfahrungen knüpft er damit an, sondern auch an Sehnsüchten, die an negativen Vatererfahrungen aufgewacht sein können. Er sagt nicht: Gott ist wie eure Väter, sondern: Gott ist wie ein ganz guter Vater, wie eine gute Mutter, so wie ihr euch einen Vater und eine Mutter eures Lebens ersehnt – so wie ihr es an euren Vätern und Müttern anfänglich erfahren habt oder auch schmerzlich entbehren mußtet. Bejaht sein – einer machtvoll uns umgebenden Sorge vertrauen – empfangen, was wir zum Leben brauchen – Erbarmen und Vergebung finden – einen alle unsere Lebenskräfte beanspruchenden und damit das wahre Leben in uns zur Entfaltung bringenden Lebensauftrag haben: das sind die mit dem Gleichniswort vom Vater verbundenen Zusagen des Evangeliums. Was ist damit über die Familie gesagt, aus deren Lebensraum das Gleichniswort genommen ist? Zum einen: Eltern können und sollen in ihrem Ja-Wort zu ihren Kindern, in ihrer Sorge und in ihrem Geben, in ihrem Erbarmen und Verzeihen und in ihrem Willen, ihren Lebensraum als Raum des Friedens zu gestalten, ihren Kindern Grunderfahrungen mit der Wahrheit des Lebens vermitteln. Zum anderen: Weil Eltern Gleichnis und Zeichen für den einen ganz guten mütterlichen Vater der Menschen und ihrer Geschichte sind, können und sollen sie ihre Kinder überantworten und freigeben auf das Ja-Wort dieses Vaters hin, in seine Sorge und seine gebende Nähe, in sein Erbarmen und sein Vergeben und in seinen Willen mit uns Menschen und unserer Geschichte. Eltern ermöglichen ihren Kindern Vorerfahrungen damit, wie diese ihr Leben als Geschichte mit dem Gott ihres Lebens annehmen und gestalten können und sollen. Dadurch können und sollen Kinder auf den Weg zu dem gebracht werden, der ihnen in der Zuwendung ihrer Eltern entgegenkommt, also zu dem Vater, dem sie sich auch im Herauswachsen aus ihrer Familie übergeben und auf den hin sie leben und sterben können.

Geschwisterliche Beziehung

Da ist drittens die geschwisterliche Beziehung als Erfahrungsraum auch Jesu Christi selber, der uns seine Brüder und Schwestern nennt.

Das Zusammenleben mit Brüdern und Schwestern vermittelt Erfahrungen mit miteinander geteilter Zuwendung, gegenseitiger Hilfe, Andersartigkeit und Vertrautheit, Gleichwertigkeit und Gleichwürdigkeit usw. Diese Erfahrungen rufen über die Familie hinaus in ein geschwisterliches Miteinander der Menschen aus der gegebenen Zuwendung des einen Vaters, im Teilen der von ihm kommenden Lebensmöglichkeiten, in gegenseitiger Hilfestellung und Ergänzung, in ehrfürchtiger Anerkennung der Würde des anderen usw.

Dem gleichen Grundmuster, daß in der Familie Grunderfahrungen mit menschlichem Leben gemacht werden, die zugleich über sich hinausweisen, begegnen wir auch in all den anderen Worten und Bildern des Evangeliums aus dem familialen Lebensraum: Das häusliche *Mahl* ist Grundsymbol der Verbundenheit, des Friedens, des Teilens, der Freude aneinander und miteinander. Das Evangelium ruft auch die an den Tisch des Vaters, die aus der menschlichen Gemeinschaft herausgefallen sind, um mit Gerechten und Sündern, Nahen und Fernen, Großen und Kleinen eine neue Familie gegenseitiger Verbundenheit, der Versöhnung und miteinander geteilter Freude zu bilden.

Das *Haus* mit seinem Wohnen beieinander vermittelt Erfahrungen der Geborgenheit, der Vertrautheit, des Angenommenseins jenseits aller Rollen. Es kann und soll Sehnsucht wecken nach einem Wohnen der Menschen miteinander in einem letzten Zuhause bei dem einen Vater, der alle Fremdheiten von uns nimmt und uns in versöhnter Nähe verbindet. Diese Sehnsucht soll sich auf den Weg machen, unser Miteinander als Menschen wohnlicher zu gestalten.

Alle diese Rückgriffe des Evangeliums auf familiale Erfahrungen zeigen: Die Familie ist wichtig, grundlegend wichtig für unser Menschsein. In ihr gibt Gott Zeichen von sich. Wo diese Zeichen gelebt werden, bauen sich im Menschen Fähigkeiten auf, die er braucht, um überhaupt Mensch zu werden: Vertrauen und Empfänglichkeit, das Teilnehmen und Teilen, das Angerufensein und Andere-beim-Namen-Nennen, Vergebung und Versöhnung, Sehnsucht nach einem Miteinander im Frieden.

In diesen recht unterschiedlichen Beziehungsstrukturen wird gerade das Interesse Gottes, der Bund Gottes mit uns Menschen ausdifferenziert, erlebt und erfahren. Solche Beziehungsstrukturen garantieren und erfordern zwar nicht die gläubige christliche Interpretation. Aber sie eröffnen die Chancen für eine persönliche Glaubensgeschichte auch in der Situation einer Familiendiaspora. Hierdurch wird Familie auch in ihrer jetzigen und heutigen Struktur selber wieder Subjekt gläubigen Lebens und nicht nur Vermittler von Glaubenswahrheiten und Glaubensstilen der Kirche bzw. der Gemeinde. Sie selbst ist ursprünglicher Erfahrungsraum gottebenbildlicher Lebensgemeinschaft, christusähnlicher Beziehungen und der Geisterfahrung.

Aber was da in der Familie gelebt und erfahren, gelernt und geschenkt wird, ist nicht nur für sich da. Es ist nicht Letztes, sondern Zeichen für Letztes. In ihm ruft uns Gott als der eine Vater aller in das Vertrauen auf ihn und in den Dienst seines Willens, daß die Menschen über ihre Familien hinaus zusammenfinden als Kinder des einen Vaters.

3. KATECHETISCHE ELTERNBILDUNG

3.1 Zur Motivation der Eltern für ihre katechetische Aufgabe

Die Rede von den Eltern als ersten Katecheten ihrer Kinder kann Abwehrhaltungen auslösen, wenn sie in dem Sinne mißverstanden wird, daß die Eltern aus Mangel an Katecheten und Religionslehrern als Privatkatecheten oder Privatlehrer einspringen müßten. Wenn Eltern die ersten Katecheten ihrer Kinder genannt werden, ist damit nicht eine zusätzliche Rolle zur Elternrolle hinzu gemeint, sondern *eine Dimension in der Elternrolle von Christen*. Die Eltern sollen in ihrer Beziehung zu ihren Kindern ihr Elternsein verwirklichen, nicht mehr und nicht weniger. Sie sollen auf die ihnen zukommende Weise ihren Kindern das Hineinfinden in die Gemeinschaft des Glaubens ermöglichen. Ihre katechetische Aufgabe darf ihnen dann folgerichtig nicht eingeredet, sondern muß mit ihnen aufgedeckt werden. Es muß dann auch die familiale Katechese deutlich von der Gemeindekatechese unterschieden werden. Die Gemeindekatechese mit ihren vom Lernort Gemeinde bestimmten Chancen und Grenzen gehört in die Gemeinde, nicht in die Familie. Die Eltern sollen wohl die *familialen Möglichkeiten* nutzen, ihren Kindern durch Glaubenshilfe Lebenshilfe zu geben. In dieser Sicht wird die oben eingebrachte Erinnerung an Chrysostomus, der die Väter ermahnte, für ihr Haus Prediger zu sein, problematisch. Eltern sollen nicht Predigten, Unterrichtsstunden oder Katechesen halten; sie sollen mit ihren Kindern sprechen, ihnen zuhören und ihnen erzählen, mit ihnen die Wohnung gestalten, beten und feiern, also das tun, was das familiale Leben ausmacht.

Die katechetische Aufgabe der Eltern muß vor allem als *Chance* aufgedeckt werden. Christliche Eltern können durch die Wahrnehmung der katechetischen Dimension ihrer Elternrolle den Kindern einen Dienst erweisen, indem sie ihnen Lebenswissen vermitteln, also Wege zeigen zu einem gelingenden Leben. Es ist eine Not vieler Kinder in unserer Gesellschaft, daß sie niemanden haben, an dem und von dem sie lernen könnten, wie Leben gelingen kann. Sie kommen zwar in ein hochdifferenziertes Bildungssystem hinein, aber in diesem wird Lebenswissen fast ganz ausgeklammert. Christliche Eltern können für ihre Kinder Menschen sein, an denen und mit denen diese Leben lernen können. Sie sind zwar nicht die großen Alleswisser und unbelasteten Vorbilder; aber sie können diejenigen sein, die aus dem überlieferten Lebenswissen Jesu Christi in der Gemeinschaft des Glaubens einen Weg zum gelingenden Leben gefunden haben und ihren Kindern dann auch diesen Weg zeigen können.

Wenn die Eltern ihre katechetische Aufgabe in ihrer Elternrolle wahrnehmen, so trägt dies entscheidend bei auch zum *Gelingen der Eltern-Kind-Beziehung.* Die Lebensgemeinschaft zwischen Eltern und Kindern war früher eine sehr umfassende. Heute werden die Kinder ihren Eltern schon sehr früh von allen möglichen miterziehenden Institutionen abgenommen. Das ist zwar einerseits eine Entlastung, andererseits aber werden die Kinder den Eltern auch weggenommen. Schon relativ früh beginnt ein Prozeß, in dem Eltern über weite Lebensbereiche ihrer Kinder gar nichts oder nur noch sehr wenig wissen. Viele Stunden des Tages lebt man getrennt voneinander. Oft spricht man anschließend nur wenig darüber und hat dann auch nur wenig Gemeinschaft darin. Die Eltern-Kind-Beziehung gewinnt durch die Einbeziehung der Eltern als Katecheten dadurch, daß gemeinsame Erfahrungs- und Lebensräume von Eltern und

Kindern gepflegt und im Gespräch besprochen werden. Eltern können durch ihre Glaubensgemeinschaft mit ihren Kindern ihre Beziehung zu den Kindern anreichern, intensivieren und ausgestalten. Wahrscheinlich ist dieser Aspekt eine der stärksten Motivationen für die Eltern, sich auf ihre katechetische Rolle einzulassen. Den Eltern liegt in der Regel daran, daß ihnen ihre Beziehung zu ihrem Kind gelingt. Über dieses Anliegen sind Motivationen aufzugreifen und dadurch zu verstärken, daß die katechetischen Impulse gezielt darauf gerichtet werden, die Kontakte zwischen Eltern und ihren Kindern, die in der Familie geläufig sind, zu stützen und zu fördern. Den Eltern muß bewußt werden, daß sie nicht eigentlich etwas Zusätzliches tun müssen, sondern daß sie in dem, was sie mit ihren Kindern tun, auch bewußter und gezielter Glaubensgemeinschaft mit ihren Kindern verwirklichen. Es muß allerdings nüchtern gesehen werden, daß in vielen Elternhäusern Kontakte zu den Kindern so selten geworden sind, daß bei ihnen auch Neues anzustoßen ist.

Auf die Frage, warum Eltern heute bewußter und ausdrücklicher auf ihre Aufgabe als Katecheten ihrer Kinder angesprochen werden, ist auf die sich verschärfende Diasporasituation des christlichen Glaubens zu verweisen. Man muß deutlich werden lassen, daß wir unter veränderten Bedingungen leben. Mit der allgemeinen Diasporasituation des Glaubens in unserer Gesellschaft ist gemeint, daß die Geschichte eines Menschen durch unsere Gesellschaft nicht mehr auch als Glaubensgeschichte mit dem Gott und Vater Jesu Christi angestoßen, getragen und begleitet wird. Ein Mensch wird in unserer Gesellschaft nicht mehr von seiner Umwelt zur Christlichkeit eingeladen oder aufgerufen. In der Diasporasituation, in der der Christ tatsächlich in der Zerstreuung lebt (am Arbeitsplatz, in der Schule, in der Nachbarschaft), wird die Familie in besonderer Weise wichtig als der Ursprungsort einer kindlichen Lebensgeschichte als Glaubensgeschichte. Und die Gemeinde wird wichtig als gemeinsamer Ort der Familien, die sich versammeln, um sich gegenseitig im Glauben zu stützen und zu fördern. Es muß also mit den Eltern ein Prozeß der Bewußtseinsbildung einsetzen, in dem deutlich wird, daß die sensiblere Wahrnehmung der Elternaufgabe als katechetische Aufgabe nicht irgendeiner reformerischen Beliebigkeit entspringt, die verändern möchte, nur um zu verändern, sondern daß damit auf eine Notwendigkeit reagiert wird, weil das Erlernen des Christseins heute unter anderen Bedingungen stattfindet als in der jüngeren Tradition.

3.2 Situationen katechetischer Elternbildung

Das katechetische Gespräch mit den Eltern bzw. der Eltern untereinander in den Gemeinden kann einen Plural von Situationen und Inhalten aufgreifen. Es gibt Elternrunden zur Fortsetzung des Taufgespräches, Gesprächsreihen über erste Möglichkeiten der Glaubensgemeinschaft mit kleineren Kindern und Kontakte mit Eltern vom Kindergarten aus. Mehr oder weniger intensiv werden die Eltern in die Hinführung der Kinder zu den Sakramenten einbezogen. Mancherorts werden Eltern mit katechetischen Hilfen ermutigt, ihre Kinder noch vor der Einschulung selbst zur Erstkommunion zu führen (vor 20 Jahren nannte man das die „rechtzeitige Erstkommunion"). Es gibt Religionslehrer, die interessierte Eltern ihrer Schüler mit Inhalten ihres Religionsunterrichtes vertraut machen und dies mit katechetischen Intentionen verbinden. Gemeinden führen Eltern und Jugendliche zusammen, um einen Austausch zu unterstützen, in dem die Generationen miteinander und voneinander lernen können.

Darüber hinaus wird eine Gemeinde ihre katechetische Verantwortung auch wahrnehmen, indem sie Begegnungen von Klein- und Teilfamilien ermöglicht. Die gegenwärtige Struktur unserer Familien macht es notwendig, die Kleinfamilie und/oder teilchristliche Familien aus ihrer Isolation, aus ihrer Privatheit herauszuführen und Begegnungen mit anderen christlichen (Teil-)Familien zu ermöglichen. Nur so können sie miteinander zu einer Stützgemeinschaft werden. Der pastoralen Phantasie sind hierbei keine Grenzen gesetzt. Solche Begegnungen können nicht verordnet und organisiert werden, sie können allenfalls ermöglicht und gestützt werden, sei es in Familiengruppen (nicht nur Ehepaargruppen) oder auch bei vielen einzelnen Treffs aus Anlaß der Begegnung von Familien im Kindergarten, bei der Sakramentenvorbereitung usw.

In besonderer Weise benötigen Familien eine Hilfe in Entwicklungsphasen, die sie oft überfordern. So z. B. können viele Kleinfamilien Einzelkindern keine geschwisterlichen Erfahrungen mit Gleichaltrigen ermöglichen. Die Beziehungen zu Erwachsenen sind nur auf den eigenen Vater und die eigene Mutter beschränkt. Hier kommt der Arbeit in unseren Kindergärten eine besondere diakonische Bedeutung zu. Ebenso bedarf es der Hilfen in der Phase der Ablösung Jugendlicher vom Elternhaus wie auch des Übergangs der Familie in die nachfamiliäre Ehephase. Gerade hier geht es immer darum, sich der veränderten Beziehungen bewußt zu werden. Es bedarf der Hilfe um der Frage nachzugehen: Wer bin ich jetzt? Wie stehen wir zueinander? Wie kann in dieser unserer Beziehung der beziehungswillige Gott erfahren werden?

3.3 Allgemeine Ziele katechetischer Elternbildung

Für den Plural katechetischer Elternbildung können die folgenden vier Zielperspektiven eine Orientierungshilfe sein:

(1) Wahrnehmung und Austausch von Erfahrungen mit dem Glauben als Lebenshilfe

Eltern werden katechetisch vor allem wirksam aufgrund ihres eigenen Glaubens. Dann müssen katechetische Hilfen auch zuerst auf das Glaubensleben der Eltern selbst gerichtet sein. Auch wenn sich die Eltern aus Interesse an ihrem Kind versammeln, wird es niemals nur um die Frage gehen dürfen „Wie sage ich es meinem Kind?" oder „Wie zeige ich es meinem Kinde?", sondern immer auch um die Frage „Wie lebe ich es, und wie leben wir es so, daß unser Kind Interesse daran finden kann, mit uns Christ zu sein?" Wenn in dem formulierten Ziel von Erfahrungen mit dem Glauben als Lebenshilfe gesprochen wird, ist damit gemeint: Es geht darum, mit den Eltern zu erkunden, wie und wo das Christgläubigsein uns eine solche Hilfe zum Leben ist, daß wir wünschen, Kinder möchten glauben lernen. Dieser Wunsch, daß Kinder glauben lernen möchten, kann als lebendiger Wunsch eigentlich nur entspringen aus der Erfahrung: Mir hat der Glaube bei meinem Leben geholfen; darum möchte ich, daß mein Kind diese Hilfe zum Leben auch empfängt. Dieses Bewußtsein wird vor allem notwendig in der sich verschärfenden Diasporasituation. In der Auseinandersetzung mit einer Umwelt, in der es konkurrierende Sinnüberzeugungen gibt, trägt auf die Dauer nur die Überzeugung, mit der eigenen Berufung eine besondere Gabe empfangen zu haben. Damit ist keine Geringschätzung der anderen gemeint; aber in der Diasporasituation muß der Christ davon überzeugt sein, daß er im Glauben eine einzigartige Chance, nicht nur irgendeine Chance zum Leben erhalten hat. Dabei geht es nicht zuletzt um Möglichkeiten eines auch in Leid- und Trauersituationen vertrauenden und hoffenden Lebens. Wegen der unmittelbaren Bedeutung für die Familie wird auch die Hilfe des Glaubens für das Gelingen von Ehe und für den zugleich annehmenden und freigebenden Umgang mit den Kindern wichtig.

(2) Selbstkritische Auseinandersetzung mit den das eigene Erziehungs-
verhalten bestimmenden Wertvorstellungen und Grundhaltungen

Das Erziehungsverhalten von Eltern wird von Wertvorstellungen und
Grundhaltungen bestimmt, die oft nur wenig bewußt und befragt sind.
Dabei werden Traditionen und Selbstverständlichkeiten der Umwelt
wirksam. Die selbstkritische Auseinandersetzung soll die Fähigkeit fördern, Traditionen nicht unbefragt zu übernehmen und von der Umwelt
auch abzuweichen. Aktuell ist hier z. B. die Auseinandersetzung mit Lei-
stungsidealen, mit Akzenten der Gehorsamserziehung oder mit der Einübung von Grenzen des Habenwollens. Realistischerweise muß allerdings gesehen werden, daß Veränderungen im Erziehungsverhalten Prozesse mit einem hohen Anspruch sind und vielfach auch einübende Formen des Lernens erfordern. Es ist schon viel gewonnen, wenn eine selbstkritische Aufmerksamkeit der Eltern für ihr Erziehungsverhalten grundgelegt wird. Es gibt dann Elternpaare, die sich gegenseitig in ihrem Erziehungsverhalten beobachten und auf mögliche Verhaltensänderungen
aufmerksam machen. Zur Korrektur des Erziehungsverhaltens können
schließlich mit dem Heranwachsen der Kinder auch deren kritische Be-
merkungen eine wichtige Hilfe sein. Eltern, die ihr Erziehungsverhalten
von den Kindern kritisieren lassen, haben eine hervorragende Lernchan-
ce. Erziehungsseminare können sich erübrigen, wo die Familie selbst
zum Ort dauernden gemeinsamen Lernens wird.

(3) Anregungen und Förderung christlicher Familienkultur[60]

Viele christliche Eltern, Väter oder Mütter und vor allem auch Alleinerziehende stehen als Christen heute vor der Herausforderung, wie sie
das Familienleben in seinen Alltagen und Festtagen, in frohen und trauri-
gen Situationen so gestalten könnten, daß dies zum erlebbaren Erfahrungsraum des beziehungswilligen Gottes wird. Sie werden dadurch nicht
nur durch eine weitgehend unchristliche und oft unmenschliche Umwelt
herausgefordert, sondern eben auch durch eine fehlende christliche Familientradition oder die Gleichgültigkeit eines Ehepartners. In jedem
Falle muß auch eine noch vorhandene christliche Familientradition oft
genug umgeformt werden, weil sie in anderen Lebenszusammenhängen
entwickelt wurde. Auch kann die Konfessionsverschiedenheit der Partner ein nicht unerhebliches Hindernis sein. Jedenfalls bedarf es mehr und
mehr einer bewußten Pflege (Kultur) und Feier (Kult) der christlichen Lebensart, vor allem, wenn diese auch katechetisch wirksam werden soll.

Dabei darf eben „Kultur" nicht in dem Sinne mißverstanden werden, als ginge es um eine Aufgabe nur für höhere, „kultivierte" Schichten. Vielmehr ist die Gestaltung des Lebens eine Aufgabe aller sozialen Schichten, und daß diese Aufgabe – z. B. in der Arbeiterkultur – auch wahrgenommen wurde und wahrgenommen wird, ist offensichtlich. Solch eine Familienkultur wird eben den unterschiedlichen Situationen angepaßt werden müssen. Sie kann im allgemeinen Sinne zur Vermenschlichung des Lebens beitragen. Christliche Familienkultur meint eben nicht nur das, was ausdrücklich christlich ist, sondern auch Gestaltungselemente, die den Atem des Evangeliums vermitteln, ohne schon ausdrücklich vom Evangelium zu reden. Zu denken ist aber etwa an die Kultur
– eines annehmenden und verstehenden Umgangs miteinander,
– der Anteilnahme an anderen und des Teilens mit anderen,
– der Nachbarschaftshilfe und Gastfreundschaft,
– einer Freizeit, die nicht nur verbraucht und vertrieben, sondern wirklich gelebt wird,
– des gemeinsamen Mahls als besonderer Form familiärer Kommunikation,
– einer positiven Wirklichkeitswahrnehmung und eines sorgsamen Umgangs mit den Gütern dieser Erde.

In diesem größeren Zusammenhang stehen dann die Aufgaben einer spezifisch christlichen Familienkultur. Dabei kann die Konfessionsverschiedenheit einer Familie mit etwas Mut und Phantasie durchaus zu einer ökumenischen Familienkultur führen. Nicht selten muß jetzt jedoch die Gleichgültigkeit eines Ehepartners Schritt für Schritt überwunden werden. Dies wird in dem Maße gelingen, wie deutlich wird, daß ein christlich gestaltetes Familienleben der Familie selber und ihren einzelnen Gliedern guttut. Zu solch einer christlichen Familienkultur gehören z. B.
– das gemeinsame Gebet,
– Bilder und Symbole christlichen Glaubens in der Wohnung,
– Erzählen und Erinnerungen an die weit vorher begonnene Geschichte Gottes mit uns Menschen,
– das Trauern und der Umgang mit den Verstorbenen,
– die Gestaltung der Feste des Jahres und des Lebens.

Der natürliche Lernraum jeder christlichen Lebensart, insbesondere aber auch einer christlichen Familienkultur dürfte in Zukunft wieder neu und stärker die Gestaltung des Sonntags sein. Dieses christliche Wochenfest bietet sich vor allem zur Förderung einer wahrhaft menschlichen Familienkultur an. In seiner rhythmischen Wiederkehr, an dem die Familie ohnehin am meisten Zeit miteinander hat oder jedenfalls hätte, erweist sich der Sonntag als der Lernraum einer christlichen Lebensgestaltung. In der Begehung dieses Tages kann wieder eingeübt und erlebt werden, was christliche Lebensart ausmacht und worin sie sich durchaus unterscheidet. Vielleicht wird auch für uns Christen dann wieder gelten, was für Juden gilt: Mehr als die Juden den Sabbat, hat der Sabbat die Juden gehalten. Mehr vielleicht als die Christen den Sonntag, hat der Sonntag die Christen gehalten.

Anregungen zu einer christlichen Sonntagskultur − auch für die Familie
Es soll hier nicht versucht werden, in nostalgischer Erinnerung früherer Sonntagsgestaltung Unzeitgemäßes wieder krampfhaft zu begründen und zu rechtfertigen. Vielmehr sollen die Absichten und Wirkungen in den Blick genommen werden, die einer solchen Sonntagsgestaltung als Feiertagsgestaltung bewußt oder unbewußt zugrunde lagen. Anders formuliert: Es soll bedacht werden, wie heute der Sonntag als Feiertag wieder so gestaltet werden kann, daß er zum „natürlichen Lernort" unserer Lebenshoffnung wird, zu einem Tag, an dem wir wieder neu mit „christlicher Lebensenergie" versorgt werden können.

Die konkrete Ausgestaltung dieses Tages wird recht vielfältig sein. Andererseits bedürfen die Grundelemente der Gestaltung einer gewissen fraglosen Übereinkunft und können nicht von jeweiligen Empfindungen und Bedürfnissen des einzelnen abhängig gemacht werden. Jede tragende Kultur − und so auch die des Sonntags − bedarf einer relativ beständigen Übereinkunft, die auch zur guten Gewohnheit wird. Nur darin finden wir auch die notwendige Gelassenheit und stehen nicht dauernd unter neuen Entscheidungszwängen.

Im folgenden sollen einige Elemente christlicher Sonntagsgestaltung als Regeln vorgestellt werden, die selbstverständlich auf die jeweilige Familien- und Lebenssituation hin zu konkretisieren sind.

Abstand nehmen
Der Sonntag muß sich für mich und andere vom Alltag unterscheiden. Dazu gehören sinnenfällige Merkmale, die mir auch äußerlich bewußt machen, daß ich in Distanz zum Alltag, zum Werktag gehe, daß Feiertag ist. Solch äußerliche Merkmale sind auch notwendig, damit solche Erfahrungen gemeinsam gemacht werden können und sich nicht nur in Gedanken des einzelnen realisieren. Sicher kann man auch in Gedanken abschalten, doch dies führt nicht zur gemeinsamen Erfahrung mit all denen, die mit mir zusammen leben. Darüber hinaus bedürfen wir Menschen zu unserer eigenen Lebenskultur vielleicht heute mehr denn je auch der sinnenfälligen Empfindung und Stabilisierung unserer gedanklichen Prozesse. Vielleicht ist es kein Zufall, daß solches „Abstandnehmen" zum Werktag und zu Beginn des Sonntags früher am Samstagabend geschah. Der Abend ist offensichtlich

in besonderer Weise geeignet, Abstand zu nehmen. Von daher könnte es durchaus wieder ein guter Brauch werden, den Sonntag zu feiern vom Vorabend bis zum Sonntagabend, zumal der Sonntagabend selber schon wieder stark auf den Beginn der Woche ausgerichtet ist.

Wie solches Abstandnehmen sinnenfällig zum Ausdruck gebracht wird, muß überlegt werden. Es kann ein gemeinsames Essen sein, ein gemeinsam verbrachter Abend, eine besondere Tischgestaltung, der Blumenschmuck in der Wohnung. Es kann aber auch der Besuch der Vorabendmesse sein, die solches Abstandnehmen äußerlich sinnenfällig erfahren läßt.

Zeit für sich und füreinander nehmen

Es genügt nicht, die Zeit verstreichen oder vergehen zu lassen. Soll der Sonntag gelingen und nicht in Langeweile enden, muß ich mir Zeit nehmen. Dazu gehört auch, daß ich mir die Zeit am Sonntag nicht von beruflichen Werktagsverpflichtungen einschränken lasse. Der Sonntag ist kein Tag der Arbeit, ist kein Werktag. Feiern kann ich nur, wenn ich mir Zeit für mich und füreinander nehme. Beides gehört zusammen. Im Französischen heißt zu Hause sein „chez lui" sein, d. h. bei sich sein. In dem Maße, wie ich zu mir komme, kann ich auch wirklich bei anderen sein. So kann ich auch für andere und miteinander dasein. Nicht in einer Rolle oder Position, sondern so, wie ich bin. Sonntags sollten wir die Möglichkeit haben, uns selber und anderen gegenüber so zu verhalten, wie wir wirklich sind, ohne uns oder anderen etwas vormachen zu müssen. Dazu werden wir im Alltag, im Kampf um Prestige und Anerkennung oft genug gezwungen. Zu viele menschliche Beziehungen werden dadurch zerstört oder zumindest bedrohlich angespannt. Am Sonntag „zu Haus" sein zu dürfen, muß auch bedeuten, einmal wirklich der sein zu dürfen, der ich bin, und mich so von anderen auch angenommen zu wissen. Dies wird nicht immer ohne Konflikt abgehen, da wir dies auch erst wieder lernen müssen: uns gegenseitig in unserer Eigenart annehmen, uns nichts vormachen. Der Sonntag kann so ein Lernort sein, an dem ich lerne, zu mir und zu anderen zu kommen, indem ich mir die Zeit für mich und füreinander nehme, beim Essen, Spaziergang, Spiel und Gespräch. Zeit für andere haben heißt auch Besuche machen. Regelmäßige Besuche der Verwandten und Freunde, die nicht nur von augenblicklichen Bedürfnissen abhängig sind, festigen und stabilisieren lebensnotwendige Beziehungen. Sie machen für mich und andere erfahrbar, daß ich nicht allein lebe, sondern mit anderen. Sie verhindern die Isolation und fördern lebensförderliche gute Beziehungen untereinander. Solche Beziehungen sind nicht immer spannungsfrei. Doch helfen gerade regelmäßige Besuche am Sonntag, auch mit solchen Spannungen umgehen zu lernen und ihnen nicht auszuweichen. Wenn der Sonntag zu solchen Besuchen immer wieder neu anregt, muß ich mich solchen gestörten Beziehungen stellen und sie neu aufarbeiten. Hängen solche Besuche von meinen augenblicklichen Empfindungen ab, würden sie in die Beliebigkeit geraten, und das Lernen positiver Beziehungsgestaltung wäre erschwert.

Und schließlich gibt die Mitfeier der heiligen Messe Gelegenheit, einmal wirklich zu mir zu kommen und gleichzeitig miteinander und untereinander verbunden vor Gott zu stehen. Im feiernden Gebet darf ich der sein, der ich wirklich bin mit all meinem Versagen, mit meinen Hoffnungen und meinen Ängsten. Hier brauche ich mir und anderen nichts vorzumachen, weil ich mich von Gott so, wie ich bin, angenommen weiß und wir uns untereinander deshalb so annehmen können, wie wir sind.

Etwas Schönes tun und Gutes sehen

Am Sonntag sollte man das tun, was man gerne tut, wozu man sonst nicht kommt, woran man Freude hat, was man eigentlich tun möchte. Nicht Nutzen und Notwendigkeit treiben mich hierzu, sondern innere Freude und Sehnsucht. So den Sonntag begehen heißt deshalb nicht untätig sein. Vielmehr soll das Schöne und Gute erfahrbar gemacht werden. Die einzelnen Tätigkeiten können recht unterschiedlich sein: Malen, Lesen, Schreiben, Spielen, Basteln, Gartenpflege usw. Dabei kann durchaus das eine oder andere dem einen als Arbeit und Belastung erscheinen, was dem anderen frohes und entspannendes Tun ist.

Damit verbunden ist auch eine bestimmte Art und Weise des Sehens. Am Sonntag sollten wir das Gute und Schöne sehen lernen. Der Alltag lehrt uns oft genug, Probleme, Ärger und Häßliches wahrzunehmen. Positive Wirklichkeitswahrnehmung lernen wir kaum noch.

Hierzu könnte der Sonntag anregen. Die Schönheit der Natur zu sehen bei einem Spaziergang, die Freuden auch des menschlichen Zusammenlebens sehen lernen, vielleicht in einem Film oder Theaterstück, das nicht nur alles und jedes wieder problematisiert, Musik hören oder auch spielen usw. Positiv sehen lernen meint nicht unrealistisch oder weltfremd werden. Aber es bedeutet eine Korrektur der einseitigen alltäglichen Sicht unseres Lebens, in der oft jeder Ansatz des Guten und Schönen verdrängt oder problematisiert wird. Solche Weltsicht macht auf Dauer hoffnungslos und führt in Resignation. Der Sonntag hilft, Spuren der Hoffnung in unserer konkreten Lebenswelt zu entdecken.

Auf solchen Spuren der Hoffnung gehen wir auch in der Feier der heiligen Messe, wenn wir die Schöpfung und Erlösung der Welt im Hochgebet der heiligen Messe loben und feiern, wenn wir unsere Sehnsucht in den Gebeten der Hoffnung zum Ausdruck bringen, wenn wir unser Vertrauen in die gütige Gegenwart Gottes neu stärken, wenn wir Vergebung erfahren und neu anfangen können, dann verändert dies unsere sogenannte „nur realistische" Weltsicht.

Positiv erzählen lernen

Erziehung zur Kritikfähigkeit ist sicher notwendig, solange damit die Fähigkeit zur Unterscheidung gemeint ist. Oft wird Kritik jedoch nur als negative Beurteilung verstanden. So leben unsere Nachrichtensysteme, die auch kritisch sein wollen, weitgehend von negativen Nachrichten. Wie schwer die Verbreitung nur positiver Nachrichten ist, erlebte der Chefredakteur des Süddeutschen Rundfunks, als er am 21. 6. 1979 im 1. Programm einmal die Idee hatte: „Lassen wir einmal zur Abwechslung Mord und Totschlag und Katastrophen fort, machen wir eine rein positive Sendung, wenn auch nur als Experiment". Es sollte sich bestätigen, daß es gar nicht so leicht ist, positive Nachrichten als interessante Nachrichten zu bekommen und zu verbreiten. Eine Nachricht in Presse, Rundfunk und Fernsehen ist offensichtlich nur dann interessant, wenn diese negative Informationen enthält. So üben uns diese Medien unbewußt ein in eine negative Wirklichkeitswahrnehmung, und sie liefern uns den Stoff, auch selber weitgehend nur Negatives weiterzuerzählen. Wir werden geradezu eintrainiert in die Erzählung negativer Wirklichkeit. Wir erzählen vom Ärger im Beruf, vom unmöglichen Verhalten der Kollegen, von scheiternden Ehen, von Unarten der Politiker, von Machenschaften in Industrie usw. Wo aber lernen wir noch positiv erzählen − „gute Nachrichten" verbreiten? Wo erzählen wir uns von gelingendem Leben, von bewältigten Schwierigkeiten in der Wirtschaft, in der Politik, in der Familie, im Umgang mit Kindern und dem Partner?

Vielleicht konnte auch so die Aufforderung in manchen christlichen Familien verstanden werden, wenn am Sonntag nach dem Gottesdienst bei Tisch gerade wieder einer über die Predigt des Pfarrers herzog und der Vater dazwischenfuhr: „Heute wird hier nicht kritisiert!" Recht verstanden, könnte dies vielleicht besser heißen: Am Sonntag wollen wir uns bemühen, vor allen Dingen Positives von uns und anderen zu erzählen. Was haben wir in der vergangenen Woche an Erfreulichem erlebt? Worauf freuen wir uns in der kommenden Woche? Was ist mir und anderen gelungen? Dies meint keine Schönfärberei, sondern eine Wirklichkeitswahrnehmung, in der auch einmal das Positive gesehen und erzählt wird. Sonst könnte es allzu leicht versiegen und untergehen. Wir brauchen solche Erzählungen gelingenden und bewältigenden Lebens − gute Nachrichten, d.h. Evangelium heute.

Von daher läßt sich auch die Verkündigung der Frohen Botschaft von Jesus Christus in der Messe am Sonntag verstehen. Gute Nachrichten werden hier weitergegeben, damit wir uns nicht erdrücken lassen von dem Schlechten und Bösen in und um uns, von den Grenzen, die wir bei uns selbst und anderen erfahren. Das Evangelium ermutigt aus Hoffnung heraus, leben zu lernen, und vermittelt Kraft, das Leben zum Guten hin zu verändern. Dies hat allerdings auch Konsequenzen für die Art der Verkündigung im Gottesdienst. Ziel müßte es sein, das Evangelium als gute Nachricht weiterzugeben und nicht im Problematisieren von Elend und Hoffnungslosigkeit steckenzubleiben und damit nur zu wiederholen, was täglich die Medien uns ins Haus bringen. Wir brauchen als Christen im Gottesdienst keine Doppelung und Wiederholung erlebter Hoffnungslosigkeit!

Tischgemeinschaft pflegen

Wenigstens ein gemeinsames Essen sollte am Sonntag regelmäßig gehalten werden. Ob dies ein gemeinsames Frühstück, das gemeinsame Abend- oder Mittagessen oder auch das Kaffeetrinken ist, dürfte dabei relativ gleichgültig sein. Wichtig ist nur, daß hier eine gewisse fraglose Übereinkunft getroffen wird, die nicht jeden Sonntag neu zur Diskussion gestellt wird. Solch gemeinsames Essen könnte der institutionalisierte Ort sein, bei dem man miteinander auch ins Gespräch kommt. Der Tisch verbindet nun einmal miteinander so intensiv wie kaum eine andere Form der Begegnung. Bei Tisch kann man kaum voreinander ausweichen. Beim gemeinsamen Essen am Tisch kommt in aller Deutlichkeit zum Ausdruck, was die Beteiligten untereinander verbindet, aber auch, was untereinander an Spannungen und Trennendem da ist. So kann die Tischgemeinschaft immer wieder eine Bestätigung des Verbindenden sein; sie ist aber auch der Ort, an dem Konflikte ausgetragen werden. So ist es weder schlecht noch verwunderlich, wenn es ausgerechnet bei solch gemeinsamen Mahlzeiten am Sonntag häufig zu Auseinandersetzungen zwischen Eltern und Kindern wie auch zwischen Ehepartnern kommt. Auseinandersetzungen, die ihren Grund nicht in einer aktuellen Situation haben, sondern vielmehr unterschwellig schon länger vorhanden sind und hier nur zum Ausbruch kommen. Jugendliche, die ihre eigene Meinung einmal zum Ausdruck bringen wollen, Ehepartner, die sich nicht verstanden fühlen, Einstellungen zu Verwandten und Freunden, unterschiedliche Auffassungen in der Politik usw. So kann man bei Tisch einerseits streiten, aber auch Konflikte lösen lernen. Tischgemeinschaft offenbart das Vorhandene, sie macht Auseinandersetzungen sichtbar – bis dahin, daß einer aufsteht und nicht mehr bei Tisch sitzen bleibt, aber sie ermöglicht auch wieder das Sich-Zusammensetzen an den einen Tisch. Redliches und offenes Miteinanderumgehen und die Bereitschaft zur Versöhnung werden durch eine solche regelmäßige Tischgemeinschaft am Sonntag erleichtert.

Es ist kaum durchzuhalten, dies nach Situation im Laufe der Woche oder wenn es ansteht, zu organisieren. Viel einfacher ist dies, wenn man regelmäßig weiß, am Sonntag sitzen wir wieder zusammen und können voreinander nicht ausweichen. Dahinter steckt allerdings die Bereitschaft, wirklich redlich miteinander umzugehen, offen miteinander zu streiten, aber auch zur Versöhnung bereit zu sein.

Damit ist die häusliche Tischgemeinschaft nur ein familiäres Abbild jener Tischgemeinschaft in der heiligen Messe, zu der wir uns eben auch nicht auf Grund eines persönlichen aktuellen Bedürfnisses zusammenfinden. Ihre Regelmäßigkeit am Sonntag, die gute Gewohnheit, sich zur sonntäglichen Meßfeier zusammenzufinden, ist für uns eine Stütze, uns immer wieder neu redlich auf den Weg zueinander zu machen. Mit all den Christen, die mit uns in dem Glauben und in der einen Hoffnung verbunden sind. Mit all denen, mit denen ich auch im Streit lebe. Von daher ist auch die Meßfeier von jener doppelten Bewegung bestimmt, wir kommen als einzelne, so wie wir sind mit unserem Versagen und unserer unterschiedlichen Auffassung, besinnen und bekennen uns zu dem einen Grund unserer Hoffnung, Jesus Christus, erklären unsere Bereitschaft, uns wieder auf den Weg zu machen, um wirklich einerseits Zeichen, aber auch Werkzeug zu sein für die Vereinigung der Menschen untereinander, für ein gelingendes Miteinander wie auch für die Vereinigung und Verbindung der Menschen mit Gott.

Die heilige Messe am Sonntag
Wenn unter diesen Regeln die Mitfeier der heiligen Messe am Sonntag nicht als besonderer christlicher Auftrag angeführt wurde, dann deshalb, weil diese nicht isoliert von der Feier des Sonntags überhaupt gesehen werden kann. Wenn es stimmt, daß die heilige Messe „Quelle und Höhepunkt" christlichen Lebens überhaupt ist, damit auch Quelle und Höhepunkt der Feier des Sonntages, dann läßt die Mitfeier der heiligen Messe eigentlich verdichtet all das erfahren, was für die Feier des ganzen Sonntags gesagt wurde. Sie kann helfen, Abstand zu nehmen,

Zeit für sich und andere zu finden, das Schöne und Gute zu sehen, positive und gute Nachrichten zu hören und erzählen zu lernen und die Tischgemeinschaft zu pflegen. Sie kann damit Quelle für die Gestaltung des ganzen Sonntags sein, indem das hier verdichtet Erfahrene sich auswirkt im konkreten Zusammenleben am Sonntag. Sie kann aber auch Höhepunkt sein, in den all das mit hineingenommen und erfahren wird, was wir am Sonntag zu Hause allein oder mit anderen erlebt haben. Daher kann die Mitfeier der heiligen Messe am Sonntag auch zu verschiedenen Zeiten und in unterschiedlicher Intention erfolgen. Sie kann am Beginn, am Vorabend stehen im Sinne des Abstandnehmens; sie kann im Verlauf des Sonntags ihren Platz haben, wo ich wirklich einmal vor Gott Zeit für mich und andere habe; sie kann auch bewußt erlebt werden als neue Erfahrung „guter Nachricht" für mein Leben. Das gleiche gilt in ähnlicher Weise für das häusliche Gebet am Sonntag. Es ist sozusagen die durchlaufende Perspektive, in der die einzelnen Aspekte des Sonntags in unterschiedlicher Weise zum Ausdruck kommen können. Auch das Gebet kann die Bedeutung haben, einmal Abstand zu gewinnen vom Alltag, es kann mir Gelegenheit geben, mir selbst und anderen einmal nichts vorzumachen und mich so vor Gott zu stellen, wie ich wirklich bin. Es kann im Dank und Lobpreis des Schönen und Guten Erfahrungen zum Ausdruck bringen, es kann Tischgemeinschaft eröffnen und schließlich auch gute Nachrichten zur Sprache bringen.

Vielleicht wird darin deutlich, daß die Mitfeier des Gottesdienstes am Sonntag nicht so sehr ein zusätzliches Element der Sonntagsgestaltung ist, sondern in der Tat in dem Maße als Quelle und Höhepunkt erfahren wird, wie der ganze Sonntag als Feiertag begangen wird.

Bedeutung christlicher Sonntagskultur für die Gesellschaft
Sosehr die Feier des Sonntags ihren Ursprung und Grund in der christlichen Hoffnung der Auferstehung hat, so wenig kann und darf sie damit eine exklusive oder gettohafte Kultur der Christen werden. Gerade auch in der Art und Weise der Sonntagsgestaltung haben Christen anregendes Zeichen für ein menschlicheres Leben der Gesellschaft zu sein. Schließlich sollen auch Christen den Sonntag nicht als eine lästige zusätzliche Verpflichtung feiern, sondern sie feiern den Sonntag, weil er den Alltag leben hilft, weil dies dem Leben des einzelnen und dem Miteinanderleben guttut, weil das Leben dadurch menschlicher wird! Von daher ist nochmals zu bedenken, ob nicht die genannten Verhaltensregeln zur Gestaltung des Sonntags das Leben in der Tat menschlicher machen, das Leben auch derer, die sich nicht ausdrücklich zur christlichen Hoffnung bekennen. Wenn der Sonntag der institutionalisierte Ort ist, an dem ich einmal Abstand nehmen kann von den Anforderungen des Alltags, an dem ich einmal zu mir kommen und bewußte Beziehungen zu anderen aufnehmen kann, an dem ich einmal das Schöne und Gute tun und sehen lerne, an dem ich positiv erzählen lerne, kann dies nicht für jede Lebensart hilfreich sein? Die Praxis der christlichen Sonntagsgestaltung dürfte sich als ansteckend erweisen in dem Maße, wie sie als Lebenswert erkannt wird. Ansteckend auch für diejenigen, die vielleicht dem Grund eines so gestalteten und gefeierten Sonntags nicht mehr oder noch nicht zustimmen können, die

aber Früchte dieses Glaubens und dieser Hoffnung in einer solchen Sonntagsgestaltung als nahrhaft und schmackhaft für ihr Leben erfahren.

Vielleicht kommt dem Christen darum gerade auch in der Art der Sonntagsfeier in einer pluralen Gesellschaft die Aufgabe zu, solche Spuren der Hoffnung in uns selbst, im Miteinander und in der Welt nicht verwehen zu lassen, sie Sonntag für Sonntag neu zu begehen und auszuschreiten, damit andere bewußt ihnen folgen oder auch sich nur versuchsweise einmal auf sie einlassen können.

(4) Entwicklung einer Glaubenssprache

Die Familiensprache ist ein besonderes Element der Familienkultur, die Glaubenssprache ist ein besonderes Element christlicher Familienkultur. Nur wenige Eltern hatten die Möglichkeit, über ihren Glauben sprechen zu lernen. Die meisten Sprachschwierigkeiten im Glauben sind die Folgen einer Entmündigung der Erwachsenen in dem Sinne, daß viele Menschen unserer Kirche niemals das Sprechen über ihren Glauben gelernt haben, obwohl sie gläubig sind. Ohne daß man spricht, kann man keine Sprache entwickeln. Es ist dann eine Aufgabe, im Kontakt mit den Eltern Sprache zu entwickeln; nicht fertige Sprache an die Eltern heranzutragen, sondern zu versuchen, wie man darüber miteinander sprechen kann und wie Eltern auch mit ihren Kindern gemeinsame Sprache entwickeln können. Dies ist ja eine der faszinierenden Aufgaben im Eltern-Kind-Verhältnis: gemeinsame Sprache zu finden füreinander; miteinander sprechen zu lernen, so daß man sich versteht. Nicht nur Eltern lehren ihre Kinder die Sprache, sondern auch Kinder sind für ihre Eltern Anregung zum Sprechen. Eltern werden von ihren Kindern zum Sprechen herausgefordert. Wichtig ist hier allerdings der Hinweis, daß es durchaus gelingende Sprachkontakte zwischen Eltern und Kindern gibt, die in großer Sparsamkeit geschehen. Es kommt also nicht auf die Quantität des Sprechens an, auch nicht auf die differenzierende Qualität, sondern auf die Qualität der Überzeugtheit und des Vertrautseins mit dem, was das eigene Leben trägt. Hier können auch seltenere und undifferenzierte Sprachkontakte zwischen Eltern und Kindern Wichtiges an Gemeinsamkeit schaffen und Glaubenstradition wirksam weitergeben.

(5) Teilnahme an der Sendung der Gemeinde

Als Subjekte christlichen Lebens müßten jedoch auch die Familien unserer Gemeinde einen Dienst leisten. Aufgrund ihrer gelebten Beziehungen und ihrer sehr dichten Erfahrungen des Gelingens und der Gefährdung solch christusähnlicher Beziehungen können sie in unseren Gemeinden durch ihr Leben und Erzählen Hilfe geben zum Aufbau einer christusähnlichen Beziehungsgemeinschaft über die Familie hinaus. Die Art und Weise, wie Eltern mit ihren heranwachsenden Kindern umgehen, zu ihnen stehen und gleichzeitig ihnen den Raum der Freiheit eröffnen, könnte Modell sein für die Art, wie eine „erwachsene" Gemeinde mit ihrer Jugend umgeht. Der liebende, ertragende und vergebende Umgang der Ehepartner miteinander könnte anregen und auffordern zur Toleranz und Vergebungsbereitschaft gegenüber einzelnen und Gruppen in der Gemeinde. Die gelebte Partnerschaft wäre ein Leitbild einer geisterfüllten Gemeinde von Brüdern und Schwestern. Das Licht und Dunkel auf dem Weg der Gotteserfahrung in diesen familiären Beziehungen kann die Christen einer Gemeinde anregen, in den gelebten Beziehungen der Menschen auch außerhalb der Kirche Gottes Geist zu entdecken, zu achten und eventuell zu benennen. Gerade das Leben einzelner oder mehrerer Christen in der Diasporasituation einer Familie, kann zum Erfahrungs- und Lernraum für Christen in einer sich verschärfenden gesellschaftlichen Diasporasituation der Gemeinden werden. Gleichzeitig wird dadurch auch die missionarische Kraft einer Gemeinde wachsen.

4. DER KINDERGARTEN DER GEMEINDE ALS EIN LERNORT DES GLAUBENS

(1) Die kirchlichen Kindergärten als Nachfolger der früheren Kinderbewahranstalten verstanden ihren Auftrag vor allem im Rahmen der *diakonischen* Sendung der Kirche. Familien in wirtschaftlicher Not, überforderten und berufstätigen Müttern und z. T. verwahrlosten Kindern boten sie einen Ort, an dem die Kinder sozialpflegerisch-caritativ versorgt wurden. Damit verband sich – angestoßen vor allem durch Fr. Fröbel – die Intention der Förderung frühkindlichen, spielorientierten Lernens, also eine *pädagogische* Ausrichtung. Daß die Mitarbeiter der Kindergärten nicht mehr Kindergärtner(innen), sondern Erzieher(innen) genannt werden, ist u. a. Ausdruck der inzwischen vorwiegend auf pädagogische Ziele ausgerichteten Arbeit im Kindergarten (z. T. eine problematische Engführung auf die Förderung schulischer Leistungsfähigkeit). Kinder aller sozialer Schichten besuchen heute Kindergärten als institutionalisierte Orte der Elementarerziehung.

Daß Kindergärten in kirchlicher Trägerschaft im Zusammenhang mit dem zunehmend pädagogisch geprägten Selbstverständnis nur sehr zögernd bewußt *katechetische* Intentionen verbanden, hat mehrere Gründe. Ein Grund ist wohl der, daß das personale Angebot der Kirche in den Kindergärten vielerorts aus Ordensschwestern bestand, die auch ohne eigens zu treffende Entscheidungen die „Welt des Glaubens" im Kindergarten vergegenwärtigten. Diese Schwestern verstanden sich sowohl in ihrem diakonischen wie in ihrem pädagogischen Auftrag von ihrer Ordensberufung her und lebten (natürlich mehr oder minder intensiv) aus den geistlichen Impulsen ihrer Ordensgemeinschaft. Dies wirkte sich unmittelbar in ihrer Arbeit mit den Kindern aus. Bei Erzieherinnen und Erziehern, die nicht Ordensleute sind, ist nicht ohne weiteres geklärt, ob sie ihren erzieherischen Auftrag fundamental auch als ihre christliche Sendung verstehen und von ihrer Biographie und ihrer gegenwärtigen Lebenssituation her verwirklichen können. Es ist nicht selbstverständlich, daß sie aus Familien und Gemeinden (Gemeindegruppen) kommen, in denen sie Glaubensgemeinschaft erfuhren, und heute in christlichen Gemeinschaften leben, durch die sie in ihrem Tun mit den Kindern getragen werden.

In vielen Gemeinden war früher der Kindergarten vor allem neben der Schule und dem Krankenhaus eine der gemeindlichen Institutionen unter anderen. Vielerorts ist er heute die einzige, mit anderen kommunalen Einrichtungen konkurrierende Institution einer christlichen Gemeinde und verliert damit an Selbstverständlichkeit. Er läßt sich zwar gut auch aus seinem diakonischen Auftrag (unter Einschluß einer pädagogischen Diakonie) rechtfertigen; aber es wird vom kirchlichen Kindergarten auch erwartet, daß er pastoral für die Bindung der Eltern und Kinder an die kirchliche Gemeinde und katechetisch für ein Hineinfinden der Kinder in die kirchliche Glaubensgemeinschaft fruchtbar wird. Diese Erwartungen an den Kindergarten steigen in einer Situation, in der bei vielen Familien, die ihre Kinder taufen lassen, ein andauernder Schwund an christlicher Familienkultur und so eine Schwächung der Weitergabe elementarer Glaubensvollzüge durch die Familie zu beobachten ist.

(2) Was heißt „Kindergarten der Gemeinde"?

Auch wenn es gegenwärtig nur Annäherungen an das Ziel gibt, daß ein Kindergarten nicht nur rechtlich und finanziell von einer Gemeinde getragen wird, muß doch dieses Ziel geklärt sein, wenn von einem Kindergarten erwartet wird, daß er katechetisch wirksam sein soll. Fundamental ist hier die immer wieder zu zitierende Orientierung unserer bundesdeutschen Synode: „Aus einer Gemeinde, die sich pastoral versorgen läßt, muß eine Gemeinde werden, die ihr Leben im gemeinsamen Dienst aller und in unübertragbarer Eigenverantwortung jedes einzelnen gestaltet."

Auf den Kindergarten bezogen heißt das, daß wir ausgehen müssen von einer Mentalität, in der sich Gemeinden von einer vorwiegend als Institution verstandenen Kirche auch mit Kindergärten versorgen lassen. Der Träger des Kindergartens ist dann vor allem der Pastor, der als Beauftragter der Kirche für Personal, Gebäude und Finanzen (zusammen mit dem Kirchenvorstand) zu sorgen hat. Die Gemeinde ist in ihren Eltern weniger der Träger als vielmehr der Verbraucher kirchlicher Dienstleistungen. Das Wort „unser Kindergarten" hat für die Gemeinde und ihre Eltern vor allem den Klang: „Er steht für uns zur Verfügung". Die Mitarbeiter dieses Kindergartens können sich vielleicht noch als Mitarbeiter des Pastors, kaum aber als Mitarbeiter der Gemeinde und ihrer Eltern verstehen, werden also nicht wirklich von der Gemeinde getragen.

Anzuzielen ist eine Einstellung, in der sich eine Gemeinde und ihre Eltern ihrer gemeinsamen diakonischen, pädagogischen und katechetischen Verantwortung für die Kinder bewußt und in der sie an der Sorge beteiligt sind, wie die Gemeinde u. a. auch durch einen Kindergarten dieser Verantwortung entsprechen kann. Das Wort „unser Kindergarten" muß vor allem den Klang bekommen: „Der Kindergarten ist ein Organ, durch das wir zeigen, wie uns als Gemeinde an den Kindern liegt." Beziehungen zu den Mitarbeitern des Kindergartens müssen anzeigen: „Ihr seid unsere Mitarbeiter; wir wollen und tragen euch in eurem Dienst — auch und gerade in den Anteilen dieses Dienstes, in denen ihr es schwer habt, christliche Sendung zu leben."

Im Blick auf den katechetischen Auftrag des Kindergartens sei auf einen oft übersehenen Zusammenhang verwiesen. Der Kindergarten der Gemeinde hat mit der Praxis der Kinder- bzw. Säuglingstaufe zu tun. Die Kinder werden zwar auf das Glaubensbekenntnis ihrer Eltern hin getauft; aber diese Taufe ist die Hineinnahme der Kinder mit ihren Eltern in die Glaubensgemeinschaft der Gemeinde. Diese Glaubensgemeinschaft über die Familie hinaus mit der Gemeinde wird für die Kinder lebensgeschichtlich zuerst konkret im Kindergarten. Der Kindergarten ist also biographisch die erste Weise, in der eine Gemeinde sich den in ihr getauften Säuglingen als Glaubensgemeinschaft erfahrbar machen kann und soll.

Da hier von Gemeinde gesprochen wird, ist zu klären, daß damit nicht einfach die oft sehr große Kirchengemeinde als ganze gemeint sein kann. Als Subjekt handlungsfähig sind unsere Gemeinden in von ihr anerkannten Personen, in gewählten Gremien und vor allem in Gruppen und Kreisen, die ihr Leben selber gestalten und verantworten und gemeinsam das Leben der Gemeinde prägen. So kann eine Gemeinde durchaus als Träger des Kindergartens handeln durch den Pastor, dem sie Zeit läßt, mit den Mitarbeitern des Kindergartens Gespräche zu führen, sich im Kindergarten sehen zu lassen und vom Kindergarten in anderen Lebensbereichen der Gemeinde zu erzählen. Eine Gemeinde kann konkret ihren Kindergarten tragen, indem sie dessen Mitarbeiter in den Pfarrgemeinderat zum Austausch einlädt oder sogar einen Ausschuß zur dauernden Kommunikation bildet (also nicht nur die Finanzen im Kirchenvorstand). Vor allem aber wird es wohl möglich und wichtig sein, daß ein Kreis engagierter Eltern (ein bereits bestehender Kreis junger Eltern oder ein sich aus den Eltern von Kindergarten-Kindern bildender Elternkreis) die Verbindung zwischen der Gemeinde und den Mitarbeitern im Kindergarten lebt und dabei auch die Sorge um den Kindergarten als einen Lernort des Glaubens in der Gemeinde mitträgt.

Entwicklungen in der hier angezielten Richtung setzen von seiten der Mitarbeiter des Kindergartens voraus, daß sie sich je nach Situation auch auf die Gemeinde einlassen. Wenn kirchliche Trägerschaft erst in einer gemeindlichen Trägerschaft wirklich konkret wird, wird für die Mitarbeiter nicht nur eine allgemeine Beziehung zur Kirche, sondern auch die Beziehung zur konkreten Gemeinde ihres Kindergartens wichtig. Es war schon oben von der Frage die Rede, wo die Mitarbeiter die Glaubensgemeinschaft erfahren können, die ihnen ermöglicht, die katechetische Dimension ihres Tuns mit den Kindern wahrzunehmen. Diese Glaubensgemeinschaft werden sie vielleicht nicht immer in der Gemeinde ihres Kindergartens suchen und finden müssen. Aber sie brauchen Kontakte zu lebendiger Glaubensgemeinschaft in der Gemeinde, die ihren Kindergarten trägt.

(3) Zur katechetischen Dimension des gemeinsamen Lebens im Kindergarten

Wird der Kindergarten als ein Lebensort der Gemeinde verstanden, so fällt zunächst auf, daß es wohl in den meisten Gemeinden keinen anderen Ort gibt, an dem rein quantitativ Menschen so viel Zeit miteinander teilen. Vergleichbares gilt nur von den sehr selten gewordenen gemeindlichen Schulen und Krankenhäusern. Die Kindergruppe im Kindergarten stellt eine partielle Lebensgemeinschaft dar, in der die Kinder untereinander und mit ihren Erziehern auf alltägliche Weise in so nahen Beziehungen leben, daß sie füreinander zu wichtigen, aufeinander Wirkung ausübenden Menschen werden können. Was sonst nur sehr begrenzt in der Gemeindekatechese möglich ist, wird im Kindergarten realisierbar: daß im Miteinander des Lebens auch ein Miteinander des Glaubens gelernt werden kann. Diese Form des Lernens entspricht nicht nur, aber gerade auch jüngeren Kindern, deren Leben noch sehr weitgehend ein Mitleben mit ihnen nahen Bezugspersonen ist, an denen sie schrittweise zu ihrem eigenen Leben finden.

Vom hiermit gewählten Ansatz her liegt die spezifische Chance des Kindergartens darin, *daß in ihm Katechese viel weniger gehalten als gelebt wird.* Mit dieser Aussage soll nicht gefordert werden, daß das ganze Leben im Kindergarten eine einzige Katechese im engeren Sinne zu sein hat. Wohl soll angestrebt werden, daß in der ganzen Weise des Umgangs miteinander und in all dem, was man miteinander tut, auch das vergegenwärtigt und vermittelt wird, was uns Christen wichtig ist, insbesondere wie Gott uns in Jesus Christus in wohltuende Beziehungen untereinander ruft und befreit. Näherhin kann das z. B. heißen:

- daß gemeinsam nach möglichst gewaltloser Konfliktlösung gesucht wird,
- daß die Schwächeren Hilfe durch die Stärkeren erfahren,
- daß Formen der Versöhnung entdeckt und eingeübt werden,
- daß gegenseitige Prahlerei durch Vollzüge der Mitfreude und des Mitleidens verdrängt wird,
- daß – wohl besonders schwer – Unsympathischen Liebe geschenkt wird,
- daß mit dem Habenkönnen auch das Teilenkönnen gelernt wird,
- usw.

Wichtig ist, daß diese Vollzüge nicht mit einer Art moralischem Zeigefinger begründet und gefestigt werden, sondern durch die Wahrnehmung, wie unser Friede und unsere Freude zusammenhängen, und durch das gelegentlich auch ausdrücklich katechetisch werdende Zeugnis, daß Gott uns in Jesus Christus Mut und Kraft gibt, unseren Frieden und darin unsere Freude zu suchen. Gerade für jüngere Kinder ist die Erfahrung wichtig, daß im Evangelium der Zuspruch von Gottes helfender Nähe dem

Anspruch vorausgeht, diese helfende Nähe Gottes unter uns wirksam werden zu lassen.

Damit ist bereits angesprochen, daß es im gemeinsamen Leben des Kindergartens Gelegenheiten und Zeiten geben kann und soll, in denen auch darüber gesprochen wird, warum uns als Christen unser Friede ganz wichtig ist. Es muß auch durch *Sprache* geklärt werden, daß wir Christen nicht an irgendeinen Gott − etwa an einen Gott allein der Tüchtigen, Sympathischen und Gesunden oder an eine Erklärungshypothese für noch unverstandene Wirklichkeit − glauben, sondern an den Gott und Vater Jesu Christi, also an Gott, wie Jesus ihn uns in Wort und Tat zeigt. Das heißt, die oft sehr abstrakt formulierte Kennzeichnung der Kirche als Erzählgemeinschaft kann in der Kindergartengruppe sehr konkret werden durch Erzählungen von Gottes Geschichte mit den Menschen und durch erzählenden Austausch, was diese Geschichten in unserem Leben anstiften können und auch tatsächlich bewirken.

Unausdrücklich ist damit skizziert, wie in der Koinonia der Kindergruppe die gemeindlichen Grundfunktionen der Diakonia und der Martyria gelebt werden können. Auch bei der Grundfunktion der Liturgia kann es gerade im Kindergarten nicht primär darum gehen, Katechese über Liturgie zu halten, sondern *elementare Vollzüge der Liturgie* gemeinsam zu praktizieren. Das kann z. B. näherhin heißen:

− daß man gemeinsam dankbar wird für das Viele, was wir nicht machen können, aber geschenkt bekommen,
− daß man gemeinsam still wird und sich für wichtige Worte öffnet,
− daß man sich segnen läßt und sich selbst mit dem Kreuzzeichen der Nähe Gottes anvertraut,
− daß man gemeinsam die christliche Freude an Gott feiert,
− daß man gemeinsam die Vorbereitungszeiten auf die großen christlichen Feste und die fünfzigtägige Osterzeit begeht,
− daß man nicht nur Fakten und Zahlen, sondern auch Symbole entdeckt und sich vertraut macht,
− daß man betend Gott Freude und Not herzeigt und dabei hilfreiche Haltungen des Leibes erkundet und meditativ einübt,
− usw.

Auch hier wird zu den Vollzügen das katechetische Gespräch über diese Vollzüge dazugehören müssen; aber die besondere Chance der partiellen Lebensgemeinschaft im Kindergarten liegt darin, daß unmittelbar getan werden kann, worüber man spricht, bzw. daß man über das, was man miteinander getan hat, und über die darin miteinander geteilten Erfahrungen auch sprechen kann.

(4) Voraussetzungen und Grenzen der katechetischen Wirksamkeit des Kindergartens

Der Kindergarten kann zwar ein Ort sein, an dem man bemüht ist, den Umgang miteinander vom Geist des Evangeliums bestimmt sein zu lassen, und an dem man von der Nähe Gottes in Jesus Christus erzählt und sie auch feiert; aber der Kindergarten ist weder für die Kinder noch für die Erzieher der einzige Lebens- und Lernort. Die Erzieher und die Kinder können nur das miteinander leben und voneinander lernen, was sie in ihre Gruppenbeziehungen mitbringen.

Hier ist zunächst an die *Erzieher* zu denken und die Frage zu stellen, wo sie selber das Evangelium als Hoffnung und Kraft für ein heilsames Miteinander erfahren, Liturgie als gemeinsam begangene Freude an Gott mitvollziehen und für diese Erfahrungen Sprache entwickeln können. Zu einer religionspädagogischen Aus- und Weiterbildung hinzu wird erforderlich sein, daß die Erzieher als eine ihrer oft recht unterschiedlichen kleineren Lebenswelten eine christlich-gemeindliche Gruppe haben, durch die sie personales Angebot einer Gemeinde werden, d.h. Menschen, mit denen und an denen man christlich glaubende Gemeinschaft erfahren kann. Das kann sich sehr plural realisieren – etwa in einer bewußt christlich lebenden Familie oder in einer Pax-Christi-Gruppe. Wie alle Mitarbeiter in der gemeindlichen Katechese stellt sich jedenfalls auch den Erziehern des gemeindlichen Kindergartens die Frage, welchen Lebens- und Gesprächszusammenhang sie suchen, um aus einem christlichen Miteinander heraus Zeugnis von den Lebenskräften des Glaubens geben zu können.

Für die Kinder sind vor allem ihre *Familien* der Raum, in dem sie außerhalb des Kindergartens leben und lernen. Die Familie wird bei ihnen vor dem Kindergarten, während der Zeit des Kindergartens und nach dieser Zeit wirksam. Schon diese Tatsache macht deutlich, daß der Kindergarten die katechetische Funktion der Familie nicht ersetzen kann, warnt also davor, die katechetischen Möglichkeiten des Kindergartens zu überfordern. Wenn in den Familien der Kinder ganz andere Anliegen als im Kindergarten das gemeinsame Leben prägen und die Atmosphäre einer Gottvergessenheit herrscht, liegt es den Kindern nahe, die Konflikte, in die sie durch die Unterschiede oder sogar Gegensätze zwischen ihrer Familie und dem Kindergarten geraten, zumindest langfristig im Sinne der Lebensausrichtung ihrer Familien zu lösen. Etwas anderes ist nur in den relativ seltenen Fällen zu erwarten, in denen die Kinder durch ihre Spielgemeinschaft und die spätere Schulgemeinschaft in den Lebensanliegen gestützt werden, an denen sie im Kindergarten teilhatten.

Der gemeindliche Kindergarten muß aus dieser Einsicht heraus um der Kinder willen auch Interesse an den Familien bzw. den Eltern der Kinder haben. Es werden selten alle Eltern offen sein für eine Zusammenarbeit mit dem Kindergarten; aber ein Teil wird Orientierungen für das Erziehungsverhalten und Anregungen für die Gestaltung der familialen Lebensgemeinschaft aufnehmen wollen und können. *Elternarbeit* vom Kindergarten aus, also die Förderung der Eltern in der erzieherischen und katechetischen Dimension ihrer Elternrolle, ist so keineswegs von vornherein ohne Aussichten. Gerade in der Elternarbeit liegt eine gemeindekatechetische Chance des gemeindlichen Kindergartens. Das heißt dann aber, daß diese Elternarbeit nicht als Aufgabe allein der Erzieher neben den übrigen Aufgaben der Gemeindekatechese zu sehen ist. Es ist vielmehr im Gesamtkonzept der Katechese einer Gemeinde zu fragen, welchen Stellenwert in ihr die Elternarbeit vom Kindergarten aus haben und wie diese Elternarbeit in der Kooperation zwischen Eltern, Erziehern und anderen katechetischen Mitarbeitern der Gemeinde (auch dem Pfarrer) angegangen werden kann und soll. Nicht zuletzt auf diesem Wege kann erreicht werden, daß der Kindergarten nicht wie eine Sonderwelt ausgegrenzt bleibt, sondern als ein Lebens- und Lernort der Gemeinde wahrgenommen wird, der nicht nur Kinder, sondern auch deren Eltern und für die Glaubensgeschichte der Eltern und ihrer Kinder engagierte Gemeindemitglieder mit den Erziehern zusammenführt. Eigentlich liegt dies sehr nahe. Es sind nur andere Gewohnheitsbildungen, die dies oft verstellen und behindern – manchmal die eingangs erwähnte und bis heute wirksame Einstellung, Kindergärten nur als Aufbewahrungsorte für Kinder zu betrachten, evtl. noch als nicht ganz ernst zu nehmende Spielorte. Wer allerdings Kinder ernst nimmt, wird auch ihr Spielen als ihre beste Weise, Leben zu lernen, ernst nehmen und dann auch den Kindergarten, in dem Kinder – nicht zuletzt spielerisch – anfangen können, mit einer christlichen Gemeinde Christen zu werden.

5. SAKRAMENTENKATECHESE – EIN ANSATZ IN DER GEMEINDEKATECHESE

5.1 Fragwürdige Praxis

Nach den Aussagen des Arbeitspapiers der Synode der Deutschen Bistümer „Das katechetische Wirken der Kirche" (Nr. 3) ist es Ziel des katechetischen Dienstes in der Gemeinde, dem einzelnen Hilfe zum Gelingen seines Lebens zu geben, indem er auf den Zuspruch und Anspruch Gottes eingeht. Ort der Erfahrung solcher Lebenshilfe sollen die Gemeinde bzw. Gruppen und Kreise in der Gemeinde sein. Die Katechese der Gemeinde soll deshalb vor allen Dingen dort ansetzen, wo aufgrund von Situationen im Leben des einzelnen, der Gruppe, der Gemeinde, der Kirche oder auch der Gesellschaft solche Hilfen aus dem Glauben zum Gelingen des Lebens erforderlich sind. Ausgangspunkt ist das Leben in seinen verschiedensten Belastungs- und Anspruchssituationen.

Bedeutet unter dieser Rücksicht die weitverbreitete katechetische Praxis bei den Sakramenten der Buße, Eucharistie und Firmung nicht eine bedenkliche Engführung des katechetischen Anliegens sowohl hinsichtlich des Anlasses (Vorbereitung auf die Sakramente), der Zielgruppe (meist Kinder) wie auch der Ziele (Einführung in die Theologie und Liturgie der Sakramente)? Sind die Zeiten und Anlässe des Sakramentenempfangs wirklich die Situationen im Leben des einzelnen und der Gemeinde, die eine katechetische Hilfe aus dem Glauben notwendig machen? Oder sind nicht gerade die Hinführungen zu den Sakramenten der Eucharistie, Buße und Firmung innerhalb einer volkskirchlichen Tradition vorgegeben, wonach Kinder in einem entsprechenden Alter auf diese Sakramente vorbereitet werden unabhängig von ihrer persönlichen Lebens- und Glaubensgeschichte?

Weiterhin wäre zu fragen, ob die Mitarbeit einzelner Laien aus der Gemeinde alleine schon rechtfertigt, solche Art der Katechese als Gemeinde-Katechese zu kennzeichnen. Ist sich die Gemeinde mit ihren unterschiedlichen Gruppierungen und Kreisen wirklich ihrer Verantwortung als Ort und Träger dieser Katechese bewußt? Wodurch wird dies neben der Mitarbeit einzelner Laien aus der Gemeinde deutlich? Trägt solche Art von Katechese selber zum Aufbau und zur Erneuerung des Gemeindelebens bei? Oder spricht man vorschnell und oberflächlich deshalb von Gemeindekatechese, weil diese auf dem Boden bzw. in Räumen der Gemeinde veranstaltet wird.

Angesichts dieser spürbaren Differenz zwischen Anspruch und Wirklichkeit wird in der gegenwärtigen Entwicklung der katechetischen Arbeit der Gemeinden die Frage um so dringender, ob und inwieweit sich der in der Sakramentenkatechese begonnene Weg als fruchtbarer Ansatz zur Entwicklung einer Gemeindekatechese weiterverfolgen läßt oder ob er sich als Irrweg erweist. Im Folgenden soll aufgezeigt werden, unter welchen Bedingungen der in der Sakramentenkatechese bei uns begonnene Weg zunehmend dem Anspruch der Gemeindekatechese gerecht werden kann. Anders formuliert: Wenn es ein fundamentales Ziel der Gemeindekatechese ist, durch ihr Tun den einzelnen bzw. Gruppen in den Lebenszusammenhang der Gemeinde einzuführen, um dadurch Hilfe für eine gelingende Gestaltung des Lebens zu geben, so wird kritisch zu fragen sein, ob und wie dies durch eine entsprechende Gestaltung der Sakramentenkatechese geschehen kann.

5.2 Sakramente als „Kontaktzonen" der Christen zu Kirche und Gemeinde

Die meisten Christen begegnen der Kirche in ihren sakramentalen Vollzügen. Ohne den Zustand hier im einzelnen statistisch belegen zu wollen, ergibt sich doch im großen und ganzen — sicher bei erheblichen regionalen Unterschieden — folgendes Bild der sakramentalen Praxis: Etwa 80% der katholischen Eltern lassen ihre Kinder noch taufen. Nahezu 90% der Getauften werden zur ersten Heiligen Kommunion und zum Sakrament der Beichte geführt, falls letzteres in Verbindung mit der Erstkommunionvorbereitung steht. Zwischen 50–70% empfangen das Sakrament der Firmung. Ca. 60% der katholischen Ehepaare schließen eine sakramentale Ehe. Das Verlangen nach dem Sakrament der Krankensalbung dürfte stark rückläufig sein, wogegen die Erwartung eines kirchlichen Begräbnisses sicher bei nahe 100% der Katholiken gegeben ist, wenngleich dies kein Sakrament im kirchlich-theologischen Sinne ist, im Glauben des Volkes jedoch weithin als ein solches betrachtet wird. Diese Zahlen können ein ermutigendes Zeichen für die Lebendigkeit der Kirche und des Glaubens sein, wenn nicht eine Entwicklung in den Blick genommen wird, die das Problem offenlegt. Die Zahl der Christen, die sich regelmäßig zu dem zentralen Vollzug der Kirche in der Feier der sonntäglichen Eucharistie versammelt, ist in den letzten Jahrzehnten beständig rückläufig und liegt bei ca. 30% aller zum Gottesdienstbesuch

Verpflichteten, wobei die Gruppe der 20- bis 40jährigen erheblich unterrepräsentiert ist. Der größte Teil derer, die also ein Sakrament empfangen, gehört nicht zu denen, die man landläufig als „praktizierende Katholiken" kennzeichnet. Die Sorge der Kirche bzw. Gemeinde und die Erwartung der Menschen ist folglich in der Tatsache begründet, daß 30 – 70% der Christen ausschließlich oder wieder einmal mit Kirche in Berührung kommen, wenn es um Taufe, Erstkommunion (Firmung), Hochzeit oder Beerdigung geht. Faktisch erweist sich somit das sakramentale Handeln der Kirche als die „hervorragende" Kontaktzone der Christen mit ihrer Kirche.

Ausgehend von dieser Situation, soll nun nach den Chancen und Aufgaben einer Katechese gefragt werden, die sowohl die faktisch vorhandenen Erwartungen, Motive und Interessen berücksichtigt, andererseits aber auch sakramententheologisch verantwortet werden kann.

Zunächst gilt es, diesen sakramentalen Begegnungs- und Berührungsraum etwas näher auszuleuchten, indem nach der Bedeutung, den Motiven und Interessen derer gefragt wird, die sich hier begegnen. Dabei geht es natürlich zunächst ausschließlich um die menschlichen „Variablen", ohne schon auf die göttlich-gnadenhafte „Konstante" allen sakramentalen Geschehens einzugehen. Nur unter Berücksichtigung der faktischen Bedeutungen, Motive und Interessen aller Beteiligten wird die Katechese dem Menschen wie auch der sakramentalen Wirklichkeit gerecht werden können. Beteiligt sind in der Sakramentenkatechese:

– die Menschen, die aus Anlaß einer persönlichen (z. B. Ehe) oder kirchlich-gesellschaftlich vorgegebenen Lebenssituation (z. B. Erstkommunion) ein Sakrament erwarten;
– der Priester und die haupt- und ehrenamtlichen Mitarbeiter in der Sakramentenkatechese;
– die Gemeinde in ihrem sakramentalen Leben.

Auf seiten des Empfängers wird man sicherlich hinsichtlich der einzelnen Sakramente sehr differenzieren müssen. Die Bedeutung bei den meisten läßt sich wohl mit dem Stichwort kennzeichnen: „privatisiertes Sakramentenverständnis". Die meisten erwarten im Sakrament etwas für sich und ihren Partner oder ihre Kinder bzw. Familie. Dies wird besonders bei den Sakramenten deutlich, die auf eine individuelle Lebenssituation bezogen sind. Eltern wünschen z. B. häufig, daß ihr Kind allein im Kreise der Familie getauft wird und nicht, wie manche sagen, in einer „Massenabfertigung" mit Kindern anderer Familien oder gar in einem Gemeindegottesdienst. Es geht um ihr Kind, es ist ihr Fest, es soll ein Familienfest sein. Etwas verschoben ist dies bei den Sakramenten der Erstkommunion und Firmung. Hier handelt es sich nicht um eine individuelle Lebenssituation, die sakramental begangen wird. Grund für das Verlangen bzw. den Empfang dieser Sakramente ist vielmehr eine z.T. noch volkskirchliche Tradition der schuljahrgangsweise bzw. am kalendarischen Alter orientierten Erfassung der Kinder. Von daher soll dies dann eben das Fest dieser Jahrgangsgruppe und ihrer Angehörigen werden, jedoch ebensooft unter Ausschluß der übrigen Gemeinde. Eltern möchten oft an diesem Tag den Gottesdienst und die Feier für sich und ihre Kinder haben (vgl. Platzreservierungen unter Ausladung der übrigen Gemeinde).

Fragt man sich nun näherhin, welche Motive Menschen bewegen, die Sakramente erbitten, so lassen sich zum Beispiel für die Sakramente der Taufe und Ehe als zunehmend freiwillig, d.h. unabhängig von einer jahrgangsweisen Erfassung, erbetene Sakramente folgende Motivgruppen nennen:

– Feierlichkeit und Fest,
– Tradition,
– Segen und Schutz Gottes.

Die Erstkommunion soll ebenso ein schönes Fest für das Kind sein, und schließlich möchte man ihm auch nichts vorenthalten.

Für Priester, haupt- und ehrenamtliche Mitarbeiter ist die Sakramentenkatechese wohl zu einer Hauptaufgabe in der Gemeindepastoral geworden. Die gemeindekatechetische Arbeit aus Anlaß der Taufe, der Erstkommunion, der Erstbeichte, Firmung und Ehe erstreckt sich nicht selten über das ganze Jahr. Doch mehren und verschärfen sich vielleicht gerade deshalb auch die Fragen:

– Lohnt sich der Aufwand, wenn der Kontakt zur Kirche, d.h. meist zum Sonntagsgottesdienst, doch nicht auf Dauer erhalten bleibt?
– Gehen wir mit dem Sakrament als Zeichen der Christusbegegnung zu leichtfertig um?
– Ist unsere Sorge berechtigt und notwendig, möglichst alle Kinder taufen zu lassen, zur Erstkommunion und Beichte zu führen, zur Firmung und zu einer kirchlichen Eheschließung sowie zum Empfang der Krankensalbung zu veranlassen?
– Kann durch die gemeindekatechetische Arbeit zu einem hinreichenden Glauben geführt werden, der zum Vollzug des Sakramentes erforderlich ist?

Fragen müssen wir aber auch uns selbst:
– Welche Interessen verfolgen wir als Verantwortliche in der Sakramentenkatechese?
– Geht es darum, Kindern, Jugendlichen und Erwachsenen zu helfen, daß ihr Leben besser gelingt?
– Geht es in erster Linie um Nachwuchs und Aufbau der Gemeinde?
– Geht es um die Sorge für das Heil dieser Menschen?

Welche Bedeutung hat die Sakramentenkatechese im Leben der ganzen Gemeinde? Sind hier überhaupt Motive und Interessen vorhanden? Zwar sagt der Priester bei der Kindertaufe: „Mit großer Freude nimmt dich die christliche Gemeinde auf, und in ihrem Namen bezeichne ich dich mit dem Zeichen des Kreuzes ...“; doch inwieweit ist sich die Gemeinde dieser ihrer Bereitschaft zur Aufnahme bewußt? Oder wenn durch das Sakrament der Firmung die Eingliederung in die Gemeinde und Kirche vollendet wird, kann die Gemeinde überhaupt erfahrbar machen, was in der Firmvorbereitung vielleicht ein wenig erlebt und zugesichert wurde? Allgemeiner gefragt: Entspricht das Leben der Kirche und Gemeinde dem, was in ihren Sakramenten dem einzelnen zugesagt wird? Muß man hier neben der schon selbstverständlich gewordenen Frage nach der Würdigkeit und Bereitschaft des Empfängers ebenso die Frage stellen nach der Glaubwürdigkeit und moralischen Kompetenz der Gemeinde? Können in unseren Gemeinden Sakramente glaubwürdig, d.h. innerlich und äußerlich plausibel erfahrbar werden?

5.3 Theologische Verantwortung der Sakramentenkatechese

Angesichts der Erwartungen, Motive und Interessen der an der Sakramentenkatechese Beteiligten und der daraus resultierenden Fragen werden wir in einem weiteren Schritt nach der Theologie der Sakramente suchen müssen. Erst dann wird sich zeigen, inwieweit die vorhandenen Erwartungen der sakramentalen Wirklichkeit entsprechen und wie sie in der Katechese aufgegriffen und weitergeführt werden können oder auch korrigiert werden müssen.

Vielfach werden die Sakramente noch einseitig als übernatürliche, meist individualistisch verstandene Gnadenmittel betrachtet ohne Bezug zum Leben des einzelnen oder der Gemeinschaft der Christen in der Kirche. Die Kirche hat diese lediglich zu „verwalten“, um sie auf Verlangen hin zu spenden. O. Semmelroth beschreibt dieses Verständnis der Sakramente in einer etwas karikierenden Art: „Das Verhältnis der Kirche zu den Handlungen der einzelnen Sakramente wird oft mit dem sehr mißverständlichen Ausdruck wiedergegeben, die Kirche habe die Sakramente zu verwalten. Man kann das nicht einfachhin leugnen. Aber dieser Ausdruck legt sehr leicht die Vorstellung etwa von einem Depot nahe, in dem Werkzeug und Utensilien aufbewahrt liegen, um dem, der ein Recht auf ihren Gebrauch nachweisen kann, vom ‚Depotverwalter‘ ausgeliefert zu werden. Da wendet der, dem es um den Gebrauch der gelagerten Gegenstände geht, sich nicht deshalb an den Depotverwalter, weil ihm am Zusammentreffen mit diesem etwas läge. Sein Interesse richtet sich auf die Gegenstände, die er in Gebrauch nehmen will. Das Depot selber interessiert ihn nur, weil die Gegenstände nun einmal dort gelagert sind; und der Verwalter nur deshalb, weil er den Zugang dazu öffnen und verschließen kann. Für den Depotverwalter umgekehrt haben die Gegenstände des Depots selber keine Bedeutung, es sei denn die sehr äußerliche, daß ihm deren Verwaltung den Lebensunterhalt einbringt"[61].

Ein seit dem II. Vatikanischen Konzil vertieftes Verständnis der Kirche hat auch zu einem lebensbezogenen Verständnis der Einzelsakramente geführt. Noch klarer und begrifflich präziser hat die Gemeinsame Synode der Bistümer in der BRD in ihrem Beschluß „Schwerpunkte heutiger Sakramentenpastoral" die in Christus und seiner Kirche gründende Lebensbedeutung der Sakramente formuliert. Diese Aussagen sollen hier schon in katechetischer Perspektive entfaltet werden[62].

1. „Alle Sakramente sind *in Jesus Christus begründet*. In seiner Menschheit, in seinem Leben, Sterben und in seiner Auferstehung ist ‚die Güte und Menschenliebe Gottes, unseres Retters‘, unter uns erschienen (Tit 3, 4). Christus ist das Zeichen, in dem wir die Sorge Gottes für uns Menschen erkennen und erfahren, er ist das *Ursakrament*."

In Jesus Christus hat sich der Gott des Bundes für uns Menschen eindeutig und endgültig erkennbar und erfahrbar gemacht. Gott hatte sich auch schon auf andere vielfältige Weise vorher den Menschen mitgeteilt und immer wieder den Menschen seinen Bund angeboten – wie es im Vierten Hochgebet der heiligen Messe heißt; doch durch die Menschwerdung Jesu Christi trat er in eine personale Beziehung zum Menschen. In Jesus Christus wurde sinnenfällig, daß unser Gott ein beziehungswilliger Gott ist, der nicht etwas von sich mitteilt, sondern selbst in Beziehung zum Menschen als einem „Partner" tritt, um ihm dadurch ein wirklich menschliches Leben zu ermöglichen. Dieser Gott hat ein unbedingtes Interesse am Menschen. Wenn wir deshalb fragen, welcher Art dieser Bund, diese göttliche Beziehung, diese Sorge Gottes für uns Menschen ist, dann wird dies sichtbar an Jesu Geschichte und Geschick. Diese Lebensgeschichte Jesu Christi läßt sich lesen als eine Geschichte von Beziehungen zu den Menschen: annehmende, heilende, vergebende Beziehung. In der Annahme, Heilung und Vergebung erkennen und erfahren die Menschen seiner Zeit, wer Gott ist und was wahrhaft menschliches Leben, weil von Gott gewolltes Leben, ist. Durch seine Lebensart, für die er sogar mit seinem Leben bis in den Tod hinein einsteht, identifiziert er das in der Geschichte der Menschheit wie auch im Leben des einzelnen Menschen oft bis zur Unkenntlichkeit und Unmenschlichkeit verunstaltete gottebenbildliche Leben.

So im Gleichnis vom barmherzigen Vater (Lk 15, 11 – 32), in dem er die vergebungsbereiten Väter, die es eben in der Geschichte des Volkes Israel auch gab, als gottähnliche Väter kennzeichnet. Oder auch in dem Verweis auf den Ursprung einer Ehe in unbedingter Treue, die es ebenso in der Geschichte gab und gibt und die dem ursprünglichen Willen Gottes entspricht (Mt 19, 8). Menschen, zu denen Jesus in seiner Zeit und in solcher Art und Weise Beziehung aufnahm, konnten die lebenschaffende Kraft real spüren. Vergebung und Heilung ermöglichten neues Leben, Anerkennung und Gemeinschaft, eröffneten eine neue Freiheit. Solch sinnenfällige – ursakramentale – Christuserfahrungen aber machen wir Menschen heute nicht in dieser Unmittelbarkeit. Dennoch war es der Wille Gottes, daß diese seine Güte und Menschenliebe, seine Sorge um uns Menschen erkennbar und erfahrbar bleibt.

So sagt die Synode weiter:

2. „Durch den heiligen Geist, den Christus uns sendet, bleibt er mit seinem Heilswerk durch die Zeiten unter uns gegenwärtig. Die *Kirche als die vom heiligen Geist geeinte Gemeinschaft der Gläubigen ist für die Welt das bleibende Zeichen der Nähe und Liebe Gottes.* So ist sie ‚in Christus gleichsam das Sakrament, d. h. Zeichen und Werkzeug für die innerste Vereinigung mit Gott wie für die Einheit der ganzen Menschheit'" (II. Vatikanisches Konzil, Dogmatische Konstitution über die Kirche, Nr. 1).

Die Kirche und damit auch ihre jeweilige Verwirklichung in den einzelnen Gemeinden ist der bleibende Erfahrungsraum des beziehungswilligen Gottes. Wenn heute jemand nach dem Wesen des Gottes fragt, dem wir glauben, auf den wir bauen, an dem wir unser Leben orientieren, so kommen wir nicht umhin, auf die Kirche und ihre Gemeinden zu verweisen. Hier ist heute für uns sinnenfällig – sakramental – die Menschenliebe und Sorge Gottes zu uns Menschen erfahrbar. Kirche ist deshalb eine Gemeinschaft christusähnlicher, d.h. annehmender, heilender und vergebender Beziehungen. Zu Recht formuliert allerdings das II. Vatikanische Konzil vorsichtig, wenn es von der Kirche sagt, sie sei „gleichsam" das Sakrament, um damit die bleibende Differenz zwischen der unmittelbaren, ursakramentalen Beziehung zu Jesus Christus und der zukünftigen Erwartung göttlicher Beziehung im Reiche Gottes und uns zu zeigen. Dennoch bleibt es Wille, Zusage und Auftrag der Kirche, Sakrament zu sein, d.h. sinnenfällig Gottes Nähe und Liebe erfahrbar werden zu lassen. Anders gesagt: Der sakramentale Charakter der Kirche wird in dem Maße erfahrbar, als sie christusähnliche Beziehungen lebt und für andere erfahrbar macht.

3. *„In den einzelnen Sakramenten entfaltet sich das sakramentale Wesen der Kirche in die konkreten Situationen des menschlichen Lebens* ... Der Empfang eines Sakramentes ist deshalb nicht ein Vorgang, in dem man nur ‚etwas' bekommt, eine Sache von noch so hoher Qualität, sondern das Sakrament zeigt eine persönliche Beziehung an und schafft sie. Der unsichtbare Gott wendet sich im sichtbaren Zeichen des Sakramentes dem Menschen zu ... Der glaubende Mensch nimmt dies in Freiheit und Dankbarkeit entgegen ..."

Wenn wir die Kirche als den Leib Christi, als den fortlebenden Christus betrachten dürfen, dann sind die Sakramente so etwas wie die ausgestreckten Arme dieser Kirche. Sakramente sind keine Umleitungswege um Kirche herum zu einer unmittelbaren Christusbegegnung. Vielmehr entfaltet die Kirche ihr grundsakramentales Wesen christusähnlicher Beziehungsgemeinschaft in konkrete Situationen menschlichen Lebens hinein. Die Sakramente sind so etwas wie die ausgestreckten Arme dieser Kirche. Jedoch keine Greif- und Erfassungsarme, sondern einladende Arme, die Menschen wieder neu in Gemeinschaft hineinführen, vergebende Arme, heilende Arme. In den Sakramenten, die Grundgesten der Kirche sind, zeigt somit Kirche sinnenfällig und konkret in speziellen Lebenssituationen im Leben des einzelnen und der Gemeinschaft die Güte und Menschenfreundlichkeit Gottes. Es sind dies Lebensvorgänge von besonderer Bedeutung wie Geburt, Eintritt in die bewußte und entschiedene Auseinandersetzung mit Umwelt und Gesellschaft, Eheschließung,

Schuld, schwere Krankheit und Tod. So konnte z. B. der hl. Augustinus über das Sakrament der Buße, dessen Vollzug in äußerlicher Betrachtung nur den Amtsträgern in der Kirche vorbehalten scheint, sagen, daß alle Gläubigen in gewissem Sinne Träger der Sündenvergebungsgewalt sind; denn Gott wohnt in seinen heiligen Gläubigen, in seiner Kirche: er läßt die Sünden nach durch diejenigen, welche lebendige Tempel sind.

Die sinnenfällige Erfahrbarkeit der einzelnen Sakramente ist deshalb aufs engste verbunden mit der Zeichen- und Werkzeugkraft der Kirche und der Gemeinde selber. So wird zum Beispiel zu bedenken sein, ob die gegenwärtigen Vorbehalte gegenüber dem Bußsakrament nicht auch mit der fehlenden Erfahrbarkeit der vergebenden Bereitschaft der Kirche und der Gemeinde in ihrem alltäglichen Zusammenleben zusammenhängen. Es wird zu überlegen sein, ob die Zeichenkraft des Sakramentes der Krankensalbung wirklich zur vollen Geltung kommt für den Kranken und die, die um ihn herum sind, z. B. im Krankenhaus, wenn Kranke in der Gemeinde sonst kaum eine sichtbare Sorge und lebendige Annahme erfahren. So wird zu fragen sein, ob die Zusage einer ehelichen Liebe auf Dauer möglich ist, wenn gelebte Treue in der Gemeinde kaum ausgeprägt ist.

5.4 Das Aufgreifen von verbreiteten Erfahrungen

Die Spannung zwischen dem, was die Kirche in den Sakramenten feiert, und den oft an diese Feiern herangetragenen Erwartungen muß im katechetischen Prozeß besprochen werden. Wie Erwartungen konstruktiv aufgegriffen werden können, sei am Beispiel der Ehe erläutert. Über 60% der Katholiken, die eine Ehe eingehen, wollen sich auch kirchlich trauen lassen. Gerade bei dieser Gruppe sind folgende Motive deutlich auszumachen: Feierlichkeit, Tradition, Segen Gottes und Schutz der Kirche. Diese sind vielen für ihre neue Lebenssituation der Ehe bedeutsam. Zu fragen ist, ob die sakramentale Eheschließung diesen Erwartungen entsprechen kann oder darf bzw. wie die Ehekatechese damit umgehen kann.

Junge Leute, die eine Lebensgemeinschaft eingehen wollen, sehen sich heute einer Vielfalt möglicher Lebensgestaltungsformen gegenüber: von einer auf Dauer hin angelegten Ehe in Treue und Partnerschaft über eine Sympathiegemeinschaft bis hin zu einer mehr oder weniger verbindlichen Partnerschaft. Sie spüren die Schwierigkeit, ihre Partnerschaft nur nach eigenen Vorstellungen zu gestalten, für sich und ihre Partnerschaft einen eigenen Sinn auszudenken. Es würde zu einem eigensinnigen Leben ohne jeden tragenden sozialen Lebensraum führen. So besinnen sich nicht wenige aufgrund der noch vorhandenen christlichen Prägung auf die christliche Sinngebung der Ehe oder besser gesagt: zunächst auf die Ehe, die sie in einem christlichen Milieu in Elternhaus und Verwandtschaft erlebt haben. Ist so der Beweggrund „aus Tradition" oder „um der Eltern, des Partners oder der Verwandten willen" von vornherein abzuwerten oder zu mißbilligen? Ist es ein so schlechtes Motiv, nicht eigensinnig, sondern auf die Sinngebung, auf den Glauben der Väter hin eine Ehe eingehen und gestalten zu wollen, auch wenn dieser Sinn nicht völlig klar und reflektiert bewußt ist?

Sicher kann oft ein solch diffuses und kaum bewußt reflektiertes Motiv noch kein hinreichender Grund, keine tragende Grundlage für eine christliche Ehe sein. Es ist jedoch ein guter Beweggrund, der in der ehevorbereitenden Katechese aufgegriffen und geklärt werden kann. Hier ist es die Chance der Pastoral – um im Bild der ausgestreckten Arme zu bleiben –, den Ehewilligen jene einladende Hand entgegenzustrecken und sie hineinzuholen in die lebendige Tradition christlich gelebter Ehe. Dies wird am ehesten gelingen durch Eheleute, die aus christlicher Überzeugung diese ihre Ehe zu leben versuchen und die zu erzählen wissen, wie lebensförderlich eine solche von dauerhafter Liebe und Treue getragene Partnerschaft ist. Sakramentale Pastoral bedeutet hier, vorhandene Sehnsüchte und Hoffnungen im Licht des Glaubens aufzugreifen, zu bestärken, aber auch falsche Erwartungen und Bedürfnisse als lebensbedrohend und unmenschlich auszuweisen. Dies ist lebendige Diakonie und Verkündigung in der konkreten Lebenssituation von Ehewilligen.

Auch das weitere Motiv „Feierlichkeit" zeugt von einer Ahnung der Bedeutsamkeit von Festen und Feiern für die Sinngestaltung menschlichen Lebens. Zur Lebensgestaltung allgemein und besonders für weitreichende Grundorientierungen und Deutungen des Lebens genügt die gelebte und bezeugte Weitergabe z. B. des christlichen Eheverständnisses nicht. Dieses muß vielmehr durch Feier festgemacht und im Fest gefeiert werden. So sind die Sakramente vor allem auch, wie die Liturgie sagt, „Feiern des Glaubens". Die Bedeutung der Feiern im sakramentalen Handeln kann deshalb nicht hoch genug eingeschätzt werden. Ihnen kommt die eigentlich stabilisierende Kraft christlicher Lebensgestaltung zu. Diese Wirkung bekommt die Feier durch zwei Dimensionen, die jede Feier kennzeichnen und gleichzeitig die Bedingung für das Gelingen einer Feier ausmachen:

– mit anderen eine Lebenssituation in gleicher Sinngebung begehen,
– Vergangenheit und Zukunft gegenwärtig werden lassen.

So gelingt die Feier der Hochzeit nur in dem Maße, wie die Beteiligten
die gleiche Überzeugung von dieser neuen Lebensgemeinschaft teilen,
das gleiche wünschen und hoffen. Feiern beruhen auf gemeinschaftlicher
Deutung und Gestaltung von Lebenssituationen. Da, wo keine Übereinkunft gegeben ist, wird kein Fest und keine Feier. Es ist geradezu ein
Symptom pluraler oder gar fehlender gemeinschaftlicher Sinnsysteme,
daß Menschen bei uns zunehmend unfähig werden zu feiern. (Es werden
zwar Fêten und Feste veranstaltet, doch diese leben vom Programm und
nicht von der gemeinschaftlichen Begehung einer Situation im Leben des
einzelnen oder der Gesellschaft.)

Die zweite stabilisierende Eigenart der Feier liegt in der Gegenwärtig-
keit des Erlebens. Eheleute und Gäste rufen Erinnerungen an die Vergangenheit, an die bisherige Lebensgeschichte wach, nach dem Motto
„Weißt du noch ...“, und bringen gleichzeitig ihre Hoffnungen und
Wünsche für die Zukunft zum Ausdruck. Sie unterhalten sich und geben
somit dieser beginnenden Ehegeschichte Halt.

Das Verlangen nach Feierlichkeit kann so im katechetischen Gespräch
konstruktiv aufgegriffen werden. Es muß dabei allerdings geklärt werden, ob wirklich die Überzeugungsgemeinschaft der Kirche gesucht wird
und ob die Brautleute die Kräfte des Glaubens für ihre Gemeinschaft suchen und nutzen wollen. Nur dann kann ihnen ja eine wirklich tragfähige
Hoffnung für ihre Zukunft zugesagt werden.

In diesem Zusammenhang kann auch deutlich werden, wie einerseits
die Gemeinde Sakrament, also wirksames Zeichen der Lebens- und Glaubenshilfe für einzelne ist, indem sie einen „Raum“ gemeinsam gefeierter
Überzeugung schafft, und wie andererseits die einzelnen bzw. Brautpaa-
re diese Gemeinde mit aufbauen, indem sie ihre Lebenssituation im Glauben annehmen und in der Hoffnung auf ihren Gott feierlich begehen. Bei
alldem gehören die drei Grundfunktionen zusammen: Die Gemeinde
lebt, verkündet und feiert, was sie dem einzelnen in besonderen Lebenssituationen vermittelt, und sie erfährt ihrerseits daraus immer wieder neu
Bestärkung und Identität.

Weniger deutlich sind in der Regel die Erwartungen auszumachen, die
mit den Anlässen der Erstkommunion, der Erstbeichte oder der Firmung
verbunden sind. Natürlich spielen hier für die Eltern Fest und Feier, Tradition und die Erwartung des göttlichen bzw. kirchlichen Segens für ihr
Kind eine große Rolle. Diese Motive werden deshalb auch in der Eltern-

katechese behutsam aufzugreifen sein. Für die betroffenen Kinder und Jugendlichen selber dürften die Erwartungen aufgrund ihrer recht unterschiedlichen Lebens- und Glaubensgeschichte sehr verschieden sein. Für die Kinder ist es aufgrund einer bestimmten volkskirchlichen Tradition meist noch ihr kalendarisches Alter bzw. ihr Schuljahrgang, der sie veranlaßt bzw. durch den sie veranlaßt werden, auf die Eucharistie und Buße vorbereitet zu werden. Bei der Firmung ist der Grad der Freiwilligkeit vielleicht ein klein wenig mehr gegeben, ohne daß es den meisten der Firmbewerber eigentlich ausdrücklich bewußt ist, aus welchem Motiv sie sich wirklich firmen lassen wollen.

Für alle katechetischen Bemühungen in solchen Situationen stellt sich die Frage: Wie können die Erwartungen an die sakramentalen Feiern so aufgegriffen werden, daß dieser Erstkontakt mit Kirche bzw. Gemeinde nach vielen Jahren (und dies gilt wohl oft für über 80%) der Beginn eines Weges in die Beziehungsgemeinschaft von Gemeinde und Kirche sein kann, die dann als hilfreich für die eigene Lebensgestaltung erfahren wird. Dabei zeigt sich eine besondere Schwierigkeit von vornherein darin, daß die Intensität des Kontaktes zur Kirche und Gemeinde sowohl bei den Kindern als auch bei den Erwachsenen eben recht unterschiedlich ist, auch wenn sie zum gleichen Zeitpunkt, z. B. bei der Erstkommunionvorbereitung oder auch in der Ehevorbereitung, ihren katechetischen Weg beginnen. Gemeinsames Lernen kann hier nur in dem Maße gelingen, wie zunehmend bewußt wird, daß alle, die auf ihrem katechetischen Weg gemeinsam gehen, gegenseitig Gebende und Empfangende sind.

In sehr vielen Situationen stehen die Katecheten in der Sakramentenkatechese vor Aufgaben, die eigentlich nicht der Katechese, sondern der Erstverkündigung zuzuordnen sind. Der Lernprozeß kann dann nicht den Charakter einer systematischen Glaubensunterweisung tragen. Es geht dann vielmehr um jene erste Verkündigung, von der Papst Johannes Paul II. in seinem Schreiben „Catechesi tradendae" spricht, daß sie „voll Begeisterung und Wärme eines Tages den Menschen verwandelt und zur Entscheidung geführt hat, sich Christus im Glauben anzuvertrauen" (Nr. 25). Wenn dieses Ziel erreicht wird, ist sehr viel erreicht. Oft kann es aus mancherlei Gründen nicht mehr erreicht werden. Und wo es einem Menschen gegeben wird, sich in einem fundamentalen Glauben Christus anzuvertrauen, bleibt die Frage, wann und wie ein solcher Anfang weitergeführt und in eine Katechese der systematischen Glaubensunterweisung einmünden kann.

5.5 Elementare Ziele der Sakramentenkatechese

Von den theologischen und katechetischen Grundüberlegungen her sollen im Folgenden einige allgemeine Ziele abgeleitet werden, die in besonderer Weise auf die Sakramentenkatechese zutreffen, jedoch ohne weiteres auf andere katechetische Vollzüge zu übertragen sind. Schließlich handelt es sich, theologisch gesprochen, bei den Sakramenten eben um besondere Zeichen der Zusage und Zuwendung Gottes in besonderen Situationen des Lebens, die jedoch andererseits nur sinnenfällig die bleibende Zuwendung Gottes durch die Kirche in den alltäglichen Situationen des Lebens anzeigen wollen. Dies gilt es um so mehr zu berücksichtigen, als die konkreten Situationen der Sakramentenvorbereitung nicht immer identisch sind mit jenen „Knotenpunkten" des Lebens, an denen sich mit besonderer Eindringlichkeit die Frage nach der Möglichkeit, dem Sinn und der Orientierung unseres Lebens stellen und eine in Jesus Christus gegebene Antwort als hilfreich erfahren werden kann. Dies soll bei den folgenden Zielformulierungen mit berücksichtigt werden.

a) In Gottes Bewegung der zuvorkommenden Güte eintreten

Eine der ersten Aufgaben des Katecheten besteht darin, seine eigenen Motive und Interessen zu klären, wenn er mit Menschen in Kontakt kommt, die um Sakramente bitten. Ein Priester erzählte, daß er sich vor jedem Taufgespräch eine Viertelstunde Zeit nehme, um sich selber wieder bewußt zu machen, mit welchem Interesse er nun in dieses Gespräch hineingeht. Nur so wird die zuvorkommende Güte, die unverdiente, die unberechtigte, die nicht auf einem Anspruch beruhende Güte Gottes erfahrbar werden können. Solche Erfahrungen werden in entscheidender Weise mitgeprägt von dem Klima, in dem die Sakramentenkatechese getrieben wird. Angefangen von dem Klima und dem Empfang im Pfarrbüro, am Telefon, in den Gesprächsrunden bis hin zum Auftreten aller an der Sakramentenkatechese Beteiligten und nicht zuletzt durch das Klima in der Gemeinde selber. Eine altchinesische Weisheit drückt dies so aus:

> Geh zu den Menschen,
> lebe von ihnen,
> liebe sie,
> lerne von ihnen,
> fang an mit dem,
> was sie haben,
> und bau auf dem,
> was sie wissen.

Eine Katechese ist immer eine Bewegung auf den Menschen zu. So wie Gott immer wieder den Menschen seinen Bund angeboten hat. Und gerade in dieser Bewegung verwirklicht sich Kirche auch immer wieder selber, gewinnt sie ihre Identität.

b) Vielfachen Austausch ermöglichen

Hier geht es sowohl um einen Austausch von Lebenswirklichkeiten, Lebenssehnsüchten und Lebensbedrohungen wie auch um den Austausch der bisherigen Glaubensgeschichte. Ein solcher Austausch zwischen bewußten Katholiken und auch sogenannten Kirchenfremden und Fernstehenden kann für beide Seiten wichtig und erhellend sein. Denn die Welt und das menschliche Leben sind auch außerhalb der Kirche durchdrungen von der Liebe Gottes. In einem Austausch des Gesprächs und der Begegnung kann solche Güte und Liebe Gottes erfahren und identifiziert werden. Oft genug kann damit auch die Erfahrung von Kirchenfernstehenden eine kritische, beschämende und anfordernde Anfrage an die Kirche sein. Für diejenigen, die im kirchlichen Leben stehen, aber kann ein solcher Austausch auch der gegenseitigen Bestärkung dienen. Wo es gelingt, Eltern, Jugendliche und Kinder zu bewegen, ein wenig von ihrer eigenen Lebens- und Glaubensgeschichte und Situation zu erzählen, kann so eine gute Voraussetzung für den gemeinsamen katechetischen Weg gegeben sein. Dies setzt jedoch unbedingt jene Atmosphäre der „Güte und Menschenfreundlichkeit" Gottes voraus, von der zuvor die Rede war.

c) Sensibel machen für die Deutungsbedürftigkeit menschlichen Lebens

Kennzeichnend für unsere Zeit ist vielleicht weniger eine bewußte Auseinandersetzung zwischen eindeutig unterschiedenen Weltanschauungen und daraus resultierenden Formen der Lebensgestaltung. Zumindest der konkrete Lebensalltag des einzelnen wie auch ganzer Gruppen scheint eher geprägt zu sein von einem Verzicht auf bewußte Deutung und Gestaltung. Eine Lebensart nach dem Motto „Na und ..." oder „Wir werden schon sehen ..." oder „Irgendwie wird es schon weitergehen ..." ist wohl eher verbreitet. Dabei kommen eigentliche Lebensfragen, die nach Antwort und Orientierung verlangen, kaum auf bzw. werden verdrängt. Dies geschieht z. T. durch bewußte Ausblendung und Nichtwahrnehmung von Lebenssituationen, in denen sich tiefe Sehnsüchte nach endgültiger Liebe, vollem Vertrauen und umfassender Gerechtigkeit andeuten, wie auch von solchen Lebenssituationen, die von Leid, Krankheit und Sterben bedroht sind. Von daher wird es eines der primären Ziele der Katechese sein müssen, bei Kindern und Erwachsenen für die konkrete Lebenssituation wieder sensibel, fühlsam zu machen, sie wieder des Fragens und Suchens würdig werden zu lassen, ohne ihnen auszuweichen. Dies gilt z. B. für den Umgang mit Schuld. An diesem Beispiel sollen auch die folgenden Ziele exemplarisch erläutert werden. Unabhängig von der Zielgruppe der Katechese – ob Kinder, Jugendliche oder Eltern – wird hier zu fragen sein nach dem Schuld- bzw. Sündenbewußtsein in der Gesellschaft, der Gruppe, der Familie und im Leben des einzelnen. Es werden dabei unterschiedliche Umgangsformen mit Schuld deutlich: Entschuldigung, Verdrängung oder auch Anerkennung. Welche Art und Weise des Umgangs mit Schuld führt zu einem wahrhaft menschlichen Leben?

d) Christliche Gemeinde (Grundsakrament) als Ort des wirkmächtigen Deutungsangebotes Jesu Christi erfahrbar machen

Zu fragen wäre hier: Wie geht die konkrete Gemeinde, in der wir leben, die Gruppe der Gemeinde, in der wir uns befinden, mit Schuld und Vergebung um? Haben Schuldige wirklich einen Platz in unserer Gruppe? Können sie mit Vergebung rechnen? Erfahren sie in der katechetischen Gruppe auch die vergebende Beziehung christusähnlicher Art? Realisiert sich im normalen Gemeindeleben auch das, was in der Formel des Beichtsakramentes zum Ausdruck kommt: „Durch den Dienst der Kirche, schenke ich dir Verzeihung und Frieden"?

e) Zu einer Begegnung mit Jesus Christus führen als dem Zeichen (Ursakrament) der liebenden Zuwendung Gottes zu den Menschen

Hier geht es darum, die vergebende Beziehung der christlichen Gemeinde in Jesus Christus selber zu begründen. Dazu gehört z. B.: die Vergebungsbereitschaft Jesu Christi nach dem Zeugnis der Hl. Schrift kennenlernen.

Nur durch die Lebensart Jesu Christi, durch sein Tun und sein Wort kann eine bestimmte Art und Weise des Umgangs mit Schuld als wahrhaft menschlich – weil von Gott gewollt – erkannt werden. Und die von ihm aus der Vielfalt möglicher Umgangsformen als wahrhaft menschlich identifizierte ist: sagen zu dürfen: „Ich bin schuldig geworden". Dies kann und darf ich sagen, weil ich der Vergebung sicher sein darf, nach der mir meine Schuld nicht mehr vorgehalten wird. Gleichzeitig denunziert diese Art und Weise des Umgangs mit Schuld andere

Formen wie die der Verdrängung oder der Entschuldigung. Es ist ein glaubendes Erkennen, ein sich Einlassen auf diese Möglichkeit innerhalb vielfältiger anderer Möglichkeiten des Umgangs mit schuldhaften Lebenssituationen. Allerdings wird sich diese Erkenntnis in der Lebensart Jesu Christi in dem Maße als glaubwürdig in Konkurrenz mit anderen Lebensgestaltungsformen erweisen, wie diese Lebensart, d.h. konkret der Umgang mit Schuld, als hilfreich in der Gemeinschaft der Christen erfahren wird.

f) Die Sakramente als Feiern des Glaubens erschließen
Offiziell werden alle sakramentalen Vollzüge in der Kirche nach der Liturgiereform „Feiern des Glaubens" genannt. Wenn die Katechese nicht nur eine Deutung der menschlichen Lebenssituation durch Beziehungsaufnahme mit der christlichen Gemeinde und ihre Begründung in Christus ermöglichen soll, so ist darin schon angezeigt, daß der Feier eine besondere Bedeutung zukommt. In der Feier begehen Menschen eine in bestimmter Art und Weise gedeutete und damit gestaltete Lebenssituation. Feiern intensivieren menschliche Lebensgestaltungen. Dies geschieht vor allen Dingen dadurch, daß sie eine in bestimmter Art und Weise gestaltete Lebenssituation, z.B. Bewältigung von Schuld durch Vergebung, mit anderen begehen, die diese Lebenssituationen in der gleichen Art und Weise gestalten. Dazu kommt in der Feier, daß die Lebensgeschichte in der Gegenwart verdichtet wird, in dem Vergangenes eingeholt und Zukünftiges eröffnet wird. So wird z.B. in der Feier der Versöhnung begangene Schuld als vergeben erlebt und neue Lebensmöglichkeit eröffnet. Wie bedeutsam gerade die Hinführung und der Vollzug der Feier für die Weitergabe des Glaubens ist, für seine lebensgestaltende Kraft, wird wohl daran deutlich, wenn vor einigen Jahren der polnische Minister für Kirchenangelegenheiten erklärte: „Wir sollten den Kampf gegen die katholische Kirche auf der Ebene der Auseinandersetzung mit der Lebensdeutung, der Theologie und der Ideologie einstellen. Wenn wir den Glauben lähmen wollen, dann müssen wir die häuslichen, privaten und öffentlichen Feiern der Christen lähmen."

Gerade in ihrer liturgiekatechetischen Dimension hat die Sakramentenkatechese heute besondere Aufgaben. Sie muß den vom II. Vaticanum ausgehenden Prozeß begleiten und fördern, der die Sakramente als Glaubensfeiern — nicht nur als „Gnadenmittel" — erneuern soll. So heißt das Sakrament der Buße „Feier der Buße". In der Einführung der neuen Bußordnung heißt es: „So feiert der Gläubige, der die Barmherzigkeit Gottes an sich erfährt und für sie Zeugnis ablegt, zusammen mit dem Priester den Gottesdienst der sich ständig erneuernden Kirche"[63]. Zwischen dieser Aussage und der faktischen Praxis des Bußsakramentes besteht eine Kluft, an deren Abbau sich die Katechese zu beteiligen hat. Vor dieser Aufgabe steht sie in einer Zeit, in der viele Menschen ihre Grundfähigkeiten zum Feiern in einer symbolischen Handlung nur wenig entfaltet haben. Darum ist eine katechetische Hinführung zur Feier der Sakramente nicht geleistet allein mit einer Information über den Aufbau der Feier. Vielmehr müssen emotionale Fähigkeiten geweckt und gefördert werden. Im psychomotorischen Bereich müssen Erfahrungen aufgebaut werden, wie sich innere Haltungen leibhaftig ausdrücken und darin zugleich gefestigt werden können[64]. Aufmerksamkeit und Verständnis für Symbole müssen oft in kleinen Schritten vermittelt werden. Katechetisch geht es in alldem weniger um die Weitergabe der Lehre vom Wesen der Sakramente als vielmehr um Hilfe für ihren lebenswirksamen Mitvollzug.

g) Zum Handeln aus dem Glauben anleiten

Eine Katechese muß schließlich zur Übernahme einer neuen christusähnlichen Lebensart führen, die sich in konkreter Lebensgestaltung ausdrückt. So wird eine Bußkatechese konkrete Wege der Umkehr und Neuorientierung im privat-familiären, beruflich-gesellschaftlichen und gemeindlich-kirchlichen Leben aufzeigen und Schritte darauf zu begleiten müssen. Sie führt damit auch ein in den Sendungsauftrag einer christlichen Gemeinde.

Jeder, der bereits ernsthafte katechetische Wege aus Anlaß der Buße, Eucharistie und Firmung gegangen ist, wird sehr bald gespürt haben, daß diese elementaren Ziele in der konkreten Katechese von drei oder fünf Monaten kaum erreicht werden können. Je nach persönlicher Lebens- und Glaubensgeschichte wird manche Katechese nicht weiterkommen, als eine anfanghafte Beziehung zur christlichen Gemeinde herzustellen. Hier zeigt sich eine besondere Problematik unserer gegenwärtigen Planung und Gestaltung der Katechese. Der Empfang bzw. die Spendung des Sakramentes liegen weitgehend bereits fest, unabhängig davon, ob und inwieweit der Weg der Katechese inzwischen gegangen ist. Eine Feier des Sakramentes – sozusagen unterwegs schon vor dem Erreichen des Zieles – ist deshalb nur in dem Maße verantwortbar, wie dieser Weg hier nicht abgebrochen wird, sondern eingebunden ist in einem Unterwegssein, d.h. einer Art Katechumenat vieler in der Gemeinde, die auch wei-

ter mitgehen, so wie die Taufe schon dem Kind auf den Glauben der Eltern und der Gemeinde hin gespendet wird, in der Zuversicht, daß hier
eine Weggenossenschaft im Glauben beginnt, die Bestand hat. Dieses
Versprechen legt zumindest der Priester im Namen der Gemeinde beim
Taufritus ab, wenn er sagt: „N. N., mit großer Freude nimmt dich die
christliche Gemeinde auf, und in ihrem Namen bezeichne ich dich mit
dem Zeichen des Kreuzes, und deine Eltern und Paten werden nach mir
dieses Zeichen auf deine Stirn zeichnen!" Hier wird deutlich, welcher
Auftrag sich für die Gemeinde ergibt, wenn sie glaubwürdig das Sakrament der Taufe und auch die übrigen Sakramente als Initiationssakramente, also als Sakramente der Aufnahme in die christliche Gemeinde,
und ihre gemeinsame Sorge um eine christusähnliche Lebensart feiert.

5.6 Erweiterung der Zielgruppen

Ein Leben aus dem Glauben ist offensichtlich nur im Miteinander möglich. So betont das II. Vatikanische Konzil deutlich: „Gott hat es gefallen, die Menschen nicht einzeln, unabhängig von allen wechselseitigen
Verbindungen zu heiligen und zu retten, sondern sie zu einem Volk zu
machen ..." (Konstitution über die Kirche II,9). Entsprechend wird
auch die Katechese jene „wechselseitigen Verbindungen" berücksichtigen
müssen. Bei der jeweils direkt angesprochenen katechetischen Zielgruppe
gilt es zu fragen:
– Wer sind die primären oder sekundären Bezugspersonen oder Bezugsgruppen?
– Welche katechetischen Hilfen müssen ihnen gegeben werden?
Für die Bußkatechese mit Kindern wären dies neben den Katecheten
als direkte und aktuelle Bezugspersonen die Eltern als primäre, die Großeltern, evtl. die Lehrer sowie Kinder- bzw. Jugendgruppenleiter u. a. als
sekundäre Bezugspersonen.
Darüber hinaus werden je nach Schwerpunkt und Ansatz der katechetischen Arbeit auch immer wieder die verschiedenen Verantwortlichen in
der Gemeinde (z. B. Pfarrgemeinderat wie auch Gruppen, Kreise und
Verbände) als Zielgruppen eines der genannten fundamentalen Ziele jeder Sakramentenkatechese bedeutsam werden. Aus Anlaß der Bußkatechese könnte sich der Pfarrgemeinderat z. B. kritisch fragen:
Wie gehen wir mit den verschiedenen Meinungen und Interessen,
Gruppen und Verbänden unserer Gemeinde um?

Gibt es hier Spaltungen und Unversöhnlichkeit? Welche Wege des Miteinanders könnten gegangen werden? Oder ein Liturgiekreis wird überdenken können, ob und inwieweit die Feier der Versöhnung für einzelne oder auch in Gemeinschaft und auch die Bußgottesdienste in ihrer Zeichenhaftigkeit verständlich und als feierndes Tun erfahrbar sind bzw. werden können.

Die katechetische Arbeit mit den verschiedenen Zielgruppen wird neue Räume der Glaubenserfahrung und des Glaubensgesprächs in Gruppen eröffnen. In manchen Gemeinden bleiben katechetische Helfer weiterhin in Gesprächskreisen zusammen, hier und da bilden sich aus Anlaß der Elterngespräche Nachbarschafts- oder Familienkreise, manchmal entsteht ein Liturgiekreis zur Vorbereitung von Familiengottesdiensten, oder ein Kreis junger Ehepaare bleibt als Gesprächskreis zusammen usw. Es kommt darauf an, Phantasie zu entwickeln und Situationen für Gruppenbildungen in der Gemeinde aufzuspüren. Solche Gruppen dürfen sich dabei nicht ‚sektenhaft‘ abkapseln, sondern werden sich als lebendige Zellen in der Gemeinde verstehen, die durch ihr gemeinsames Gespräch und Tun zur Bereicherung und Verlebendigung der gottesdienstlichen Verkündigung wie auch der caritativen Dienste in der Gemeinde beitragen. Eine der wesentlichen Aufgaben des Pfarrers als Leiter der Gemeinde wird darin bestehen, die verschiedensten Gruppierungen in der Gemeinde immer wieder miteinander ins Gespräch zu bringen und sie in ihrer Verantwortung für die Lebensvollzüge der gesamten Gemeinde in Liturgie, Diakonie und Verkündigung zu bestärken.

5.7 Skizze eines Grundprogramms

Eine didaktisch geplante und verantwortete Katechese in der Gemeinde wird auf Dauer nicht ohne eine gewisse Kontinuität durchgehalten werden können. In unserer augenblicklich zum Teil noch volkskirchlich bedingten kirchlichen Situation bietet sich die Hinführung zu den Sakramenten unter den oben genannten theologischen und katechetischen Bedingungen als solch ein Ansatzpunkt an. So werden in jeder Gemeinde im Verlauf eines Jahres Katechesen als Anlaß der Hinführung zu den Initiationssakramenten der Taufe, Firmung und Eucharistie wie auch zum Sakrament der Buße als Erneuerung des Glaubens notwendig sein. Von daher könnte sich ein katechetisches Jahr in der Gemeinde ergeben, in dem mit den jeweiligen katechetischen Schwerpunkten von Januar bis April in der Eucharistiekatechese, von Mai bis Juli in der Firmkatechese im Wechsel mit der Elternkatechese als Hilfe zur religiösen Kleinkindererziehung, von Oktober bis Dezember in der Bußkatechese differenzierte Angebote gemacht werden.

Die direkte Taufkatechese aus Anlaß der Säuglingstaufe wird oft nur als Einzelgespräch möglich sein. Allerdings könnte und sollte z. B. aus Anlaß der Firmkatechese hin und wieder eine Katechese zur Tauf- und Firmerneuerung den verschiedensten Zielgruppen in der Gemeinde angeboten werden.

In Zukunft wird jedoch ein eigenes Taufkatechumenat erforderlich für Schulkinder, Jugendliche und Erwachsene, die als bisher Ungetaufte um die Taufe bitten. Liturgisch ist dies schon gesehen und reflektiert worden[65].

Katechesen zur Ehevorbereitung werden nur bedingt auf Pfarrebene durchzuführen sein. Hier bietet sich die nächstgrößere kirchliche Einheit auf Pfarrverbandsebene bzw. Dekanat an, um hier eine regelmäßige Katechese in Verbindung mit der allgemeinen Ehevorbereitung einzurichten.

Wesentlich für alle Ansätze ist einerseits die Berücksichtigung der fundamentalen Grundziele jeder Sakramentenkatechese wie auch der direkt und indirekt betroffenen Zielgruppen in der Gemeinde. Das nebenstehende Schema mag dies verdeutlichen.

Begleitend zu einem „Grundprogramm" gemeindebildender Katechese, in dem für die verschiedensten Zielgruppen aus Anlaß der Sakramentenkatechese die Grundbotschaft unseres Glaubens immer wieder neu zur Sprache kommen und erfahrbar gemacht werden kann, bieten sich auch andere Situationen und Ansätze aus den Lebensbereichen spezifischer Zielgruppen an, die je nach Notwendigkeit aufgegriffen werden müssen, zum Beispiel:

– Eltern in der beginnenden zweiten Ehephase, nachdem ihre Kinder aus dem Haus sind,
– berufstätige Frauen und Männer vor der Pensionierung,
– alleinstehende berufstätige Frauen und Männer,
– Jugendliche ohne Beruf und Arbeit,
– alleinerziehende Väter bzw. Mütter,
– Eltern von Behinderten,
– geschiedene Männer bzw. Frauen.

Grundprogramm der Katechese in der Gemeinde
aus Anlaß der Vorbereitung auf die Sakramente Eucharistie, Buße, Firmung

Zielgruppen	Primäre Bezugsgruppen: Eltern/Großeltern/Erzieher	Katecheten	Direkte Zielgruppe: Kinder/Jugendliche/Erwachsene	Sekundäre Bezugsgruppen in der Gemeinde: PGR, Jugendleitung und Verbände, Kirchenchor, Pfarrbesuchsdienst, Seniorenclub . . .
Fundamentale Ziele:	1. Sensibel machen für die Deutungsbedürftigkeit menschlichen Lebens 2. Christl. Gemeinde als Ort des wirkmächtigen Deutungsangebotes Jesu Christi erfahrbar machen 3. Zu einer Begegnung mit Geschichte und Geschick sowie Botschaft Jesu Christi führen 4. Sakramente als Feiern der Zuwendung Gottes erschließen 5. Zum Handeln aus dem Glauben anleiten			
Zielgruppen-spezifische Ziele:	— Information über die Katechese mit der direkten Zielgruppe — Bewußtwerden der eigenen Rolle als (Mit-)Erzieher bei Glaubenseinführung des Kindes Reflexion eigener pädagog. Grundeinstellungen — Hilfen u. Anregungen für Glaubensgespräch und Glaubenspraxis	theol.-didakt. u. method. Einführung und Begleitung in die Arbeit mit der jeweiligen Zielgruppe	Sakramenten-, situations-zur zielgruppenspezifische Konkretisierung der fundamentalen Ziele	— Als Träger und Raum der Katechese bewußt werden — Als Lerngemeinschaften im Glauben verstehen — Lebendige Gottesdienstgemeinde ermöglichen — Verantwortung für weiterführende Glaubenshilfe erkennen Integrationsraum für Gruppen und Kreise werden
. . . Kinder- und Jugendgruppen, Familienkreise und -Gruppen, Elterngesprächskreise, Kreis älterer Menschen, alleinziehender Mütter bzw. Väter, Mitarbeiterkreis, Katechetenkreis, Liturgiekreis f. Familien, Jugend- u. Gruppengottesdienste, Berufsgruppen, Aktionsgruppen, Schriftgesprächskreis, Verbandsgruppen, Projektgruppen . . .				Anregungen und Verlebendigung der Gemeinde

Die Anliegen und Bedürfnisse von Menschen in solchen Lebenssituationen aufzuspüren und ihnen eine Hilfe aus dem Glauben zu geben dürfte ein wesentlicher katechetischer Auftrag sein, der keineswegs durch das oben genannte Grundprogramm abgedeckt werden kann.

Unter dieser Rücksicht scheint es sinnvoll und verantwortbar, einen Schwerpunkt der gemeindekatechetischen Bemühungen in einer theologisch und katechetisch verantworteten Sakramentenkatechese zu sehen. Damit wird Gemeindekatechese nicht auf Sakramentenkatechese eingeschränkt. Andererseits aber könnte die Sakramentenkatechese eine Art „katechetisches Grundprogramm" für jede einzelne Gemeinde sein, das vor allem an zentralen Punkten menschlichen Lebens eine Orientierung sowie Glaubensbestärkung ermöglicht und dadurch gleichzeitig eine gewisse Kontinuität des katechetischen Wirkens in der Gemeinde sicherstellt.

6. KATECHESE MIT KINDERN VOR UND ZWISCHEN DER SAKRAMENTENKATECHESE

Die Konzentration der Katechese mit Kindern auf die Hinführung zu den Sakramenten ging in vielen Gemeinden davon aus, daß die Sakramentenkatechese Glaubensprozesse bei den Kindern aufgreifen kann, die von der Familie, von der Schule und der Umwelt bereits früh angestoßen wurden und nach der Sakramentenkatechese weitergefördert werden. Heute müssen die Katecheten — insbesondere in Gemeinden ohne katechetisch engagierten Kindergarten und ohne enge Zusammenarbeit mit der Grundschule — beobachten, daß viele Kinder in die Vorbereitung auf die Erstkommunion kaum eine fundamentale Vertrautheit mit christlicher Gläubigkeit mitbringen. Mit Rücksicht auf diese Kinder (oft auf die Mehrzahl) muß die Sakramentenkatechese vielerorts Ziele aufgreifen, die nicht zur Sakramentenkatechese im engeren Sinne gehören. So genügt z. B. das, was in den meisten Sakramentenkursen an neutestamentlichen Erzählungen vorgesehen ist, kaum, um den Kindern eine lebendige Beziehung zu Jesus zu ermöglichen. Und wenn die Heranwachsenden nach ihrer Erstkommunion ohne Gemeindekatechese bleiben, muß man bei sehr vielen von ihnen feststellen, daß bei der Firmvorbereitung das vor Jahren Vermittelte nicht nur kaum weitergewachsen, sondern auch mehr oder minder weitgehend verlorengegangen ist. Auch wenn man Schwierigkeiten der Verwirklichung sieht, müssen Konsequenzen aus diesen Beobachtungen gezogen werden:

(1) Der erste katechetische Kontakt der Gemeinde mit den Kindern kann sich nicht auf deren Hinführung zur Erstkommunion beschränken. Der Sakramentenkatechese muß eine *fundamentale Hinführung zum christlichen Glauben* vorangehen, oder es muß die Hinführung zur Erstkommunion als fundamentale Hinführung zum christlichen Glauben angelegt werden.

(2) Es muß nach Möglichkeiten eines *kontinuierlicheren katechetischen Kontaktes* mit den Heranwachsenden und der häufig erst etwa fünf Jahre späteren Hinführung zur Firmung gesucht werden.

Die erste dieser Konsequenzen wird in vielen Gemeinden bereits so gezogen, *daß dem eigentlichen Sakramentenkurs eine Art katechetischer Grundkurs vorgeordnet oder die Hinführung zur Erstkommunion längerfristig* (also in katechetischen Treffen durch etwa zwei Jahre hindurch) *angelegt wird*. Dabei versucht man, möglichst alle die Kinder zu erreichen, die zur Erstkommunion geführt werden sollen. Bei der zweiten dieser Konsequenzen bedeutet es demgegenüber meistenorts eine Überforderung der katechetischen Möglichkeiten der Gemeinde, mit möglichst allen zur Erstkommunion geführten Kindern über die Grundschulzeit hinaus mehrere Jahre hindurch einen kontinuierlichen katechetischen Kontakt aufrechtzuerhalten. Wohl gibt es ermutigende Erfahrungen, mit einem Teil der Kinder in Kontakt zu bleiben, und zwar durch eine Kindergruppenarbeit, die nicht nur Katechese ist, bewußt aber auch katechetische Ziele verfolgt. Zusätzlich können katechetische Chancen der Vorbereitung und Mitfeier von Gottesdiensten genutzt werden.

Für katechetische Grundkurse mit Kindern sind in der Praxis konkurrierende Vorstellungen entwickelt worden[66]. Dabei wurden nicht zuletzt die unterschiedlichen Voraussetzungen bei den Kindern wirksam. So legen z. B. Gemeinden, in denen bei den Kindern mit Defiziten im sozialen Lernen und in der Entwicklung von Fähigkeiten des Staunens und des Dankens zu rechnen ist, besonderen Wert auf Vertrauen der Kinder und Beziehungen fördernde Erfahrungen in der katechetischen Gruppe und auf gemeinsame Vollzüge, in denen das Leben als Geheimnis entdeckt und Gründe des Dankens benannt werden. Andere Gemeinden mit vielen

Familien, die von wohlwollenden gegenseitigen Beziehungen geprägt sind, aber kaum noch christliche Erinnerungen überliefern, setzen einen stärkeren Akzent auf biblisches Erzählen, auf eine elementare Hinführung zum Gebet und auf die Anregung von Glaubensgemeinschaften in der Familie. Damit sind schon die wichtigsten *Ziele einer fundamentalen Katechese mit Kindern* angedeutet, die noch etwas näher vorgestellt werden sollen. Dabei kann unmittelbar deutlich werden, wie eng sie miteinander zusammenhängen, also nicht nacheinander, sondern ineinander anzugehen sind.

(1) Christuskatechetische Ziele

- Die Botschaft Jesu von Gott hören und teilnehmen an dem christlichen Glauben an den Gott und Vater Jesu Christi;
- Freude miteinander teilen daran, wie gut sich unser Gott in Jesus uns zeigt;
- das christliche Vertrauen teilen, daß Jesus uns nahe ist, zum Frieden untereinander hilft und uns Vertrauen zu Gott unserem Vater schenkt.

Bei diesen Zielen geht es zunächst darum, die spezifisch christliche Beziehung zu Gott zu eröffnen: daß wir von Jesus hören, wer Gott für uns ist und sein will, und daß wir diesem Jesus glauben, was er uns von Gott mitteilt. Inhaltlich ist es die Botschaft Jesu von unserem Gott, der heilen und retten, aufrichten und schenken will, und der Anruf, daß wir uns Gottes Güte geben lassen und sie in unserem Gutsein miteinander teilen sollen. Die Kinder sollen an den Erzählungen aus dem Evangelium durch ihre Beziehung zu Jesus eine Beziehung zu Gott als unserem ganz guten Vater aufbauen und dadurch lernen, daß wir Christen nicht irgendwie an Gott glauben, sondern durch Jesus. Bewußt wird dabei so formuliert, daß Jesus in einer innigen Nähe zu seinem Vater gesehen, aber nicht einfach mit Gott gleichgesetzt wird. Emotional soll eine christliche Freude an Gott aufgebaut werden, und zwar eine Freude, die man miteinander teilt und durch die man so Gemeinschaft miteinander hat. Wenn das Erzählen so angelegt wird, daß durch die Erinnerung an seine Worte und Taten damals Jesus heute bei uns ist und zu uns spricht, wird der Glaube bezeugt, daß Jesus durch seinen Tod hindurch neu bei uns ist und bleibt und in der Gemeinschaft des Glaubens wirkt. Die Kinder können an dieser Überzeugung teilnehmen lernen.

(2) Liturgiekatechetische Ziele

– Gemeinsam die beiden christlichen Hauptfeste Ostern und Weihnachten vorbereiten und dabei mit Grundelementen christlicher Feiern vertraut werden;
– den Sonntag als den Tag verstehen und (wo die Voraussetzungen von der Familie her gegeben sind) begehen, an dem die Christen besonders an die Freude denken, daß Jesus lebt und ihnen leben hilft, und sich in dieser Freude versammeln;
– Inhalte und Formen des Sich-Gott-Zeigens, des Lobens, Dankens und Bittens gemeinsam vorbereiten, vollziehen und besprechen;
– einige christliche Grundgebete anfänglich verstehen und sie sich durch Wiederholung aneignen;
– Körperhaltungen beim Gebet und Gottesdienst meditativ einüben.

Die in (1) als Intention formulierte Teilnahme der Kinder an der glaubenden Beziehung von Christen zu Jesus und durch ihn zu Gott, unserem Vater, wird vor allem möglich durch die Teilnahme an der christlichen Erinnerung (Hören auf das Evangelium; Vergegenwärtigung der Geheimnisse des Glaubens im Kirchenjahr mit seinen Sonntagen und Festen) und durch den betenden Glauben. Obwohl die katechetische Gruppe in der Gemeinde nie ersetzen kann, was Kindern an Möglichkeiten der Teilnahme am Glauben ihrer Eltern fehlt, können durch den gemeinsamen Vollzug in der katechetischen Gruppe doch Anfänge möglich werden. Dazu sind auch kognitive Lernprozesse wichtig; aber hier sind bewußt pragmatische Ziele formuliert, weil sie als die eigentlichen Ziele gelten müssen. So müssen Kinder z. B. sicher über die christlichen Hauptfeste Ostern und Weihnachten Bescheid wissen lernen; aber lebenswirksam wird dies wohl erst, wenn es im Zusammenhang eines gemeinsamen Weges in die Freude dieser Feste geschieht. (Bei den Gebetsformen ist den meistens geläufigen Formen das eigentlich elementarere Zeigegebet vorangestellt, in dem der Glaubende Gott Freude oder Not hinhält, damit er sie ansieht. Diese Bewegung, daß sie Freude oder Not zum Hinschauen zeigen, kennen die meisten Kinder aus ihrer Beziehung zu ihren Eltern. Über sie kann übrigens sehr intensiv die in der Mutter-Kind-Beziehung gegründete Vertrauensfähigkeit in einer glaubenden Beziehung zu Gott wirksam werden.)

(3) Gemeindliche Ziele

— Durch die katechetische Gruppe die christliche Gemeinde als Gemeinschaft der Freude an Gott erfahren;
— gemeinsam danach suchen, wie man die Güte Gottes im Gutsein miteinander schon teilt und noch besser teilen kann;
— ein Fest mit den anderen katechetischen Gruppen vorbereiten, begehen und anschließend besprechen;
— (für Kinder mit Glaubensgemeinschaft in der Familie) Glaubensgemeinschaft nicht nur in familialen Beziehungen erfahren.

Die Gruppe der Kinder ist nicht nur als Medium katechetischen Lernens zu verstehen, sondern auch als dessen Ziel; denn für den christlichen Glauben ist Glaubensgemeinschaft (nicht zuletzt als Gemeinschaft des Feierns) und deren Auswirkung in einem gütigen Umgang miteinander fundamental. Und das eigentlich katechetische Angebot einer Gemeinde besteht nicht in katechetischen Belehrungen, sondern in der Möglichkeit, an ihrem Glauben durch nahe Beziehungen in einer ihrer Gruppen teilnehmen zu können. Dies ist auch für die Kinder wichtig, die in ihrer Familie Glaubensgemeinschaft erfahren; denn sie müssen die Möglichkeit bekommen, ihre familialen Erfahrungen durch gemeindliche Erfahrungen zu ergänzen, ihr kindliches Glauben nicht nur als Mitglauben mit ihren Eltern und Geschwistern zu entfalten und die versammelnde und vereinende Kraft des Glaubens über die Familie hinaus zu entdekken.

Wieweit *Eltern* der Kinder in die katechetische Kindergruppe einbezogen werden können (als Leiter und Teilnehmer), wird von verschiedenen Voraussetzungen abhängen. So gibt es von den zeitlichen Voraussetzungen her z. B. gute Erfahrungen mit intensiven katechetischen Treffen von Eltern und Kindern an schulfreien Samstagen. Auch wenn man nüchternerweise davon ausgehen muß, daß viele Eltern ihre Kinder zwar der Gemeinde überlassen, aber nur recht begrenzt bereit und fähig sind, davon Glaubensgemeinschaften in der Familie anregen zu lassen, muß doch versucht werden, die Eltern über das Geschehen in der katechetischen Gruppe zu informieren und ihnen Möglichkeiten zu vermitteln, wie sie die Gemeindekatechese in der Familie aufgreifen und wirksam werden lassen können. Hier sei an den Hinweis in 2.2 erinnert, daß Eltern um so eher dafür offen sind, als sie darin eine Chance für die Beziehung zu ihren Kindern sehen und Anregungen für die Gestaltung des gemeinsamen Lebens in der Familie empfangen.

Wo für die *Katechese mit Kindern nach der Erstkommunion* und über die Primarstufe hinaus bis zur Firmung Vorstellungen entwickelt wurden, sind diese in andere Gemeinden nur sehr begrenzt übertragbar. Die Kindergruppen können sich sehr unterschiedlich zusammensetzen, ihre katechetische Aufgabe sehr unterschiedlich bestimmen und sind dabei vor allem von den verfügbaren Gruppenleitern abhängig. Es lassen sich nur zwei sehr allgemeine Orientierungen angeben:

(1) Dadurch, daß man mit der Gruppe in einer – wenn auch begrenzten – Gemeinschaft *durch das Jahr* geht, ergeben sich katechetische Chancen, die nicht erst künstlich gesucht werden müssen. Zuerst ist dabei zwar an das Kirchenjahr zu denken (einschließlich der Gedenktage an die Heiligen); aber auch die Jahreszeiten und die in sie eingeordneten Ereignisse einer Gemeinde wie z. B. ein Gemeindefest oder der Weltmissions-Sonntag und gemeinsam gestaltete Freizeiten ermöglichen Erfahrungen, die katechetisch fruchtbar gemacht werden können. Dabei kann sich vieles durchaus Jahr für Jahr wiederholen (z. B. die Ostervorbereitung oder ein Fest des hl. Franziskus), ohne das gleiche wie in den Jahren davor zu sein. Es ist ein Gewinn, wenn sich so Traditionen bilden, durch die evtl. sogar stützende Gewohnheiten entstehen.

(2) Unverzichtbar ist die Suche nach einer *weiterführenden Eucharistie-katechese*. Die Hinführung zur Erstkommunion kann immer nur Anfänge einer Beziehung zum Geheimnis der Eucharistie aufbauen, die ohne Weiterführung wieder zusammenbrechen. Hier kann manches geschehen im Zusammenhang mit den in (1) angedeuteten Möglichkeiten. Wichtig ist, daß die Heranwachsenden auch ihre Schwierigkeiten mit der Mitfeier der Eucharistie äußern und gemeinsam bearbeiten und daß darauf Rücksicht genommen wird in der Gestaltung der Gemeindegottesdienste, also eine Kommunikation gepflegt wird zwischen weiterführender Eucharistiekatechese und liturgischer Verantwortung für die Eucharistiefeier der Gemeinde.

7. JUGENDARBEIT UND GEMEINDEKATECHESE

7.1 Diakonie und Katechese mit Jugendlichen

Niemand wird leugnen, daß die Kirche den diakonischen Auftrag hat, jungen Menschen durch den Anstoß und die Begleitung sozialer Lernprozesse Lebenshilfe zu geben. Da die Diakonie der Kirche zur Mitte ihrer Lebensvollzüge gehört, wird man eine solche Arbeit mit Jugendlichen nie als bloße Vorfeldarbeit herabsetzen dürfen. Zugleich wird niemand leugnen, daß die Kirche auch die Aufgabe hat, jungen Menschen evangelisatorisch den Lebensanruf des Evangeliums zu verkünden und denen, die die Glaubensgemeinschaft suchen, katechetisch ein Mitglauben mit der Gemeinde zu eröffnen. Katechetische Arbeit mit Jugendlichen kann nicht als egoistischer Versuch kirchlicher Selbsterhaltung durch Nachwuchsrekrutierung abgetan werden. Es ist zu entscheiden, ob man zwei voneinander abgetrennte Handlungsfelder mit jungen Menschen will: diakonische Jugendarbeit, die begleitet wird von Sozialpädagogen, und evangelisatorische/katechetische Jugendarbeit, die von Katecheten begleitet wird. Die Alternative ist ein gemeinsames Handlungsfeld, in dem die Aufgaben auf verschiedene Weise miteinander integriert werden. Für die Entscheidung zur Integration sprechen vor allem zwei Gründe:

(1) Der faktische Zielplural kirchlicher Arbeit mit jungen Menschen

Faktisch wird kirchliche Jugendarbeit unter einem Plural von Zielvorstellungen praktiziert. Da gibt es sogenannte offene Jugendarbeit und Verbandsarbeit, Freizeitmaßnahmen und Exerzitien, Ministrantengruppen und Kurse, die zu einem Hauptschulabschluß führen – um nur einiges zu nennen. Nur einige dieser Handlungen mit Jugendlichen stehen ganz oder fast ganz unter diakonischen Intentionen; nur einige sind ganz oder fast ganz durch katechetische Zielvorstellungen bestimmt. Bei den meisten Vorhaben mit jungen Menschen sind Intentionen der Diakonie und der Evangelisation/Katechese auf unterschiedliche Weise miteinander verbunden. Dies wird anschaulich, wenn man die verschiedenen Handlungen auf einer Ellipse einordnet, die sich um die beiden Brennpunkte Diakonie einerseits und Evangelisation/Katechese andererseits bildet:

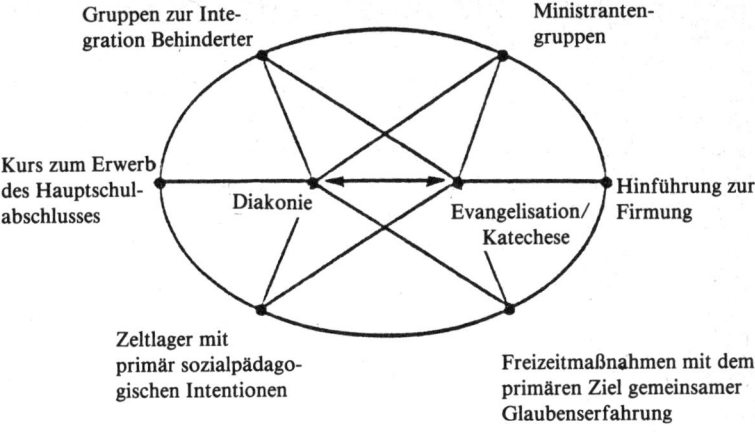

Die tatsächliche Verschränkung diakonaler und katechetischer Ziele in der Arbeit mit Jugendlichen spricht dagegen, neben einer sozialpädagogisch ausgerichteten Jugendarbeit ein eigenes Handlungsfeld der Jugendkatechese zu errichten. Es liegt viel näher, die kirchliche Jugendarbeit als ein Aufgabenfeld zu verstehen, das einen Plural von Handlungen mit Jugendlichen in dem Spannungsfeld von Diakonie und Evangelisation/Katechese umfaßt. Schwerpunkte nach der einen oder der anderen Seite hin müssen unter Rücksicht auf die Situation der Jugendlichen und auf die Sendung der Kirche in der konkreten pastoralen und sozio-kulturellen Situation gefunden und begründet werden.

(2) Integration von Lernprozessen

Für die Integration von diakonaler und katechetischer Jugendarbeit spricht auch die Einsicht, daß bei Prozessen, in denen es darum geht, Leben zu lernen, ein ganzheitliches Lernen anzustreben ist. Wenn es z. B. stimmt, daß im Glauben Motive und Energien für soziales Lernen gegeben werden und daß der Zuspruch und Anspruch des Glaubens im Zusammenhang sozialer Erfahrungen zu vermitteln ist, dann sind Prozesse des sozialen Lernens und Lernprozesse im Glauben nicht voneinander zu trennen. Dies kann kurz im Zusammenhang gruppenpädagogischer Intentionen verdeutlicht werden.

a) Ambivalenz, Deutungsbedürftigkeit und -offenheit von Gruppenerfahrungen

Das Zusammenkommen in der Gruppe kann darauf ausgerichtet sein,
angesichts der Brüchigkeit und Sinnentleerung vieler zwischenmenschlicher Beziehungen in unserer Gesellschaft einen Raum zu bilden, in dem
in gegenseitiger Annahme und gemeinsam praktizierter Solidarität das
Leben in verläßlichen und sinnvollen Beziehungen gelernt werden kann.
Läßt sich eine Gruppe auf diesen Prozeß ein, so macht sie auch die Erfahrung, daß sie nicht jedem ungebrochen erfahrbar werden lassen kann,
wie er angenommen ist, jemand ist, einen Namen hat und befreit wird
von Angst. Keine Gruppe kann dem einzelnen diese Erfahrungen so
schenken, daß sie „voll" genannt werden können und unbedroht ein für
alle Male feststehen. Und selbst bei „gelingenden" Gruppen bleibt die
Frage, welche Erfahrungen mehr Recht haben: die Erfahrungen des Angenommenseins in der Gruppe oder die immer auch möglichen und tatsächlichen Erfahrungen mit Fremdheit und Ablehnung außerhalb der
Gruppe (etwa in der Familie oder am Arbeitsplatz). Die Gruppenmitglie-
der können einander Mut machen, die gegenseitige Annahme als gültige-
ren Ausdruck letzter menschlicher Bestimmung anzusehen, zu wagen und
zu wollen; aber die letztgültige Rechtfertigung dieser Ermutigung können
Menschen einander nicht einreden. Sie können die Ambivalenz ihrer Erfahrungen nicht in eigener Vollmacht aufheben. Wird dies in einer Gruppe zugestanden und eine Fragekraft auch im Hinblick auf die sogenannten letzten Fragen entwickelt, dann kann eine Offenheit für die Botschaft
des Evangeliums und für katechetische Prozesse gewonnen werden.

b) Die katechetische Botschaft und die zwischenmenschlichen Beziehungen

Das katechetische Glaubenszeugnis kann in der Gruppe sowohl in seiner
Herausforderungskraft als auch in seiner Ermutigungs- und Tröstungs-
kraft wirksam werden. In der Gruppe als Erfahrungs- und Lebensraum
kann dabei das Ineinander von Botschaft und zwischenmenschlicher Beziehung anschaulich werden. Als beispielhaft für einen solchen Prozeß
kann die Begegnung Jesu mit Zachäus gelten, bei der die Botschaft in der
aufgenommenen Beziehung ihren Ausdruck findet und die Beziehung in
der Botschaft gerechtfertigt wird. Die neue Beziehung wird getragen von
der Botschaft, und die Botschaft findet in der Beziehung ihren Ausdruck
und ihr Ziel. Für die Integration der Katechese in den Aufbau von Beziehungen bedeutet dies, daß die Botschaft die faktische Beziehung nicht
einfach unkritisch ratifiziert, sondern u. U. die Änderung der Beziehung

provoziert und bewirkt. Ausdrücklich ist dabei hervorzuheben, daß eine Beziehung auch dann schon verändert sein kann, wenn durch die Botschaft ein zuverlässiger Grund vermittelt wird, geduldig um die Änderung bemüht zu sein und in dieser Geduld am im Augenblick noch nicht Veränderbaren zu leiden.

In diesem Zusammenhang ist auch der Stellenwert gottesdienstlicher Vollzüge in der Gruppe anzusprechen. Ein Gruppengottesdienst – sei es nun z. B. eine Bußfeier oder eine Eucharistiefeier – ist immer „mehr" als nur das Ausdrücklichwerden, Deuten und Zusammenfassen der tatsächlichen Gruppenerfahrungen; er ist immer auch offener Vorgriff auf noch nicht realisierte Beziehungen, und gerade als solcher kann er die Beziehungen verändern, weil er die Beteiligten für weitere Möglichkeiten ihres Miteinanders öffnet.

7.2 Jugendarbeit in der Perspektive der Evangelisierung

Der Zusammenhang von Diakonie und Katechese läßt sich auch begründen, wenn man die Praxis mit Hilfe der oben (A. 3.5) dargestellten Perspektive der Evangelisierung zu orientieren sucht. Dazu veranstaltete der Deutsche Katecheten-Verein zusammen mit der Bischöflichen Arbeitsstelle für Jugendseelsorge 1985 ein Symposion. Den anwesenden Bischöfen, Seelsorgeamtsleitern, Jugendseelsorgern, Mitarbeitern der kirchlichen Jugendarbeit, Vertretern des BDKJ und Pastoraltheologen schienen die folgenden Aussagen eine geeignete Grundlage zur Klärung des Selbstverständnisses und für die weitere Praxis kirchlicher Jugendarbeit. Dabei wurde ausdrücklich auf das Apostolische Schreiben „Evangelii nuntiandi" Papst Pauls VI. verwiesen.

(1) Kirchliche Jugendarbeit ist wie alles Tun in der Kirche eine evangelisierende Tätigkeit (EN 4; 5; 14). Kennzeichnende Elemente der Evangelisierung sind: Zeugnis des Lebens oder Zeugnis ohne Worte, Wort des Lebens, Zustimmung des Herzens, Eintritt in eine Gemeinschaft, Empfang der Zeichen, Einsatz im Apostolat (EN 24; 17).

Einzelne dieser Elemente werden in je unterschiedlicher Weise auf dem Glaubensweg eines Menschen bedeutsam werden. Die Evangelisierung ist deshalb kein einmaliger, kontinuierlicher Prozeß. Vielmehr muß mit Stufen, Sprüngen, Brüchen, Wiederholungen und Neuanfängen gerechnet werden.

(2) Grundlegendes Ziel der Evangelisierung ist die „innere Umwandlung" der einzelnen Menschen und ihres jeweiligen Milieus (EN 18), damit das Leben der Menschen gelingt nach dem Maße Jesu Christi. In der Vielfalt, Veränderlichkeit und einem Wachstum des Lebens und der Lebenssituation soll das unbedingte Interesse Gottes an diesem Leben erfahren werden. Dazu muß die persönliche und soziale Lebenswirklichkeit gerade des jungen Menschen zunächst sehr sensibel wahrgenommen und als Lebensgeschichte mit Chancen und Grenzen begriffen werden. Evangelisierung ist ein Dienst an allen Menschen (EN 1; 13), also auch an allen Jugendlichen, und schließt niemanden von vornherein aus.

(3) Aufgrund der konkreten Lebens- und Glaubenssituation der meisten Jugendlichen auch in der kirchlichen Jugendarbeit wird der Prozeß der Evangelisierung hier vorrangig in der Erstverkündigung bestehen. Dies bedeutet vor allem: Verständnis für die Jugendlichen, sie anzunehmen, wie sie sind, ihnen zuhören zu können, ein Gespür für ihre tiefer liegenden Fragen zu haben, ihr Leben und Schicksal zu teilen und in ihren Nöten solidarisch zu ihnen zu stehen (EN 21). Zugegensein, Anteilnahme und Solidarität in der Jugendarbeit sind somit „bereits stille, aber sehr kraftvolle und wirksame Verkündigung der Frohbotschaft" (EN 21). – Dieser selbstlose Dienst als Zeugnis des Lebens – oft ohne Worte – wird öffnen können für die ausdrückliche Verkündigung des Wortes, die Zustimmung des Herzens zur Lebensart Jesu Christi und zur Feier des Glaubens. Jede Phase hat dabei ihre eigene Bedeutung in der Lebens- und Glaubensgeschichte.

(4) Evangelisierung geschieht in Gemeinschaften durch, mit und für Jugendliche (in Gemeinde, Gruppe, Bewegungen, Verbänden, Institutionen, Bildungsstätten, Klöstern usw.). Hier werden personale Erfahrungsräume eröffnet, in denen das bedingungslose Interesse Gottes am Leben der Jugendlichen erfahren wird. Zugegensein, Anteilnahme und Solidarität von Christen, die durchaus selber immer auch noch mit auf dem Wege sind; dies bedeutet für die Beteiligten an der Erstverkündigung vor allen Dingen die Bereitschaft: zuhören zu können, ein Gespür für die Lebenssituation und Lebensfragen der Jugendlichen zu entwickeln, sich selber noch als Suchenden und Fragenden zu verstehen.

(5) Mitarbeiter in der Jugendarbeit stehen auch selber noch im Prozeß der Evangelisierung. Sie brauchen gerade auch zur Entfaltung und Ent-

wicklung ihres eigenen Glaubens eine intensive Begleitung. Diese geschieht vor allen Dingen darin, daß sie sich in der Kirche und Gemeinde gestützt und aufgehoben wissen, indem sie hier immer wieder selber Anteilnahme und Solidarität erfahren können und aufrichtigen Gesprächspartnern und Wegbegleitern begegnen.

(6) In mancher Hinsicht besteht in der Kirche eine Spannung zwischen den derzeit gültigen Ausdrucksformen des Glaubens und Normen des sittlichen Lebens auf der einen Seite und dem Lebensgefühl und der Lebenspraxis der Jugendlichen auf der anderen Seite. Dies führt nicht selten zu erheblichen Spannungen in der Gemeinde. Unter Berücksichtigung des grundlegenden Dienstes in der Evangelisierung gilt es, solche Spannungen abzubauen, indem allen Beteiligten ihnen gemäße Ausdrucksformen des Glaubens auch im Leben der Gemeinde eingeräumt werden. Vorrangig für eine solche Begegnung ist jedoch, daß Verdächtigungen und Schuldzuweisungen unterbleiben und somit die Voraussetzungen und ein Klima für den Prozeß der Evangelisierung auch in der Jugendarbeit geschaffen werden.

8. KATECHESE UND THEOLOGISCHE ERWACHSENENBILDUNG

8.1 Zwei Handlungsfelder der Arbeit mit Erwachsenen

Alle kirchlichen Dokumente betonen die Bedeutung bzw. den Vorrang der Erwachsenenkatechese innerhalb gemeindekatechetischer Bemühungen. „Es geht um das zentrale Problem der Erwachsenenkatechese. Dies ist die hauptsächliche Form der Katechese, denn sie richtet sich an Personen, welche die größte Verantwortung und Fähigkeit besitzen, die christliche Botschaft in ihrer vollentwickelten Form zu leben."[67]

Ebenso wird in der Pastoral offensichtlich, daß eine Gemeinde nur in dem Maße ihre katechetische Aufgabe glaubwürdig wahrnehmen kann, wie sie gerade als erwachsene Gemeinde um eine Vertiefung des Glaubenslebens bemüht ist. „Die christliche Gemeinde kann keine ständige Katechese anbieten, ohne die direkte, auf Erfahrung gestützte Teilnahme der Erwachsenen, ob sie nun Adressaten oder Förderer der katechetischen Tätigkeit sind."[68]

223

Zwei wichtige Zielgruppen der Erwachsenenkatechese wurden bereits angesprochen: Eltern und katechetische Mitarbeiter. Gerade die begleitende Qualifizierung der katechetischen Mitarbeiter wird als intensive Form der Erwachsenenkatechese erfahren. Ihr kommt sicherlich schon heute im Zusammenhang mit der Kinderkatechese eine hervorragende Bedeutung zu. Viele erwachsene Christen haben gerade als Mitarbeiter in der Kinderkatechese einen eigenen katechetischen Prozeß durchgemacht. Vielleicht liegt hierin der bisher größte Erfolg gemeindekatechetischer Bemühungen der letzten Jahre. Neben diesen speziellen Zielgruppen bedürfen aber alle erwachsenen Christen auch immer wieder der Katechese. Eine eigene Erwachsenenkatechese aber ist kaum entwickelt. Demgegenüber spricht man häufiger von theologischer Erwachsenenbildung. Viele Gemeinden kennen bereits eigene Erwachsenenbildungsausschüsse innerhalb der Pfarrgemeinderäte, die sich in besonderer Weise auch um die theologische Bildungsarbeit in den Gemeinden bemühen. Es soll deshalb nach den Zusammenhängen und den Unterscheidungen dieser beiden Lernfelder in der Gemeinde gefragt werden.

Der Versuch einer theoretisch-begrifflichen Differenzierung hat sich für die Praxis auf der Ebene der Gemeinde bisher als wenig hilfreich erwiesen. Es kam hier sogar hin und wieder der Verdacht auf, daß diese Differenzierungsversuche weniger von einer notwendigen theologischen bzw. didaktischen Legitimation kirchlichen Handelns im Bereich der Erwachsenenbildung bzw. Katechese veranlaßt wurden als vielmehr aufgrund einer bildungspolitischen Entwicklung in den meisten Bundesländern, die den Ausbau einer eigenständigen Erwachsenenbildung notwendig machte, um die entsprechenden öffentlichen Gelder beanspruchen zu können. Dieser Verdacht drängt sich um so mehr auf, als sich die Problemstellung zwischen theologischer Erwachsenenbildung und Katechese nur in unserer bundesrepublikanischen Kirchen- und Bildungslandschaft stellt und z.B. in den romanischen Ländern völlig unverständlich ist, da es hier – jedenfalls bis jetzt – noch kein in unserem Sinne öffentlich gefördertes Erwachsenenbildungssystem unter Mitbeteiligung freier Träger wie der Kirche gibt. Jene bei uns oft streng gehütete Unterscheidung zwischen theologischer Erwachsenenbildung und Erwachsenenkatechese ist dort nur schwer nachzuvollziehen. So verwundert es nicht, wenn sich zumindest in den Pfarreien das Problem der Unterscheidung von theologischer Erwachsenenbildung und Erwachsenenkatechese vorrangig als eine Frage nach den Möglichkeiten der Bezuschussung stellt. Gehört die entsprechende Veranstaltung zum Bereich der Erwachsenenbildung, dann gibt es öffentliche Zuschüsse, gehört sie zur Katechese, muß man für die Kosten selber aufkommen.

8.2 Gemeinsame Grundziele

Vor einer theoretischen Differenzierung, die unter Umständen auch eine praktische Unterscheidung von theologischer Erwachsenenbildung und Katechese notwendig macht, dürfte eine Reflexion der grundlegenden Ziele kirchlichen Handelns in diesen Bereichen sinnvoll sein. Möglicherweise bedingen dann die Ziele bzw. die Bedingungen, unter denen diese zu erreichen sind, auch unterschiedliche Erkenntniswege (didaktisch-methodische Vorgehensweisen), die dann mehr in der Erwachsenenbildung oder in der Katechese eröffnet werden können.

Überblickt man die unterschiedlichsten Intentionen kirchlicher Erwachsenenbildung wie auch der Katechese in den letzten Jahrzehnten, so läßt sich bei aller Differenzierung *ein* gemeinsames Grundziel erheben. Beide Handlungsfelder haben als Grundanliegen, dem Menschen zu helfen, daß sein individuelles und soziales Leben möglichst umfassend gelingt.

Als grundsätzlicher *Weg* zum Gelingen dieses Lebens in und durch die Kirche wird die Geschichte und das Geschick Jesu Christi aufgewiesen. In ihm hat sich der Gott des Volkes Israel eindeutig als der menschenfreundliche, Leben schaffende, erhaltende und erneuernde Gott erwiesen. Die Kirche ist die Gemeinschaft, in der dieser beziehungswillige Gott sakramental erfahrbar bleibt. Sie lädt ein, sich auf diesen beziehungswilligen Gott einzulassen, und sichert in seinem Namen zu, daß so das Leben in all seinen Dimensionen einschließlich der Lebenshoffnung über den Tod hinaus gelingt.

Wenn Kirche von dieser in ihr und durch sie vorhandenen lebenschaffenden Kraft überzeugt ist, so kann sie sich in keiner ihrer Handlungen sozusagen neutral, ohne jedes leidenschaftliche Bemühen um Vermittlung dieser Einladung verhalten. Auch nicht in der sogenannten „offenen" theologischen Erwachsenenbildung. Wem an den Menschen und dem Gelingen ihres Lebens etwas liegt, wer als Christ die Menschen – wie Gott in Jesus Christus – leiden kann (der für sie sogar gelitten hat), kann dem Menschen nicht ohne Leidenschaft begegnen. Dies christusähnliche – leidenschaftliche – Bemühen um das Gelingen des menschlichen Lebens ist Grunddimension allen bildnerischen und katechetischen Handelns der Kirche. Im Folgenden sollen fünf Ziele genannt werden, die notwendig erscheinen, wenn Kirche und Gemeinde diesem genannten Grundanliegen im Bereich der Lebensorientierung gerecht werden wollen. Wie, wo und durch wen diese Ziele am ehesten erreicht werden können, ob z. B. in Einrichtungen und didaktischen Vorgehensweisen der theologischen Erwachsenenbildung oder im Bereich der Gemeindekatechese, wird dann noch zu fragen sein.

(1) Hilfe zur Wahrnehmung der Bedrohungen und Sehnsüchte menschlichen Lebens geben

Ingeborg Bachmann sagte kurz vor ihrem Tod: „Ich aber liege allein im Eisverhau voller Wunden." Die größte Bedrohung menschlichen Lebens in unserer Zeit liegt wohl in der Beziehungslosigkeit, in diesem Alleinsein. Die Beziehungen der Menschen untereinander, des Menschen zu seiner Umwelt, des Menschen zu seinen eigenen Fähigkeiten und Möglichkeiten sind in vielfacher Hinsicht gestört. Das Schlimme aber ist nicht, daß dadurch viele Menschen heute ‚wund' sind und darunter leiden, sondern daß der „Eisverhau", die Kälte einer rationalen und funktionalen Welt, diese Wunden kaum spüren läßt. Diese Kälte betäubt die Wunden, läßt den Schmerz, die Lebensbedrohung kaum empfinden und verhindert somit gleichzeitig die Möglichkeiten der Heilung. Nur wer Schmerz empfindet, sucht nach Heilung.

Von daher geht es zunächst darum, solche Lebensbedrohungen überhaupt erst wahrzunehmen, d. h. den Eisverhau von Rationalität und Funktionalität aufzutauen durch menschenfreundliche Beziehungen, um schließlich heilend wirken zu können. Gleichzeitig werden dann auch lange „unterkühlte" und verdrängte, ursprüngliche Sehnsüchte menschlichen Lebens wach werden. Die Umfunktionierung aller Sehnsüchte in selbst zu befriedigende Bedürfnisse werden als menschenunwürdig zu entlarven sein. Der Mensch kann nicht allein von dem leben, was er erwirbt, besitzt und hat. Er sehnt sich vielmehr nach Anerkennung, nach Geborgenheit und Freiheit.

(2) Auseinandersetzung mit unterschiedlichen Bewältigungs- und Verheißungsangeboten für ein gelingendes Leben ermöglichen

Unterschiedliche „Heilande" bieten sich heute selber an oder werden angeboten. Alle versprechen dem Menschen ein menschenwürdiges Leben in Gegenwart und Zukunft. Sie machen eine kritische Auseinandersetzung notwendig. Es wird zu prüfen sein, ob sie wirklich das Leben in all seinen Dimensionen von Glück und Leid, von Vergangenheit und Zukunft, von Leben und Sterben bewältigen helfen und wirklich zur Lebensfülle, zu echter Lebensqualität führen. Hier steht eine Auseinandersetzung theoretischer und praktischer Art an mit den unterschiedlichsten Lebenseinstellungen und Ideologien, wie sie sich heute auf dem ‚Weltmarkt' der Lebensweisheiten vorfinden.

(3) Den christlichen Glauben als hilfreiches ‚Lebenswissen' erschließen

Gerade angesichts dieser „Konkurrenz" unterschiedlicher Lebensweisheiten wird sich der christliche Glaube in Theorie und Praxis als wirklicher Weg zur Fülle des Lebens erweisen müssen. Darin liegt jedenfalls seine Grundaussage, das „Leben zu haben und es in Fülle zu haben" (Joh 10, 10). So bedarf es der konkreten praktischen Erfahrung gelebten christlichen Lebens, um diese Lebensart äußerlich plausibel zu erfahren, wie auch der theoretisch-theologischen Reflexion, um ihre innere Plausibilität zu erweisen.

(4) Zusammenführung und Solidarisierung Gleichgesinnter ermöglichen

Eine bestimmte Art des Lebens in einer pluralen Gesellschaft ist kaum alleine tragbar. Sie macht die Sammlung von Gleichgesinnten notwendig, die sich immer wieder neu in ihren Lebensauffassungen und in ihrer Lebensart bestärken und darin gleichzeitig zum sichtbaren Zeichen wahrhaft menschlichen Lebens auch für andere werden. Hier liegt der theologische Ort von Kirche und Gemeinde sowie der Gruppen in den einzelnen Gemeinden.

(5) Zum Handeln aus dem Glauben anleiten

Die christlichen Lebensweisheiten dürfen nicht nur erkannt, sondern müssen auch gelebt werden; dadurch werden sie wirksam für das individuelle und soziale Leben. So erweisen sich Kirche und Gemeinde auch als Werkzeug und Zeichen gelingender menschlicher Beziehungen. Diese gemeinsamen Ziele haben auch *gemeinsam den Dialog als didaktische Grundvoraussetzung.* Lernen wird in der Erwachsenenbildung als eine erfahrungsbedingte, relativ dauernde Einstellungs- und Verhaltensände-

rung bezeichnet. Im Zusammenhang mit dem „Lernen des Glaubens" bedeutet dies zu einer bewußteren, christusähnlichen Lebensart zu finden,
indem sich Menschen auf das unbedingte Interesse Gottes, seinen Zuspruch und Anspruch einlassen. Bevor der Mensch sich darum bemüht,
ist Gott selber immer schon am Werk. Er ist bereits vorab in der Lebens-
und Glaubensgeschichte jedes einzelnen Menschen gegenwärtig. So kann
er auch im Austausch der Menschen untereinander schon erfahren werden. Insofern kann die Grundstruktur jedes Lernens im Glauben nur der
Dialog sein.

„Es ist sichtbar, daß Glaube nicht Ergebnis einsamer Grübelei ist, in
der sich das Ich etwas ausdenkt, losgelöst von allen Bindungen, allein der
Wahrheit nachsinnt; er ist vielmehr das Ergebnis eines Dialogs, Ausdruck von Hören, Empfangen und Antworten, das den Menschen durch
das Zueinander von Ich und Du in das Wir der gleichermaßen Glaubenden einweist."[69] „Für die weitaus meisten Glaubenden spielt sich der Dialog Gottes mit den Menschen im Dialog der Menschen miteinander ab;
Religion gibt es letztlich nicht im Alleingang des Mystikers, sondern nur
in der Gemeinsamkeit von Verkündigen und Hören ... Wirklicher Dialog findet ja noch nicht statt, wo Menschen über etwas reden. In seine Ei-
gentlichkeit kommt das Gespräch der Menschen erst, wo sie sich nicht
mehr etwas, sondern sich selbst auszusagen versuchen, wo Dialog zu
Kommunikation wird. Wo aber das geschieht, wo der Mensch sich selbst
zur Sprache bringt, da ist in irgendeiner Form auch von Gott die Rede,
der das eigentliche Thema des Streitgespräches der Menschen untereinander seit Anfang der Geschichte ist."[70]

Dies gilt um so mehr für die Christen einer Gemeinde, die sich konsti-
tuiert aus den Berufenen bzw. Getauften. Im ersten Johannesbrief heißt
es: „Ihr habt die Salbung von dem, der heilig ist, und ihr alle wißt es. Ich
schreibe euch nicht, daß ihr die Wahrheit nicht wißt, sondern ich schreibe euch, daß ihr sie wißt und daß keine Lüge von der Wahrheit stammt"
(1 Joh 2, 20 ff). Und weiter sagte er den Getauften: „Die Salbung, die ihr
von ihm empfangen habt, bleibt in euch, und ihr braucht euch von niemandem belehren zu lassen" (1 Joh 2, 27). So gehört das Gespräch der
Christen untereinander, ihr Austausch zur wesentlichen didaktischen
Grundvoraussetzung sowohl der theologischen Erwachsenenbildung wie
auch der Gemeindekatechese.

8.3 Unterscheidung der Lernorte

Lernort der Katechese ist vorrangig die Gemeinde. Theologische Erwachsenenbildung kann, muß aber nicht gemeindebezogen sein (z. B. Familienbildungsstätten, regionale Bildungswerke, Akademien). Einerseits hat ein spezifischer Lernort nur ihm zur Verfügung stehende Möglichkeiten. So sind in der Gemeinde Lernort und Lernziel unmittelbar aufeinander bezogen. Andererseits kann das Image des Lernortes – ob berechtigt oder nicht – auch Vermittlungsprozesse christlichen Lebenswissens behindern. So zeigt sich gegenwärtig, daß Gemeinden vielfach ungeeignete Lernorte sind zum Beispiel für die Fragen der Gestaltung des sexuellen Lebens oder auch der Auseinandersetzung mit politischen, sozialen und wirtschaftlichen Problemen unter der Perspektive des Evangeliums. Hier gelingt es auch einer gemeindebezogenen Erwachsenenbildung weitgehend nicht, sich als glaubwürdiges und redliches Forum des Gesprächs und der gemeinsamen Suche auszuweisen. Die Chancen gemeindeunabhängiger Bildungseinrichtungen sind hier oft größer. Ein weiterer Faktor der Unterscheidung ist in den unterschiedlichen *Anlässen und Möglichkeiten der Begegnung* mit Erwachsenen gegeben. Sicher sind die katechetischen Anlässe gerade in unserer gegenwärtig noch volkskirchlich geprägten Kirchensituation keineswegs voll ausgeschöpft; z. B. Eltern von Kindern, die auf die Sakramente vorbereitet werden, Ehevorbereitungs- und begleitende Maßnahmen, Treffpunkte Alleinerziehender, Seniorentreffs. Dagegen benötigt die theologische Erwachsenenbildung einen relativ hohen Werbeaufwand, um überhaupt Menschen zusammenzuführen. Dieser ist um so größer, je weiter die Erwachsenenbildungseinrichtung vom Wohn- und Freizeitort der Adressaten entfernt ist.

Andererseits werden vor allem durch die Angebote kirchlicher Erwachsenenbildung in sogenannten Fertigkeitskursen (Nähen, Kochen usw.) Menschen erreicht, die sonst oft keinen Zugang zur Kirche haben. Als Orte der Begegnung und des Gespräches werden sie nicht selten zu Begegnungen und Auseinandersetzungen mit christlicher Lebensart, ohne daß dies unmittelbar intendiert ist. Dies gilt auch für Kursangebote im Bereich der Erziehung und des Partnerschaftsverhaltens sowie für Treffpunkte Alleinerziehender.

Häufig wird das unterscheidende Kriterium zwischen Erwachsenenbildung und Katechese in der *Verschiedenartigkeit der Zielgruppen* gesehen. So will die Erwachsenenbildung vor allen Dingen diejenigen erreichen, die in Distanz zur Kirche und Gemeinde stehen, während die Katechese angeblich vorrangig die ohnehin mehr oder weniger kirchlich gebundenen Erwachsenen erreicht. Doch ist es gerade eines der Hauptanliegen der Katechese, die große Gruppe der Fernstehenden zu erreichen. Und zweifellos sind in katechetischen Gesprächen aus Anlaß von Taufe, Erstkommunion, Firmung und Eheschließung Kontakte mit denen möglich, die über Jahre in Distanz zur Kirche und Gemeinde gelebt haben. Faktisch haben sowohl die theologische Erwachsenenbildung wie die Katechese mit Menschen zu tun, die in einer sehr unterschiedlichen Nähe zur Kirche in einer Gemeinde leben.

8.4 Dialogisch-kritisches Verhältnis

(1) Didaktische Impulse der Erwachsenenbildung für die Katechese

Die Praxis in den Gemeinden, die Gemeinsamkeit der Grundziele wie auch die Relativierung didaktisch-methodischer Zugänge könnte den Eindruck erwecken, daß eine faktische oder auch theoretische Unterscheidung zwischen theologischer Erwachsenenbildung und Katechese hinfällig, ja überflüssig ist. Ein solches Denken würde sich jedoch vorschnell der Chancen begeben, die sich aus der bisher mehr oder weniger eigenständigen Entwicklung einer theologischen Erwachsenenbildungsarbeit für das Grundanliegen kirchlichen Handelns überhaupt ergeben. Mögen auch in den letzten Jahrzehnten vornehmlich *bildungspolitische* Erwägungen die Antriebsfeder zum Ausbau kirchlicher Erwachsenenbildung gewesen sein, so kann die gleichzeitig erfolgte Reflexion über die spezifischen (im Sinne von positiven und nicht exklusiven) *didaktisch-methodischen* Möglichkeiten der Erwachsenenbildung einen wesentlichen Beitrag zur Orientierung auch im Felde der Katechese mit Erwachsenen leisten.

Den bildungs- und lerntheoretischen Überlegungen der allgemeinen Pädagogik bzw. Andragogik lassen sich vor allem vier didaktische Grundprinzipien entnehmen, denen sich die Erwachsenenbildung explizit in ihrer Didaktik verpflichtet fühlt:

Freiwilligkeit
Die Teilnahme an Erwachsenenbildungsveranstaltungen ist freiwillig, wenn auch durch die unterschiedlichsten Motive veranlaßt. Die Freiwilligkeit fördert in hohem Maße die Bereitschaft zum Lernen im Sinne

der Einstellungs- u. Verhaltensorientierung. Jeder Zwang baut Lernbarrieren auf.

Partnerschaft

Lernen mit Erwachsenen ist ein Kommunikationsgeschehen zwischen gleichberechtigten Partnern. In diesem Geschehen sind Lernende und Lehrende in gleicher Weise aktiv. Sie bringen ihre jeweils unterschiedlichen Erfahrungen, Kenntnisse, Einstellungen und Verhaltensweisen mit ein und versuchen so zu neuem Verstehen und Verhalten zu finden. Ein Wissens- bzw. Informationsvorsprung auf der einen oder anderen Seite darf nicht als Macht mißbraucht werden, sondern muß in den gemeinsamen Lernprozeß eingebracht und zur Verfügung gestellt werden.

Didaktische Selbstwahl

Der Erwachsene entscheidet selber *was, wann, wie* und *wozu* er lernen soll. Er soll mehr und mehr fähig werden, einen solchen Lernprozeß selber zu gestalten bzw. die entsprechenden Angebote zu nutzen und mitzugestalten.

Freiheit

Vor allem die Freiheit der Meinungsäußerung, der Einstellungen und Verhaltensweisen muß garantiert sein, damit ein wirklicher Lernprozeß im Sinne einer Lebensorientierung zustande kommen kann.

Ohne daß diese didaktischen Grundprinzipien hier noch lerntheoretisch näher begründet werden können, wird wohl offensichtlich, welche entscheidende Bedeutung diese für die Bildungsarbeit mit Erwachsenen wie auch für die Katechese mit und von Erwachsenen haben können. Die Beachtung dieser Grundprinzipien könnte auch die Erwachsenenkatechese in der Gemeinde personen- und sachgerechter werden lassen. Konkret würde dies bedeuten: Jeder Anspruch und jede Einladung von Erwachsenen muß eine *freiwillige* Entscheidung ermöglichen. Ein Zwang zur Teilnahme an entsprechenden Veranstaltungen (z.B. Zulassungsbedingung zu den Sakramenten) behindert die Bereitschaft zur echten Einstellungs- und Verhaltensüberprüfung oder gar -änderung. *Partnerschaft* könnte das Verhältnis von Priester und Laien als ein gemeinsames „auf dem Weg sein" glaubwürdig erfahrbar machen. Die *didaktische Selbstwahl* meint in der Pastoral, dem Erwachsenen zu helfen, daß er selber erkennt, wie und auf welchem Wege er in seiner Situation ein Leben als Christ verwirklichen kann und welche Hilfen er dazu benötigt. Er müßte fähig werden, selber Subjekt und nicht Objekt pastoralen Handelns zu werden. Dieser didaktische Impuls könnte das theologische Selbstverständnis von Gemeinde als Subjekt ihres Lebens konkretisieren helfen. Und schließlich die *Freiheit* der Meinungsäußerung. Ein Prinzip, mit dem sich viele in Gemeinde und Kirche schwertun. Allzu schnell werden eine geäußerte Meinung und Einstellung sowie eine beobachtete Verhaltensweise unter Normverdacht gestellt, anstatt sie zunächst als ein Faktum zur Kenntnis zu nehmen, als Ausgangspunkt einer kritischen Überprüfung oder auch etwaiger Bestätigung bzw. notwendiger Veränderung.

(2) Katechetische Perspektiven für die Erwachsenenbildung

Umgekehrt hat die gemeindekatechetische Überlegung und Entwicklung auch zu Erkenntnissen geführt, die einen kritischen Beitrag liefern könnten angesichts verkürzter Bildungs- und Lerntheorien.

Christliche Gemeinde als Stützgemeinschaft
Christliche Gemeinde versteht sich mehr und mehr als eine Solidaritätsgemeinschaft all derer, die versuchen, angesichts vielfältiger Lebensgestaltungsformen eine christusähnliche Lebensart zu verwirklichen. Diese aber ist nach einem ausschließlich individuellen Lernprozeß im Sinne überzeugter Übernahme christlichen Lebenswissens angesichts der Vielfalt faktischer Lebensmöglichkeiten nicht alleine lebbar. Sie bedarf der permanenten Stützgemeinschaft in Gruppen und Kreisen der christlichen Gemeinde. Dies kann für die Bildungsarbeit bedeuten: Wenn sie wirklich zu Einstellungs- und Verhaltensänderung im Sinne einer christlichen Lebensart führen will, muß sie dafür sorgen, daß ein Zugang zu bzw. eine Anbindung an eine christliche Gemeinde ermöglicht wird. Sie muß damit die Fähigkeit zur Solidarisierung fördern, um eine christliche Lebenspraxis stabilisieren zu helfen.

Kirche für andere
Diese recht einseitig akzentuierte schlagwortartige Aussage macht den Sendungsauftrag der Kirche deutlich. Es genügt nicht, wenn ich für mich selber erfahre und lerne, daß die christliche Lebensart mir in meinem Leben guttut und mir zum Gelingen meines Lebens verhilft. Vielmehr habe ich in und mit Kirche und Gemeinde „Licht" und „Salz" für andere und die Welt zu sein. So können und sollten die Grundintentionen

theologischer Erwachsenenbildungsveranstaltungen nicht nur der Befriedigung individueller Bedürfnisse der Teilnehmer dienen, sondern diese auch zum Dienst an Mitmensch und Gesellschaft im politischen und sozialen Bereich befähigen.

8.5 Bildungsarbeit und Katechese

Kirchliche Bildungsarbeit mit Erwachsenen ist nicht nur theologische Erwachsenenbildung. Es gibt ein breites Spektrum kirchlicher Bildungsdiakonie. Ein großer Teil dieser kirchlichen Arbeit mit Erwachsenen muß sicher als eigenes Handlungsfeld neben dem der Katechese konzipiert und verantwortet werden – auch aus bildungspolitischen Gründen. Es gibt aber auch Lernsituationen, in denen sich – ähnlich wie in der Jugendarbeit – soziale oder politische Lernprozesse einerseits und katechetisches Lernen andererseits gegenseitig fördern können. So ist z. B. in ehevorbereitenden oder -begleitenden Hilfen eine Integration partnerschaftlichen und katechetischen Lernens eine besondere Chance, wenn einerseits die partnerschaftliche Beziehung so das Thema ist, daß die Katechese lebensnah wird, und andererseits Fragen dieser Beziehung so zugelassen werden, daß es bedeutsam werden kann, ob sie aus der Kraft und Hoffnung des Glaubens gelebt wird[71]. Ähnliche Chancen liegen in der Integration von Bildungsarbeit und Katechese bei der Arbeit mit älteren Menschen. Dies soll im Folgenden etwas erläutert werden, weil die Arbeit mit Älteren in der katechetischen Literatur bisher nur wenig Beachtung findet. Dabei soll versucht werden, Ziele der Bildungsarbeit mit älteren Menschen auf ihren inneren Zusammenhang mit katechetischen Aufgaben zu befragen[72].

(1) Verarbeitung der Vergangenheit

a) Die Gegenwart eines Menschen hängt immer mit davon ab, wie er seine bisherigen Lebensphasen durchstanden und hinter sich gelassen hat. Wohl jeder Mensch steht dabei vor der Aufgabe, eine mehr oder weniger tiefgreifende Diskrepanz zu verarbeiten: Die Zukunft, wie man sie sich in jungen Jahren vorgestellt hat, sieht als Vergangenheit, auf die man zurückblickt, anders und meist weniger „gelungen" aus. Das Gespräch darüber in Gang zu bringen wird in der Bildungsarbeit mit älteren Menschen als vorrangige Aufgabe angesehen, weil einerseits unverarbeitete Vergangenheit Lernenergie blockiert und andererseits die Lernfähigkeit durch die lernende Bewältigung von Desillusionen und Niederlagen gefördert wird.

b) Diese Aufgabe der Bildungsarbeit ist auf doppelte Weise mit katechetischen Anliegen verbunden:

– Die Art und Weise, wie ein Mensch seine Vergangenheit verarbeitet hat, bestimmt auch seine Fähigkeit, die Gegenwart und Zukunft als offene Geschichte mit dem Gott seines Glaubens, seiner Hoffnung und seiner Liebe zu leben. Die Vergangenheit kann als verbitternde Enttäuschung oder als ängstigende Schuld oder als Friedhof von Idealen trennend zwischen dem Menschen und Gott liegen.

– Verarbeitung der Vergangenheit kann allzu vordergründig als Aufgabe verstanden werden, die nur ein Lernen im Sinne einer Lebenstechnik oder allenfalls einer Lebenskunst anfordert. Dabei reicht diese Aufgabe in Dimensionen, die ohne das Aufgreifen der religiösen Frage nicht zu bewältigen sind. Die Perspektive des Glaubens bietet hier an,
– den Lebensweg als eine Geschichte anzunehmen, in der Gott den Menschen an sich zu ziehen sucht,
– die Vergangenheit als einen Weg, der immer auch mit Versagen verbunden war, Gottes erneuernder Kraft anzuvertrauen und
– in der manchmal ernüchternden Enttäuschung über das wenige, das gelingt, offenzubleiben für das von Gott her immer wieder Ermöglichte und für eine Sehnsucht, die von Gottes Möglichkeiten die Erfüllung erwartet.

(2) Aufgeschlossenheit gegenüber Veränderungen

a) In einem „produktiven Verhältnis zu den Veränderungen, denen sie sich ausgesetzt sehen", sieht Tietgens (47) die allgemeinste Formel für das Ziel der Bildungsarbeit mit Älteren. Näherhin setzt er dieses Ziel gegenüber einer blinden Anpassungsbemühung dadurch ab, daß gelernt werden soll, „was es mit den Gründen und Folgen dieser Veränderung auf sich hat, was sie für einen selber bedeuten und wie man mit ihnen fertig werden kann, ohne unter ihnen zu leiden" (ebd.).

b) Wiederum läßt sich ein doppelter Zusammenhang mit katechetischen Zielen wahrnehmen:
– Zum einen geht es um die grundsätzliche Einstellung gegenüber Veränderungen. Die Aufgeschlossenheit gegenüber dem Neuen hat auch eine spirituelle Dimension. Sie hat mit dem Pilgercharakter der menschlichen Existenz und mit dem auf den Menschen zukommenden Neuen zu tun.

Kein Zustand darf so festgeschrieben werden, daß der in ihm wohnende Mensch nicht auch darauf aus sein müßte auszuziehen.

– Zu den Veränderungen, mit denen sich ältere Menschen (und nicht nur sie) auseinandersetzen müssen, gehören auch Veränderungen im kirchlichen Leben. So berechtigt man gegenüber Widerständen, die sich aus Kreisen der älteren Gemeindemitglieder (und wiederum nicht nur aus ihnen) gegen Veränderungen etwa im Bereich der Liturgie wenden, darauf verweisen muß, daß die Kirche in ihren Reformen auch Ungewohntes zumuten muß, so berechtigt ist auch die Forderung, daß diese Zumutungen mit Lernhilfen verbunden werden müssen. Es müssen Motivationen für die Veränderungen ermittelt werden. Es müssen Einübungsmöglichkeiten für das Neue angeboten werden. Es muß aufgezeigt werden, wie die Veränderungen Anliegen aufgreifen und verdeutlichen, denen die eigene Zustimmung oft nicht erst seit heute gilt.

(3) Förderung der Offenheit für die Umwelt

a) Eine der Gefahren, im Prozeß des Alterns menschlich zu verkümmern, ist darin begründet, daß das Interesse für die Umwelt auf den kleinen Raum der Ehe oder gar der Einzelexistenz schrumpfen kann. Diese Einengung kann durch die Isolierung vieler älterer Menschen nahegelegt werden. Andererseits kann man beobachten, wie viele ältere Menschen eine große Aufgeschlossenheit zeigen, wenn sie aus ihrer oft zu engen alltäglichen Umwelt durch Fahrten herausgeführt werden. Die gezielte Förderung einer Offenheit für die Umwelt gehört zu den zentralen Aufgaben der Bildungsarbeit mit älteren Menschen, um deren Interesse und damit ihre menschlichen Möglichkeiten offenzuhalten.

b) Viele kirchliche Gemeinden haben die Möglichkeit, über die Aufgeschlossenheit, die die älteren Menschen ihnen entgegenbringen, diese aufzuschließen für ihre Umwelt; und zwar sowohl für die gemeindliche und kirchliche Umwelt (Gruppen und Kreise in der Gemeinde; Tätigkeit der Kirche in der Mission und in der Entwicklungshilfe usw.) als auch für den Dienst, den die Kirche unserer Gesellschaft schuldet (z. B. Auseinandersetzung mit den Grundwerten). Das heißt, daß weder die Bildungsarbeit noch die Katechese sich auf die spezifische Situation der älteren Menschen begrenzen darf. Beide müssen vielmehr versuchen, das Interesse zu weiten.

(4) Umgang mit der freien Zeit

a) „Die ältere Generation gewinnt das, was der mittleren meist mangelt: Zeit" (Lübben, 57). Obwohl diese Aussage so allgemein nicht zutrifft, stellt sich vielen Älteren die anspruchsvolle Lernaufgabe, Tage von sich aus sinnvoll zu gestalten, in denen sie bis zum Ausscheiden aus dem Beruf bzw. bis zum Auszug der Kinder aus der elterlichen Wohnung gleichsam gelebt wurden. Die Bildungsarbeit versucht hier, Hilfen gegen eine Langeweile zu geben, die sich auf die Dauer als Gefühl der Funktionslosigkeit und Sinnlosigkeit gegen das eigene Selbstwertgefühl richten muß. Es ist allerdings bedenklich, wie schnell der Blick in die Richtung neuer Aufgaben zielt und wie wenig die hohe Bedeutung der Muße, des Spieles, des Gespräches und ähnlich „unproduktiver" Tätigkeiten in den Konzepten zur Bildungsarbeit zum Zuge kommt. Allzuoft wird – meist unbewußt – davon ausgegangen, daß nur produktive Leistung den Tag des Menschen rechtfertigen kann. Hier muß kirchliche Bildungsarbeit ganz allgemein daran erinnern, daß die Pflege von Gemeinschaft, spielerische Freude, Beschäftigung mit Schönem, Umgang mit der Natur u. a. einen eigenen Sinn haben können.

b) Mit der Erschließung dieser Sinndimensionen kann sich unter spezifisch katechetischer Rücksicht die Intention verbinden, auch an Möglichkeiten eines intensiveren Lebens in Gebet und Meditation heranzuführen. Vielleicht gilt es hier, manche Möglichkeiten durch kreative Phantasie erst zu entdecken. Zum Beispiel ist zu fragen, ob möglicherweise Gebetsgemeinschaften älterer Menschen die Anregung des Zweiten Vatikanums aufgreifen können, daß sich am Stundengebet der Kirche auch das Volk beteiligen möge.

(5) Beschäftigung mit möglichen neuen Aufgaben

a) Gegen die verbreitet zu beobachtende Gefahr, daß sich viele ältere Menschen an ihren Funktions- und Kontaktverlust innerhalb von Gesellschaft und Familie anpassen und so eine passive Subkultur bilden, kann als ein Ziel der Bildungsarbeit mit Älteren formuliert werden: Abbau der Angst vor neuen Aufgaben und Förderung eines angemessenen Leistungswillens. Mit dieser Zielvorstellung ist nicht eine naive Fortschreibung der Leistungsmentalität gemeint. Wohl geht es darum, mit den älteren Mitbürgern Aufgaben zu entdecken, die sie auf sinnvolle Weise anfordern und davor bewahren, daß sie aufgabenlos ihrem Ende entgegendämmern.

b) In vielen kirchlichen Gemeinden wird nicht nur faktisch bereits ein erheblicher Teil der ehrenamtlichen Dienste von älteren Gemeindemitgliedern versehen. Es gibt darüber hinaus auch Anfänge einer gemeindlichen Öffentlichkeit, die sich des Wertes dieser Dienste bewußt ist und diese Dienste durch ihre Ermutigung mitträgt. So bilden sich zum Teil in, zum Teil neben den Kreisen älterer Gemeindemitglieder Gruppen, die Aufgaben im Bereich der Diakonia, aber auch der Liturgia und der Martyria (z. B. Katechese und Apostolat) angehen. Hier hat die Katechese in Integration mit anderen Lernhilfen die Aufgabe, gerade durch die Vorbereitung auf die übernommenen Dienste und in Begleitung der älteren Menschen die Ängste vor neuen Aufgaben abzubauen und durch das Vermeiden und Verarbeiten von Enttäuschungen eine angemessene Selbstanforderung zu fördern. Auch deshalb legt sich nahe, daß die älteren Menschen selbst für die Bildungsarbeit und für die Katechese mit ihresgleichen (und nicht nur mit ihnen) angefordert werden.

Anmerkungen

[1] Eine der ersten Publikationen ist wohl: Priesterteam Wien – Machstr., Wie die Erstkommunion in der Pfarrei vorbereiten? Graz, Wien, Köln 1970.

[2] Gemeinsame Synode der Bistümer in der BRD, Offizielle Gesamtausgabe II, Freiburg 1977, 37 – 97. Verweise auf diesen Text benutzen die Abkürzung KW.

[3] Ebd. 35 f.

[4] Vgl. K. H. Schmitt, Zur gegenwärtigen Situation der Gemeindekatechese in den Deutschen Bistümern, in: Katechetische Blätter 105 (1980) 750 – 760.

[5] Papst Johannes Paul II., Apostolisches Schreiben „Über die Katechese heute". Deutsche Ausgabe: Zur Freude des Glaubens hinführen, mit einem Kommentar von Adolf Exeler, Freiburg 1980. Verweise auf dieses Schreiben benutzen die Abkürzung CT.

[6] Ebd. Nr. 67.

[7] Vgl. A. Barth, Das Hauskatechumenat in der Geschichte und im allgemeinen, in: B. Dreher: Katechese – Gemeinde, Graz, Wien, Köln 1970, 73 – 82; I. W. Frank, Historisches zur „Gemeindekirche", in: Wort und Antwort 17/2 (1976) 44 – 49; F.-X. Kaufmann, Kirche begreifen, Freiburg 1979, 168 ff.

[8] Vgl. D. Emeis, Die Gemeinde als Voraussetzung und Ziel der Katechese, in: Katechetische Blätter 101 (1976) 192 – 197.

[9] Nr. 1. Hierin befindet sich das Arbeitspapier in Übereinstimmung mit den entsprechenden Apostolischen Schreiben „Evangelii nuntiandi" (1975) und „Catechesi tradendae" (1979).

[10] KW B 1.1.

[11] KW B 5.1. Vgl. Stufen auf dem Glaubensweg, hrsg. vom Sekretariat der deutschen Bischofskonferenz, Bonn 1982.

[12] In: Schriften zur Theologie III, München 1967, 419.

[13] Ebd. 421.

[14] Vgl. H. de Lubac, Geist aus der Geschichte. Das Schriftverständnis des Origenes, Einsiedeln 1968, 55.

[15] Dem voraus ging die ähnlich eng gehaltene Bulle „Unam Sanctam" von Papst Bonifaz VIII. (1302).

[16] DS 1351.

[17] DS 2005 und 2429.

[18] DS 2866.

[19] DS 3869.

[20] In diesem Zusammenhang wird bei denen, die das Evangelium noch nicht empfangen haben, von einer unterschiedlichen „Hinordnung" zur Kirche gesprochen. Kirchenkonstitution LG Nr. 16.

[21] Ebd.

[22] Vgl. zum Ganzen auch: Katholischer Erwachsenen-Katechismus, Bonn 1985, S. 264 f.

[23] Wochentage IV.

[24] KW 3,1.

[25] CT Nr. 19.

[26] Lumen gentium Nr. 35.

[27] Auf Nummern in diesem Schreiben verweisen die Zahlenangaben im folgenden Text.

[28] CT Nr. 19.

[29] Ebd. Nr. 67.

[30] KW Allgemeiner Teil 3.5.

[31] Den theologischen Konsens spiegelt in etwa der Teil 2 „Der gemeinsame Dienst der Gemeinde" in dem Synodenbeschluß „Die pastoralen Dienste in der Gemeinde" wider: Offizielle Gesamtausgabe I, Freiburg 1976, 602 – 609. Zur weiteren Kurzinformation über die Theologie der Gemeinde sei auf folgende Aufsätze verwiesen: W. Kasper: Elemente zu einer Theologie der Gemeinde, in: Virtus politica (Festschrift A. Hufnagel) Stuttgart 1974, 33 – 50 (auch erschienen in: Lebendige Seelsorge 27 [1976] 289 – 298); K. Lehmann, Was ist eine christliche Gemeinde?, in: Internationale katholische Zeitschrift 1 (1972) 481 – 497.

[32] KW Allgemeiner Teil Nr. 3.5.

[33] Vgl. z. B. D. Emeis, Zur Aufgabe des Priesters in der Eucharistiekatechese, in: Lebendige Katechese 4 (1982) 194 – 198.

[34] Vgl. dazu P. M. Zulehner, Helft den Menschen leben, Freiburg 1978, 11 – 24. 240

[35] Vgl. oben S. 47 f. Die folgenden Hinweise bearbeiten Überlegungen etwas weiter, die D. Zimmermann vorlegte in: Leben – Glauben – Feiern. Dimensionen des Glaubensweges, in: Lebendige Seelsorge 29 (1978) 148 – 154.

[36] Vgl. E. Schillebeeckx, Menschliche Erfahrung und Glaube an Jesus Christus, Freiburg 1979, 41 – 43.

[37] Beschluß der Gemeinsamen Synode der Bistümer in der BRD „Verantwortung des ganzen Gottesvolkes für die Sendung der Kirche" 1.4, Offizielle Gesamtausgabe I, Freiburg 1976, 653.

[38] Vgl. die Dogmatische Konstitution des II. Vaticanums Lumen gentium 33.2.

[39] Die Bedeutung von Aussagen des II. Vaticanums für das Verständnis ehrenamtlicher Mitarbeit hat neuerdings gründlich herausgearbeitet: J. Spölgen, Ehrenamtliche Mitarbeiter in der Gemeindekatechese, Freiburg 1984.

[40] Vgl. dazu K. H. Schmitt, Der Glaubensbegleiter als Mittler zwischen Erfahrung und Offenbarung, in: Katechetische Blätter 105 (1980) 140 – 146.

[41] Siehe P. L. Berger/Th. Luckmann, Die gesellschaftliche Konstruktion der Wirklichkeit, Frankfurt ³1973.

[42] Ähnliches gilt für Situationen wie Eheschließungen, Berufswahl oder -wechsel, Unverheiratetbleiben, Ausscheiden aus dem Berufsleben.

[43] Berger/Luckmann (Anm. 41) 168. Der Begriff des „signifikant anderen" wurde aus der Sozialpsychologie von G. H. Mead übernommen. Dabei darf die Signifikanz, d. h. die Vorbildlichkeit des anderen, nicht in moralischer Weise mißverstanden werden.

[44] A. Weiser in: Theologisches Wörterbuch zum NT VI, 187.

[45] Klaus Hemmerle: Glauben – wie geht das? Freiburg ²1979, 146 f.

[46] So werden sie ausdrücklich angesprochen in „Catechesi tradendae" Nr. 70.

[47] Vgl. eine Untersuchung von 1983 in: G. Schmidtchen, Die Situation der Frau, Berlin 1984, 75 ff.

[48] Vgl. Kardinal Joseph Höffner, Die Familie als Hauskirche. Kölner Beiträge, hrsg. vom Presseamt der Erzdiözese Köln, 1977.

[49] In Genesim, Homilia 2,4 (PG 53,31).

[50] In Genesim, Sermo 6,2 (PG 54,607).

[51] Ebd. 7,1 (PG 54,608).

[52] In Princ. act. 4,2 (PG 51, 99 – 100).

[53] E. Mayer, Römischer Stadt- und Staatsgedanke, Darmstadt 1961, 30ff.

[54] H. Schürmann, Die Kirche der Zukunft und ihre Presbyter, in: W. Kresing, Für die Vielen, Paderborn 1984, 47.

[55] Vgl. R. Bleistein, Die jungen Christen und die alte Kirche, Freiburg 1975, 54ff.

[56] O. Betz, Führt religiöse Erziehung zum Unglauben?, in: Die Zumutung des Glaubens, München 1968, 14. – Diese negativen Erfahrungen können gerade die Eltern machen, die ihre katechetische Verantwortung besonders ernst nehmen und dann einen „Aufwand" treiben, der zu einer sog. Übererziehung führt.

[57] Karl Rahner, Der Christ und seine ungläubigen Verwandten, in: ders., Schriften zur Theologie III, Zürich/Köln 1967, 419ff.

[58] Die folgende Skizze ist entnommen dem Hausbuch der christlichen Familie „Durch das Jahr – durch das Leben", verfaßt von H. Garritzmann u.a., München 1982, 42.

[59] F. L. Hossfeldt, Die alttestamentliche Familie; J. Gnilka, Die neutestamentliche Hausgemeinde, beide in: J. Schreiner (Hrsg.), Freude am Gottesdienst, Stuttgart 1983, 217 – 242.

[60] Eine dazu besonders anregende und reichhaltige Hilfe ist das in Anm. 58 genannte Hausbuch. Es greift gute christliche Traditionen auf und lädt Eltern und Kinder ein zum Blättern und Lesen, zum Nachschlagen und Fragen, zum Betrachten und Beten, zum Singen und Spielen. Es kann sowohl der einzelnen Familie ein guter Begleiter durch den Lebenslauf und Jahreskreis sein als auch Familiengruppen als Gesprächsanregung dienen.

[61] O. Semmelroth, Vom Sinn der Sakramente, Frankfurt 1963, 87f.

[62] Die folgenden Zitate sind dem nur gut zwei Seiten umfassenden Teil A des Beschlusses entnommen. Offizielle Gesamtausgabe I, Freiburg 1976, 240 – 242.

[63] Die Feier der Buße. Studienausgabe. Freiburg 1974, 17.

[64] Siehe dazu näher D. Emeis: Liturgiekatechese als Leibeserziehung, in: Katechetische Blätter 109 (1984) 722 – 727.

[65] Die Feier der Eingliederung Erwachsener in die Kirche. Studienausgabe, hrsg. von den Liturgischen Instituten, Einsiedeln – Freiburg 1975. Dazu erschien das Werkbuch „Katechumenat heute", hrsg. von M. Probst, H. Plock, K. Richter, Freiburg 1976.

[66] Siehe B.-J. Schneiders, Vergleich von Grundkursmodellen in der Sakramentenkatechese. Diplom-Arbeit Münster 1981.

[67] Catechesi tradendae Nr. 13.

[68] Ebd.

[69] J. Ratzinger, Einführung in das Christentum, München 1968, 61.

[70] Ebd. 65.

[71] Vgl. dazu M. Belok, Humanistische Psychologie und Katechese. Möglichkeiten und Grenzen der Rezeption der Anthropologie von Carl R. Rogers für eine diakonisch verstandene kirchliche Erwachsenenbildung, dargestellt an der ehevorbereitenden und -begleitenden Bildung. Dissertation Münster 1984.

[72] Die Ziele sind vor allem den folgenden Aufsätzen entnommen: G. H. Lübben, Lebenslänglich: Alternsprozesse, Lebensprozesse, in: U. Schulz, Die abgeschobene Generation. Vorschläge zur Überwindung der Isolation alter Menschen, Wuppertal 1972, 53 – 68. – H. Tietgens, Bildungsmöglichkeiten für ältere Menschen, in: K. H. Becker, Älter – doch dabei! Ruhestand in der Leistungsgesellschaft – zwischen Krise und Möglichkeit, Stuttgart – Göttingen ²1972, 45 – 52.